MAURO MAZZA, *El sistema constitucional francés*

EL SISTEMA CONSTITUCIONAL FRANCÉS

Fundado y dirigido por Giuseppe Franco Ferrari

EL SISTEMA CONSTITUCIONAL FRANCÉS

MAURO
MAZZA

EDICIONES EJV
INTERNATIONAL
2025

El volumen ha sido publicado con la contribución de la Fundación Cariplo

El volumen ha sido sometido a revisión científica por pares

ISBN 979-8-89692-521-7

Impreso por: Lightning Source, an INGRAM Content company
para Editorial Jurídica Venezolana International Inc.
Panamá, República de Panamá.
Email: ejevinternational@gmail.com

PRESENTACIÓN

El Tratado de Derecho Público Comparado es fruto de la voluntad de realizar un proyecto único en el panorama del derecho público comparado. Dicho proyecto aspira –en efecto– a proporcionar al lector, –estudioso, estudiante, así como cualquiera que quiera aproximarse a la materia–, una exploración, una síntesis y una presentación original del saber comparativo en el ámbito publicista, que se concretan tanto en la exposición y compendio de diferentes tesis, como, cuando es posible, en el desarrollo de líneas interpretativas originales.

El objetivo que el Tratado se ha marcado explica la decisión de estructurarlo en más de 50 volúmenes, a fin de garantizar un análisis profundizado de las temáticas de mayor interés comparatista, a partir de un enfoque transversal, al tiempo que se presta una especial atención al estudio monográfico de los ordenamientos más significativos de los cinco continentes. Se ha querido, de este modo, dar carta de naturaleza a las dos almas de la comparación, a la más puramente comparada y a la del derecho extranjero. En cualquier caso, el elemento unificador de la obra son las vastas miradas que la definen, no tanto, o al menos no solo, por el número de volúmenes, sino más bien por el convencimiento de que en el mundo global el derecho comparado deba abrirse al mayor número posible de ordenamientos. A partir de esta constatación, por tanto, los volúmenes monográficos se proponen analizar también muchos ordenamientos tradicionalmente marginales en los estudios comparados.

Por último, la apuesta por el trilingüismo (italiano, inglés y español). Es la primera vez que una obra de derecho público comparado se difunde simultáneamente en tres idiomas. El objetivo no es solo el de dar a la obra una amplia difusión en el seno de la comunidad científica internacional, sino –sobre todo– promover y favorecer un diálogo más amplio entre las diversas culturas jurídicas.

Milán

Giuseppe Franco Ferrari

ÍNDICE

PARTE I

LINEAMENTOS DE HISTORIA (DEL DERECHO) CONSTITUCIONAL FRANCÉS

CAPÍTULO I
DEL *ANCIENT RÉGIME* A LAS CONSTITUCIONES REVOLUCIONARIAS DEL IMPERIO

CAPÍTULO II
EL DERECHO CONSTITUCIONAL DE LA MONARQUÍA PARLAMENTARIA

CAPÍTULO III

LA CONSTITUCIÓN DE 1848 Y LAS INSTITUCIONES DEL IMPERIO

CAPÍTULO IV

EL ORDENAMIENTO CONSTITUCIONAL DE LA III REPÚBLICA

CAPÍTULO V

LA (DIFÍCIL) FASE TRANSITORIA, DESDE 1940 A 1946

CAPÍTULO VI

EL ORDENAMIENTO DE LA IV REPÚBLICA

PARTE II

EL SISTEMA CONSTITUCIONAL DE LA V REPUBLICA

CAPÍTULO I

LA REFORMA CONSTITUCIONAL DE 1958 Y LA FUNDACIÓN DE LA V REPÚBLICA

CAPÍTULO II

LOS PRINCIPIOS BÁSICOS DEL ORDENAMIENTO CONSTITUCIONAL

CAPÍTULO III

LOS ÓRGANOS DE LA V REPÚBLICA

CAPÍTULO IV

LA DISCIPLINA CONSTITUCIONAL DE LAS COMPETENCIAS NORMATIVAS Y LA TIPOLOGÍA DE LAS NORMAS

CAPÍTULO V
LA FUNCIÓN JURISDICCIONAL

PARTE I

LINEAMENTOS DE HISTORIA (DEL DERECHO) CONSTITUCIONAL FRANCÉS

CAPÍTULO I

DEL *ANCIENT RÉGIME* A LAS CONSTITUCIONES REVOLUCIONARIAS DEL IMPERIO

1. Sistema tradicional y problemáticas constitucionales al final del *Ancient Régime*

Durante el *Ancien Régime* y, por tanto, durante unos mil trescientos años[1], Francia no tuvo una Constitución en sentido formal, aunque tuvo una Constitución material, es decir, unos principios tradicionales en los que se condensaba la doctrina monárquica oficial. Es cierto que la Constitución tradicional de la monarquía no contemplaba una regulación a priori de su funcionamiento, sino que se basaba en principios no escritos y en leyes fundamentales del reino.

Atendiendo al absolutismo, como bien descrito por Jean Bodin[2], el poder real se concebía como poder de legislar, representando la ley al mismo tiempo el acto supremo de creación del derecho positivo y acto unilateral. En todo caso, constituye el acto de soberanía por excelencia[3]. En el ejercicio de la función legislativa el Rey ostenta el

---

1 H. Taine, *Les origines de la France contemporaine, I, L'Ancien régime,* (1876), Paris, Hachette, 1880, 9ª ed., trad. it., *L'antico regime. Il dispotismo prima del 1789*, Milano, F.lli Treves, 1908.

2 *Lex Six Livres de la République*, Paris, J. du Puys, 1576.

3 M. Valensise, *L'ideologia della regalità nella Francia dell'*Ancien Régime, en *Rivista storica italiana*, 1984, 622 ss.

monopolio. Esto significa que la ley no solo no es derogable, sin perjuicio de la voluntad del Rey de modificarla, sino que no es ni siquiera contestable. También el sometimiento del Rey a las leyes naturales y divinas, en realidad, no limitaba el poder real, más bien proporcionaba una (ulterior) justificación de orden teológico. En definitiva, así como Dios gobierna el mundo, el Rey gobierna a los súbditos. La acción del rey es por definición justicia, puesto que el soberano representa la imagen de Dios en la tierra; en la persona del Rey, el concepto de "justo" absorbe el de "legal".

La unilateralidad de la ley, en el *Ancien Régime*, implica que, a diferencia de la costumbre, que se basa en un sentimiento común, encuentra aplicación también contra o de todas formas independientemente de la voluntad de los sujetos que son destinatarios. Para la doctrina absolutista, la unilateralidad del procedimiento acompaña la unilateralidad de la ley[4]. Atendiendo a esta doctrina, a partir de la que se ha forjado, por así decirlo, el concepto moderno de soberanía, no se puede reconocer ninguna "vocación" legislativa a la nación.

Con respecto a las leyes fundamentales del reino, la doctrina oficial de la monarquía indicaba las que son constitutivas del poder real, es decir, por un lado, la ley de sucesión, y, por otro lado, las reglas que prohibían la venta de los bienes pertenecientes a la Corona[5]. Dichos bienes representan de hecho el necesario soporte material de la función real. De esto deriva que el Rey no puede disponer libremente de los medios materiales – es decir de los inmuebles y muebles – así como de los medios financieros – constituidos por derechos y prerrogativas de distinta naturaleza. Estas leyes, sin embargo, no eran ciertamente definibles como constitucionales en el sentido moderno del término. De hecho, por una parte, la ley sucesoria tenía que tutelar la dinastía reinante, no al Estado. Por otra parte, la inalienabilidad de los bienes protegía indirectamente al Estado, aunque no representaba en absoluto una regla impuesta al Rey por una autoridad tercera. Los límites externos al poder real, por lo tanto, no habían sido previstos por la doctrina absolutista de la monarquía.

---

4 J. Bodin, *op. cit.*, I, 10.

5 Destinados a convertirse, en la futura evolución, el dominio público.

En este contexto político-institucional, se desarrollaron dos posibles "contrapoderes" al poder regio. Por un lado, los Estados generales, derivados de la reunión de clero, nobleza y tercer Estado[6], reivindicaron el ejercicio de la potestad impositiva fiscal, aunque sus peticiones fueron rechazadas de forma definitiva en 1614. Por otro lado, se desarrolló la posición de los Parlamentos, en los que el rey delegó la administración de la justicia. Los Parlamentos empezaron a reivindicar, además de las atribuciones judiciales, también un rol político. En particular, los Parlamentos hacían hincapié en el derecho de registro de los actos reales. Puesto que el registro podía ser rechazado por los Parlamentos, a través del "poder de protesta" y teniendo en cuenta que, en el caso de que faltase el registro, las ordenanzas reales no adquirían relevancia externa, los Parlamentos ya no eran un simple órgano moderador de la monarquía, sino que tendían a reducir sensiblemente el poder legislativo del Rey, transformándolo en una facultad de propuesta. De ahí, por lo tanto, el desarrollo de fuertes conflictos entre el soberano y los Parlamentos. Cuando el Parlamento de Paris intentó imponer su propia voluntad al soberano, el canciller René de Maupeou emitió una serie de decretos, entre febrero y abril de 1771, para reducir el poder del Parlamento de Paris, en el ámbito de la reorganización de los más altos órganos de la magistratura.

Por otra parte, no faltaron intentos doctrinales de rechazar la acción de Maupeau. En esta dirección iba especialmente la obra de Claude Mey, para quien la soberanía reside originariamente en la nación, y por lo tanto el Rey tiene derecho a ejercer la soberanía observando las cláusulas contenidas en las leyes fundamentales. Para Mey las leyes fundamentales tienen el efecto de limitar el poder del soberano, en virtud del contrato sinalagmático en el que se concreta el acto jurídico a través del que la nación ha atribuido el poder al

---

6 *Vid.* E. Sieyès, *Qu'est-ce que le Tiers état?*, Edition critique avec une introduction et des notes par R. Zapperi, Genève, Librairie Droz, 1970 (*Les classiques de la pensée politique*, 6), recensión de M. Adler-Bresse, en *Annales historiques de la Révolution française*, 1971, 630 ss. Se trata de una tercera edición o mejor de una cuarta, puesto que hubo dos segundas ediciones (cercanas y muy similares entre ellas) del célebre opúsculo del abate Sieyès, diputado para el Tercer estado de Paris, escrito en 1788 y difundido en las primeras semanas de 1789. La más reciente trad. it., coordinada por U. Cerroni se encuentra disponible en *Cosa è il Terzo stato*, Roma, Editori Riuniti University Press, 2024.

Rey[7]. Menos radical era el planteamiento de Louis-Adrien Le Paige, quien no atacaba de forma directa el poder real, aunque consideraba como leyes fundamentales la existencia del Parlamento como cuerpo judicial, y el rol del mismo Parlamento como cuerpo intermedio, al que se había atribuido la función de "guardián" de las leyes del reino y la libre "verificación" de las ordenanzas regias[8]. Antes, fue Henri de Boulanvilliers, quien teorizó que la nobleza en su conjunto representa la fuerza esencial del Estado francés, ostentando la función de "atemperar" la monarquía[9]. Y finalmente, las memorias de Louis de Saint-Simon muestran que en el siglo XVIII se afirmaba que, en Francia, los derechos de la nobleza[10] se colocaban históricamente en el origen de la nación, y que por lo tanto quienes pertenecían a la nobleza son titulares del poder tanto legislativo como constituyente junto a la monarquía[11].

2. La Revolución francesa y la Declaración de los derechos del hombre y del ciudadano de 1789

El punto de inflexión en la historia constitucional francesa ha sido representado – como es universalmente sabido – por la Revolución de 1789[12]. Esta pone fin a la monarquía absoluta e

---

[7] C. Mey, *Maximes du droit public français*, Amsterdam, M.M. Rey, 1772.

[8] A. La Paige, *Lettres historiques sur les fonctions essentielles du Parlement, sur le droit des Pairs et sur les loix fondamentales du royaume*, Amsterdam, Aux dépens de la Compagnie, 1753-1754.

[9] H. de Boulainvilliers, *Histoire de l'ancien gouvernement de la France*, La Haye-Amsterdam, Aux dépens de la Compagnie, 1727.

[10] Es decir, por lo menos, de la alta nobleza.

[11] Los antiguos derechos de los nobles, desde esta perspectiva, habrían sufrido usurpaciones posteriores por parte del poder regio. En tal sentido, L. de Saint-Simon, *Mémoire sur la renonciation*, (1712), en M.P. Faugéré, *Écrits inédits de Saint-Simon*, II, Paris, Librairie Hachette, 1880, 179 ss.

[12] Una colección se encuentra en M. Verpeaux, *Textes constitutionnels révolutionnaires français*, Paris, PUF, 1998 (allí las Constituciones elaboradas en el periodo 1789-1799). Ampliamente, v.: F. Furet, *La Révolution en débat*, Paris, Gallimard, 1999, trad. it., *Le due rivoluzioni. Dalla Francia del 1789 alla Russia del 1917*, prólogo al ed. it. de M. Valensise, Torino, Utet, 2002; G. Lefebvre, *La Révolution française*, Paris, PUF, 1951; A. Soboul, *La Révoluzion française. 1789-1799*, Paris, Éditions sociales, *1948 (v. también, del autor ult. cit., Précis d'histoire de la Révolution franqise*, Paris, Éditions sociales 1962, trad. it., *La Rivoluzione francese*, Bari, Laterza, 1964); G. Salvemini, *La Rivoluzione francese (1788-1792)*,

inaugura una fase nueva tanto desde el pensamiento político como del ordenamiento constitucional. Es suficiente considerar – entre otras cuestiones – que la Declaración de los derechos del hombre y del ciudadano, adoptada en 1789, es todavía parte esencial del derecho constitucional francés[13].

En los meses de julio y agosto de 1789 se suprimió el régimen feudal y se instituyó un nuevo orden político-institucional[14]. La afirmación – por primera vez en Europa – del principio (jurídico) de la igualdad entregó a los archivos de la historia la estructura corporativa del reino, con su complejo sistema de dependencias y privilegios. En cambio, de los movimientos revolucionarios surgió la nueva figura del individuo moderno, que dispone de autonomía y es igual a las demás personas.

Tras la convocatoria de los Estados generales en 1789, estos se transformaron en Asamblea nacional en un primer momento y, luego, en Asamblea constituyente[15], redefiniendo la monarquía, que de

---

Milano, L.F. Pallestrini, 1905 (5ª ed., totalmente rehecha, Firenze, Soc. anónima editorial la Voce, 1925); G. Maranini, *Classe e Stato nella Rivoluzione francese*, Firenze, Vallecchi, 1964; A. Manzoni, *La rivoluzione francese del 1789 e la rivoluzione italiana del 1859. Osservazioni comparative* (post.), Milano, Club degli editori, 1970 (v. S. Nicastro, *Alessandro Manzoni, storico della Rivoluzione francese*, Pisa, Vannucchi, 1901; P. Prini, *Manzoni e la rivoluzione francese*, en *Cultura e scuola*, n. 110, abril-junio 1989, 85 ss.); G.G. Floridia, *La costituzione dei moderni. Profili tecnici di storia costituzionale*, I, *Dal medioevo inglese al 1791*, Torino, Giappichelli, 1991, *sub* IV, *La rivoluzione francese dall'Ottantanove alla costituzione del 1791*, 105 ss. La Declaración del Ochenta y nueve fue definida «*una svolta nella storia del genere umano*» por T.E. Frosini, *1789: i diritti dichiarati sul serio*, en *Studi in memoria di G.G. Floridia*, Napoli, Jovene, 2009, 283 ss.

13 Sobre los «*impulsi universalizzanti della Dichiarazione francese dell''89*» v., para todos, G.F. Ferrari, *I diritti nel costituzionalismo globale: luci e ombre*, Modena, Mucchi, 2023, 9. En la doctrina francesa, v. por ejemplo O. Pluen, N. Wolff (dir.), *La déclaration des droits de l'homme et du citoyen: 1789-2023. Les lumières à l'épreuve du temps*, Paris, Dalloz, 2023; G. Conac, M. Debene, G. Teboul (dir.), *La Déclaration des droits de l'homme et du citoyen de 1789*, Paris, Economica, 1993; S. Rials, *La Déclaration des droits de l'homme et du citoyen*, Paris, Hachette, 1989.

14 Y. Radev, *La Révolution française et le droit constitutionnel*, en *Revue internationale de droit comparé*, 1990, 273 ss., que define la Revolución francesa como «*la liberazione dell'uomo da un governo dispotico*» (cfr. 286); S. Bianchi, *Révolution française et utopie*, en *Annales historiques de la Révolution française*, 2017, 3 ss.

15 Cfr. P. Duclos, *La notion de Constitution dans l'œuvre de l'Assemblée constituante de 1789*, Paris, Thèse, 1932.

absoluta se convirtió en limitada. La Asamblea deliberó que la nueva Constitución tenía que ser precedida por una Declaración de derechos. En aquel momento, por otra parte, la cuestión relativa a la supervivencia del gobierno monárquico se dejó pendiente, como demuestra el art. 17 del decreto de 4 de agosto de 1789, que define al Rey Luis XVI como "restaurador de la libertad francesa".

La Declaración de los derechos no asume solo una relevante importancia histórica; durante mucho tiempo, de hecho, se ha dudado del valor jurídico de la Declaración, hasta que el Consejo constitucional, con el pronunciamiento de 16 de julio de 1971[16], estableció que la Declaración de derechos es parte integrante del bloque de constitucionalidad. El valor de la Declaración de derechos no es tanto constitucional, sino más bien supraconstitucional. En este sentido, la Declaración es anterior a la Constitución respecto a la cual fija un marco jurídico que determina su orientación. De ello deriva una relación de superioridad frente a la ley, atendiendo a un esquema, ausente en 1789, aunque sólo fuera por la falta en aquel momento de cualquier mecanismo de control de las leyes.

La libertad personal y su tutela desempeñan un rol central en el contenido de la Declaración de derechos. Las garantías de la libertad individual están reconocidas en los artículos 7-9 de la Declaración, que fueron recuperados y especificados en las previsiones del código penal y del código de procedimiento penal. Desarrollando ideas de la filosofía inglés y de César Beccaria, la Declaración de derechos proclama que todos los hombres son presuntos inocentes hasta que no se reconozca su culpabilidad, y que la ley no puede tener efectos retroactivos. La Declaración se ocupa de garantizar la libertad de pensamiento, *ex* art. 10, con la inclusión de la libertad de culto, y de la libertad de prensa, que el art. 11 define como "uno de los derechos más preciosos del hombre", sin dejar a un lado el reconocimiento, en el catálogo de las libertades, del derecho de propiedad, definido en el art. 17, como un derecho "inviolable y sagrado", aunque se permita la expropiación si requerida por razones de utilidad pública.

---

[16] *Décision n. 71-44 DC du 16 juillet 1971.*

Desde el punto de vista de las orientaciones constitucionales, asume importancia la previsión del art. 16 de la Declaración de derechos, en el que se afirma que todas las sociedades en las que las garantías de los derechos no estén aseguradas, ni determinada la separación de poderes, no disponen de una Constitución[17]. No se trataba tanto de establecer una separación rígida de poderes, sino más bien de subrayar que es necesario evitar que todas las funciones del Estados se atribuyan a una misma autoridad. Desde el punto de vista de la organización del poder, la disposición en examen tiene un alcance negativo, en el sentido de que no prevé un cierto tipo de Constitución o la naturaleza del régimen político.

Ciertamente, para el art. 16 de la Declaración, un gobierno despótico representa un gobierno que carece de Constitución. De hecho, este tipo de gobierno no prevé la distribución de las competencias, es decir la separación de los poderes[18]. En un sistema de poder despótico – atendiendo al art. 16 de la Declaración – faltan las reglas permanentes, tanto para el Estado como para la sociedad, puesto que el déspota puede en todo caso modificar el contenido de las normas vigentes, así como las modalidades de su adopción. El art. 16 tiene un alcance radical, aunque al mismo tiempo las consecuencias prácticas son moderadas. La disposición, en efecto, contempla una distribución de las competencias, pero sin optar por un sistema de equilibrio entre los órganos[19], es decir por la subordinación del Ejecutivo al Legislativo[20].

3. La Constitución de 3 de septiembre de 1791

Después de dos años de los debates del verano de 1789, el 3 de septiembre de 1791, la Asamblea Nacional constituyente adoptó una nueva Constitución, en la que el ordenamiento político de Francia

---

[17] Cfr. M. Troper, *L'interprétation de la Déclaration des droits; l'exemple de l'article 16*, en *Droits*, n. 8, 1988, 111 ss.

[18] Sobre el tema, v. M. Troper, *La séparation des pouvoirs et l'histoire constitutionnelle française*, Paris, LGDJ, 1980, 2ª ed.

[19] De conformidad con el célebre modelo delineado por C.-L. de Montesquieu, *De l'esprit des lois*, Genève, Barillot, 1748.

[20] Según la no menos célebre teoría elaborada por J.-J. Rousseau, *Du contrat social; ou, principes du droit politique*, Amsterdam, M.M. Rey, 1762.

fue reconstruido, en un texto, que comprendía 209 artículos, subdivididos en 7 títulos[21].

La Constitución de 1791 contempla algunos principios que han asumido un carácter tradicional del derecho público francés, teniendo también en cuenta las múltiples variables y "distorsiones" introducidas por la práctica. En particular, la primera Constitución escrita de Francia regula la soberanía nacional que actúa en virtud de la representación política, y luego la separación de poderes y la supremacía de la Constitución[22].

Con respecto a la soberanía, atendiendo a la Constitución de 1791, pertenece a la nación, que dispone de una personalidad jurídica distinta a la de los individuos que la componen. La soberanía, por lo tanto, se expresa a través de la voluntad de la entera nación de distinguir respecto a la suma de las voluntades individuales. La soberanía, en la Constitución de 1791, tiene un triple carácter.

En primer lugar, es única y por lo tanto no es fraccionable y se ejerce sobre el conjunto de las personas que se encuentran en el territorio del Estado. En segundo lugar, la soberanía es indivisible,

---

[21] Para un comentario v. J. Bart, J.-J. Clère, C. Courvoisier, M. Verpeaux (éd.), *1791 - La première Constitution française (Actes du colloque de Dijon, 26 et 27 sept. 1991/organisé par le Centre Georges Chevrier pour l'histoire du droit, le Centre d'étude et de recherche politiques et l'Association française des constitutionnalistes)*, Paris, Economica, 1993.

[22] Sobre las líneas directrices de la Constitución de 1791, v. J. Godechot, *Les institutions de la France sous la Révolution et l'Empire*, Parsi, PUF, 1998, 5ª ed. (la 1ª ed. de la obra, publicada en 1951, ha sido recensionada por P. Lebrun, *Revue belge de philologie et d'histoire*, 1953, 160 ss.), y antes por F. Furet, R. Halevy, *La monarchie républicaine. La Constitution de 1791*, Paris, Fayard, 1996 (la obra fue recensionada favorablemente por M. Biard, *Annales historiques de la Révolution française*, 2011, 194 ss.), y M. Troper, *La séparation des pouvoirs et l'histoire constitutionnelle française*, Paris, LGDJ, 1980, 2ª ed. Con respecto a los posibles modelos extranjeros de experiencias constitucionales, invocados pero luego no utilizados por los constituyentes franceses, v. F. Burdeau, M. Morabito, *Les expériences étrangères et la première constitution française*, en *Pouvoirs*, n. 50, 1989, 97 ss.; según los autores, la Constitución de 1791 no acogió ninguno de los principios constitucionales de la América republicana o de la monarquía británica (*id est*, de los ejemplos desde el otro lado del Atlántico o del Canal de la Mancha), pero estableció una continuidad de la concepción tradicional del poder absoluto, que fue simplemente transferido por el monarca a la Asamblea. En Italia, A. Saitta, *La Costituzione del 3 settembre 1791 e la Monarchia costituzionale*, en Id., *Costituenti e costituzioni della Francia rivoluzionaria e liberale (1789-1875)*, Milano, Giuffrè, 1975, 87 ss.

por lo tanto, no es susceptible de ser expresada por una persona a título personal. La soberanía se expresa, de hecho, a través de la delegación en un órgano. Esto conlleva, además, el rechazo por parte de la Constitución de 1791 de las teorías del federalismo. En tercer lugar, la soberanía afirmada por la Constitución es inalienable e imprescriptible, siendo por lo tanto la delegación de su ejercicio siempre revocable.

Retomando algunos aspectos de la Declaración de los derechos del hombre de 1789, la Constitución de 1791 prevé que el ejercicio de la soberanía tiene que ser delegado en los representantes, sin perjuicio de que el principio o la esencia de la soberanía misma no pertenezcan a otros que a la nación. Según tal sistema constitucional, los órganos, que ostentan el poder legislativo expresan la voluntad de la nación, es decir la voluntad general. Ejercer la soberanía, de hecho, significa ejercer la función legislativa, que constituye la función suprema. Dando forma concreta a estas estipulaciones, la Constitución de 1791 dispone que haya dos órganos que ejerzan la función legislativa; estos son el Cuerpo legislativo, cuyos componentes son elegidos por el pueblo, pero también por el Rey, a quien se atribuye el derecho de veto suspensivo respecto a los demás actos aprobados por la Asamblea nacional[23].

Centrando ahora la atención en el principal representante de la voluntad legislativa de la nación, es decir el Cuerpo legislativo, se pueden observar en la Constitución de 1791 algunas importantes características. En primer lugar, la Constitución acoge el principio del monocameralismo, con una Cámara única denominada Asamblea nacional. No faltaron, en realidad, las propuestas avanzadas por los monarcas de crear una (segunda) Cámara nobiliaria, con arreglo al modelo inglés de la Cámara de los Lores. El objetivo de esta propuesta, que no fue acogida, era evidentemente el intento de la nobleza de bloquear la supresión de los antiguos privilegios. Puesto que la nación es permanente, también el Cuerpo legislativo que expresa la voluntad es permanente. De ello, se deduce que la Asamblea nacional establece la fecha y la duración de sus sesiones. Con respecto al Rey, la Constitución de 1791 no le asigna el poder de disponer la disolución de la Asamblea nacional. El temor a que

23 En tal sentido, *vid.* el art. 3, *sub*título III, de la Constitución de 1791.

los miembros de la Asamblea nacional quisieran incrementar su poder, ocupándose ya no solo de la función legislativa sino intentando "capturar" también la función ejecutiva[24], dando vida a un poder despótico, indujo a los constituyentes a prever que el mandato parlamentario tuviera una duración más breve, es decir dos años. Y finalmente, para evitar la formación de una clase de políticos de profesión, se estableció que los diputados de la Asamblea nacional podían ser reelegidos solo después del intervalo de una legislatura. Esta última previsión ha sido objeto de algunas críticas por alejar del poder a personas dotadas de experiencia[25].

Más interesante era el sistema electoral contemplado por la Constitución de 1791. Atendiendo a las previsiones del título III, capítulo I, sección II, art. 2, de la Constitución, se acogía la teoría del denominado electorado-función, en lugar de la teoría del "electorado derecho". Por consiguiente, atendiendo a dicha Constitución, no existe ningún derecho de participación a título personal en las operaciones electorales. Le corresponde a la sociedad atribuir la condición de elector entendida como función pública, atendiendo a una evaluación del interés de la misma sociedad. En virtud de este planteamiento, se podía haber conciliado, en el tejido normativo de la Constitución de 1791, el principio de soberanía nacional con el de sufragio restringido. Al contrario, la teoría del electorado-derecho llevaba al reconocimiento del sufragio universal. Por otra parte, la Asamblea nacional estaba compuesta en buena medida por los representantes de la burguesía, que eran bastante reticentes a atribuir el derecho de voto a todos los ciudadanos. La Constitución de 1791 acoge, por lo tanto, la distinción entre ciudadanos activos y pasivos. Los primeros son titulares de los derechos y de las libertades previstas por la Declaración de los derechos de 1789, pero no disponen del derecho de voto y, por lo tanto, no participan en la vida

---

24 Sobre el que v. G. Glenard, *L'exécutif et la Constitution de 1791*, Paris, PUF, 2010; M. Troper, *La notion de fonction exécutive dans les constitutions révolutionnaires*, en *Revue française d'histoire des idées politiques*, n. 34, 2011, 299 ss.

25 A. Aulard, *Histoire politique de la Révolution française: origine ser développements* (1926), Paris, A. Colin, 6ª ed. (réedition), 1989, 310.

política; al contrario, se atribuye (o mejor se reserva) a los ciudadanos activos el derecho de voto en las elecciones políticas[26].

En concreto, la ciudadanía activa estaba subordinada al ingreso de una contribución directa (tasación) equivalente por lo menos al valor local de tres jornadas de trabajo. De esta forma, en definitiva, de un total de 24 millones de habitantes, había un total de 4.300.000 votantes. Además, el sufragio electoral era de doble grado. Al respecto, se observa que en cada uno de los cantones los electores (es decir los ciudadanos activos) elegían a los miembros de la asamblea primaria, quienes a su vez designaban a los electores de segundo grado. Estos últimos tenían que satisfacer requisitos económicos muy selectivos, puesto que en las ciudades era necesario ser propietario o usufructuario de un bien inmueble comprendido entre 150 y 200, o ser o ser inquilino de una vivienda de 150 a 200 días laborables. Con respecto a los habitantes de las campañas, el estatus de elector correspondía a propietarios o usufructuarios de un bien inmueble con una renta no inferior a los 150 días de trabajo, mientras a los agricultores se les pedía ser propietarios o usufructuarios de terrenos con una renta no inferior a 400 días de trabajo. Si, en conclusión, se tiene en cuenta el hecho de que el valor de la renta fiscal era de todas formas muy inferior al de la renta real, no sorprende que los electores de segundo grado fueran en aquel momento (solo) 43.000.

Por otra parte, cabe observar que, aunque el electorado activo haya sido bastante restringido, no ocurría lo mismo con respecto al pasivo, por el que no se contemplaba ninguna condición pecuniaria. La consecuencia última era que un ciudadano, aunque sin derecho de voto podía ser elegido diputado en la Asamblea nacional.

Después de la separación de la Asamblea nacional constituyente, el 30 de septiembre de 1791, la nueva Asamblea legislativa tuvo vida breve. Considerando que las tensiones entre el Rey y la Asamblea se habían intensificado, se adoptó la decisión, por parte de la misma Asamblea, de autodisolverse y de elegir una Convención nacional,

[26] M. Fioravanti, *Alle origini dei sistemi elettorali: la Francia rivoluzionaria*, en R. Orrù, F. Bonini, A. Ciammariconi (cur.), *La rappresentanza in questione. Giornate di Diritto e Storia costituzionale,* «Atelier *4 luglio*» - *G.G. Floridia*, Napoli, Edizioni Scientifiche Italiane, 2016, 241 ss.

mediante sufragio universal, utilizado por primera vez en Francia para preparar y aprobar una nueva Constitución. Entre los últimos actos, la Asamblea legislativa dispuso, el 10 de agosto de 1792, la suspensión del Rey.

4. Las Constituciones de la Convención nacional: el texto de 24 de junio de 1793

Como se ha podido observar al final del anterior epígrafe, la Asamblea legislativa modificó el sistema electoral construido durante la vigencia de la Constitución de 1791, eliminando la distinción entre ciudadanos activos y pasivos. Si, por lo tanto, la Constitución de 1791 era expresión del dominio de las clases burguesas, la voluntad de la Convención era, en cambio, realizar la democracia[27].

En concreto, todos los ciudadanos mayores de 21 años podían votar en las asambleas primarias, siempre y cuando vivieran de su trabajo o dispusieran de una renta que los hiciera autónomos. Habida cuenta de que se había mantenido el sufragio basado en dos turnos, los electores de segundo grado tenían que haber alcanzado la edad de veinticinco años. La libertad de sufragio, sin embargo, sufría la limitación derivada del hecho de que el voto era público.

La Convención dispuso, el 21 de septiembre de 1792, la abolición de la monarquía y proclamó la Republica cuatro días más tarde[28]. Siguió la elaboración de un primer proyecto constitucional, de inspiración girondina, que se consideró demasiado moderado. Por lo tanto, se formuló un nuevo proyecto, encomendando esta tarea al

[27] Cfr. G.G. Floridia, *Potere esecutivo e direzione politica nell'esperienza costituzionale della Francia rivoluzionaria*, en *Studi in onore di M. Mazziotti di Celso*, Padova, Cedam, 1995, 657 ss., recuperado en *Il governo repubblicano nei progetti dei Convenzionali:* tableaux *di ingegneria costituzionale*, en *Giornale di storia costituzionale*, 2005, 107 y ss., donde se realiza un atento examen de instrumentación técnica y modelismo compositivo de las Constituyentes revolucionarias francesas. Para la observación de que la idea de poder constituyente "se ha desarrollado a partir del debate que ha animado la convención francesa en los últimos años entre el 1789 y la llegada de Napoleón", cfr. G.L. Conti, *Il feticcio ancestrale: il potere costituente dal tramonto all'alba*, en *Rivista AIC*, n. 4/2024, espec. 2.

[28] M. Fioravanti, *Ordinamento e prassi della Convenzione nazionale francese (1792-1795)*, Roma, Aracne, 2003.

Comité de salud pública[29]. El segundo proyecto, presentado a la Convención nacional de Hérault de Séchelles[30], el 10 de junio de 1792, como informe del Comité de salud pública, fue aprobado por la misma Convención, convirtiéndose en la Constitución montagnard (o jacobina) de 24 de junio de 1793[31].

Un aspecto relevante de la Constitución de 1793 fue representado por la Declaración de los derechos del hombre y del ciudadano. Aunque es cierto que también la Constitución de 1791 fue precedida por la Declaración de los derechos del hombre y del ciudadano de 1791; sin embargo, la declaración de los derechos de

---

[29] *Vid.* J. Gros, *Le Comité de salut public de la Convention nationale*, Paris, E. Plon, 1893; A. Mathiez, *Le premier Comité de Salut public et la guerre*, en *Revue Historique*, 1928, 255 ss.; M. Bouloiseau, *Le Comité de salut public*, Paris, PUF, 1962 (recensión de J. Godechot, en *Annales historiques de la Révolution française*, 1963, 515 s.); R. Matta-Duvignau, *Gouverner, administrer révolutionnairement: le comité de salut public: (6 avril 1793 - 4 brumaire an IV)*, Paris, L'Harmattan, 2013.

[30] Miembro del Comité de salud pública y diputado a la Convención nacional, de la que será presidente.

[31] Constitución del año I, o del 6 mesidore, según el calendario republicano (abolido por Napoleón en 1806). Para comentarios extensos del texto constitucional de 1793, v. J. Bart, J.-J. Clère, C. Courvoisier, M. Verpeaux (éd.), *La Constitution du 24 juin 1793. L'utopie dans le droit public français? (Actes du colloque de Dijon des 16 et 17 septembre 1993)*, Dijon, EUD, 1997; C. Mazauric, *Le mythe de la Constitution de 1793*, en F. Hamon, D. Rousseau (dir.), *Les institutions en question*, Paris, L'Harmattan, 1992, 19 ss.; M. Pertué, *Constitution de 1793*, en A. Soboul, *Dictionnaire historique de la Révolution française*, Paris, PUF, 1989, 283 ss.; C. Langlois, *La constitution de 1793, utopie de la démocratie*, en C. Bidegaray, P. Isoart (dir.), *Des Républiques françaises*, Paris, Economica, 1988, 371 ss.; J. Suret-Canal, *La Constitution de 1793. Études historique et critique*, Chambéry, Éditions scolaires, 1966; A. Brimo, *A propos de la constitution montagnarde du 24 juin 1793 et des deux conceptions de la démocratie*, en *Mélange Magnol*, Paris, Librairie du Recueil Sirey, 1948, 37 ss.; A. Decencière-Ferrandière, *La Constitution française de 1793* [1936], en *Mélanges Decencière-Ferrandière*, Paris, Pedone, 1940, 47 ss.; A. Mathiez, *La Constitution de 1793*, en *Annales historiques de la Révolution française*, V, 1928, 497 ss.; M. Fioravanti, *L'eredità di Rousseau e il costituzionalismo giacobino. La funzione legislativa nella costituzione del 24 giugno 1793*, en M.R. Di Simone (cur.), *Atti del Convegno internazionale, La cultura dell'Illuminismo europeo: politica, diritto, idee, Università degli Studi di Teramo, 5-7 giugno 2003*, en *Trimestre*, vol. XXXVIII, 2005, n. 1-4, 101 ss.; Id., *Aspetti del costituzionalismo giacobino. La funzione legislativa nell'*Acte constitutionnel *del 24 giugno 1793*, en *Historia Constitucional (revista electrónica)*, n. 8, 2007, 123 ss. (y en Id., *Rivoluzione e Costituzione. Saggi di Storia costituzionale*, Torino, Giappichelli, 2022, 41 ss.); A Saitta, *La Costituzione del 24 giugno 1793*, en Id., *Costituenti e costituzioni della Francia rivoluzionaria e liberale (1789-1875)*, cit., 283 ss.

1793 tiene un contenido parcialmente distinto a la homologa Declaración de 1793. En particular, se observa un "espíritu constitucional" más marcado de la Declaración de 1793 respecto a la Declaración de 1791. La Declaración de 1793 seguía poniendo énfasis en las libertades, aunque antes y en medida más intensa en la igualdad. Por ejemplo, el art. 29 de la Constitución establecía que todos los ciudadanos tienen iguales derechos a concurrir en la formación de la ley y a designar a sus delegados. La proclamación de los derechos fundamentales está acompañada, en la Constitución de 1793, por una "enérgica" tutela de estos. Así, el art. 35 de la Constitución jacobina afirma la existencia de un derecho a la insurrección como más amplio desarrollo de la resistencia a la opresión, tal como fue reconocido en la Constitución de 1791.

Por otra parte, y no menos importante, la Constitución de 1793 tiene un alcance no solo negativo sino también positivo, en el sentido de que introduce la tutela de los derechos sociales. La Constitución de 1791 contenía un elenco de las libertades fundamentales, que representan un límite a la acción de Estado. A estas, la Constitución de 1793 añadió el catálogo de derechos para exigir algunas prestaciones por parte del Estado, como el derecho al trabajo, a la asistencia y a la educación, contemplados en los artículos 21 y 22 de la Constitución jacobina. En definitiva, la Constitución con carácter social de 1793 remplazó la Constitución (más) individualista de 1791.

Como ha sido afirmado de forma eficaz por la doctrina[32], la Constitución de 1793 seguía el planteamiento de Rousseau[33]. El dato

---

[32] J. Boudon, *Les Jacobins, une traduction idéologique et institutionnelle des principes de Jean-Jacques Rousseau*, prólogo de F. Bluche, Paris, LGDJ, 2006; A. Soboul, *Jean-Jacques Rousseau et le jacobinisme*, en *Studi storici*, 1963, 3 ss.

[33] Sobre el que v. G. Azzariti, *«È dell'uomo che devo parlare». Rousseau e la democrazia costituzionale*, Modena, Mucchi, 2020; J.-P. Jouary, *Rousseau, le problème de la démocratie représentative*, en *L'Enseignement philosophique*, n. 67, 2017, 37 ss. En Italia, en la perspectiva histórico-filosófica (y de la filosofía política), v. también G. Francioni, *Gli illuministi e lo Stato. I modelli politici fra utopia e riforma*, Como-Pavía, Ibis, 2012; Id., *Una lettura del Rousseau politico*, en F. Giasi, R. Gualtieri, S. Pos (cur.), *Pensare la politica. Scritti per G. Vacca*, Roma, Carocci, 2009, 71 ss.; A. Burgio, *Rousseau e gli altri. Teoria e critica della democrazia tra Sette e Novecento*, Roma, DeriveApprodi, 2012; Id., *Contratto sociale e unanimità. Per una interpretazione dell'idea rousseauiana di "volonté*

característico está constituido por el reconocimiento del sufragio universal directo, espejo de la concepción según la cual la soberanía está fraccionada entre los ciudadanos. Estos últimos, por otra parte, no solo participan en mayor medida, respecto a lo previsto en la Constitución de 1791, en el procedimiento electoral, sino que tienen que adoptar directamente decisiones. Por esto, se puede hablar de la instauración de un gobierno semidirecto.

La diferencia fundamental entre la Constitución de 1791 y la de 1793 reside, de todas formas, en el sistema de reparto de competencias, en el sentido de que el primer texto constitucional se basa en el principio de ponderación (es decir del equilibrio) de los poderes, mientras el segundo se estructura en el principio de la especialización.

Con respecto al poder legislativo, se atribuye a una asamblea unicameral, cuyos componentes son elegidos por sufragio universal durante (solo) un año. En definitiva, no se quería que el pueblo se quedara durante mucho tiempo vinculado por su voto. Además, la asamblea no era completamente libre. Esto se deduce de la letra del art. 53 de la Constitución de 1793, dedicado a las funciones del Cuerpo legislativo. Este último propone las leyes y emana los decretos. Los actos normativos de menor importancia, es decir los decretos eran adoptados por la sola voluntad del Cuerpo legislativo. No obstante, bien diversamente iban las cosas para los actos de mayor relevancia, como las leyes, que, para ser definitivas, necesitaban ser adoptadas por el Cuerpo legislativo, la aprobación por el pueblo. El procedimiento legislativo era el siguiente. El proyecto legislativo aprobado por la asamblea única se trasmitía a las asambleas primarias. Dentro del plazo de cuarenta días de tal comunicación, si en la mitad más uno de los departamentos un décimo de las asambleas primarias de cada uno de ellos no había presentado disconformidad y/o observaciones a la asamblea nacional unicameral, el proyecto de ley devenía definitivo. Cuando, en cambio, las asambleas primarias hubieran manifestado su disconformidad, la palabra definitiva volvía a los ciudadanos, que se expresaban convocando a todas las asambleas primarias. Ni se puede

---

générale", en *Studi settecenteschi (Rivista dell'Università di Pavia)*, v. 7-8-, 1985-1986, 205 ss.

olvidar que no era en absoluto fácil observar el plazo de cuarenta días desde la comunicación de la deliberación del Cuerpo legislativo. Esto porque, por un lado, las asambleas primarias comunicaban entre ellas con no pocas dificultades, y por otro, los transportes no eran céleres. En definitiva, se podría concluir sobre el punto, diciendo que la democracia semidirecta delineada por la Constitución de 1793 era más aparente que real.

Con respecto al poder ejecutivo, atendiendo a la Constitución de 1793, dependía de forma estricta del Cuerpo legislativo, siendo por consiguiente considerado no como un auténtico poder, sino más bien como simple agente de la asamblea. Desde el punto de vista estructural, el Ejecutivo estaba formado por veinticuatro miembros, no elegidos directamente por el pueblo sino elegidos por el Cuerpo legislativo que los extraía de una lista di ochenta y cinco candidatos, a su vez nombrados por parte de las asambleas electorales de cada uno de los departamentos. El Ejecutivo no tenía ninguna posibilidad de influir en la asamblea legislativa, puesto que: *a*) no disponía de la iniciativa de las leyes; *b*) no era titular del poder de veto; *c*) no podía disponer la disolución del Cuerpo legislativo.

Las vicisitudes aplicativas de la Constitución de 1793 fueron atormentadas. Si bien aprobada por el pueblo, con 1.800.000 votos favorables y 11.000 contrarios[34], no entró inmediatamente en vigor, por la existencia de dificultades internas[35] y externas, que indujeron a la Convención nacional a disponer que, hasta alcanzar la paz, seguiría en el cargo el gobierno revolucionario. Después de la muerte de Robespierre (en 1794)[36] se volvió a discutir sobre la entrada en

---

[34] Sobre el total de alrededor de 6 millones de votantes.

[35] Entre los que la insurrección de la Vandea.

[36] Sobre la (controvertida) figura de Maximilien de Robespierre, v. por ejemplo S. Mauger, *Robespierre l'innocent*, prólogo de J.-L. Mélenchon, Paris, L'Harmattan, 2023; M. Pouffary, *Robespierre, monstre ou héros?*, Villeneuve d'Ascq, Presses Universitaires du Septentrion, 2023; M. Gauchet, *Robespierre. L'homme qui nous divise le plus*, Paris, Gallimard, 2018 (obra disponible en la trad. it., *Robespierre. L'incorruttibile e il tiranno. Tra libertà e Terrore: le memorie divise della Rivoluzione francese*, Roma, Donzelli, 2019); H. Guillemin, *Robespierre, politique et mystique*, Paris, Le Seuil, 1987 (tr. it., Milano, Garzanti, 1989); J.-C. Frère, *La victoire ou la mort, histoire de Robespierre et la révolution*, Paria, Flammarion, 1983. Robespierre fue partidario de la guillotina, bajo la que él mismo cayó.

vigor de la Constitución de 1793, aunque se había difundido el temor de recrudecimientos radicales y tentaciones monárquicas. Por estos motivos, se decidió otra vez pasar por alto. En particular, se optó por la opinión, según la que la Constitución podía entrar en vigor solo después de la aprobación de las necesarias leyes orgánicas. A tal fin, se instituyó una comisión. Esta última, sin embargo, elaboró un nuevo proyecto constitucional, que fue debatido por la misma Convención nacional, que había anteriormente adoptado la Constitución de 1793. La Convención aprobó el proyecto de la comisión, que se convirtió en la Constitución de 22 de agosto de 1795[37].

5. Sigue: el texto constitucional de 22 de agosto de 1795

La Constitución de 1795[38] retomaba muchas de las previsiones ya contenidas en la Constitución de 1793, pero a través de una interpretación que ha sido definida como conservadora si no abiertamente reaccionaria[39]. Tal planteamiento ya se observaba en la Declaración que precedía el texto constitucional, donde junto a los derechos se reconocían los deberes[40]. Básicamente, además de la Declaración de los derechos, encontramos la paralela declaración de los deberes. Muy significativo es, también, el hecho de que la Constitución de 1795 no contemplaba, a diferencia de la Constitución de 1793, ni la igualdad política ni el derecho de resistir a la opresión. Sobre la democracia prevalecía en el tejido normativo

---

[37] La denominada Constitución del Fructidor Año III, según el Calendario Republicano. V. los comentarios de J. Bart, J.-J. Clère, C. Courvoisier, M. Verpeaux (éd.), *La Constitution de l'an III ou l'ordre républicain (Actes du colloque de Dijon des 3 et 4 octobre 1996)*, Dijon, EUD, 1998; Q. Passelecq, *Actualité de la Constitution de lan III*, in *Revue française de droit constitutionnel*, n. 23, 1995, 484 ss.; A. Saitta, *La Costituzione dell'anno III*, en Id., *Costituenti e costituzioni della Francia rivoluzionaria e liberale (1789-1875)*, cit., 431 ss.

[38] Sobre el que v., ampliamente, M. Troper, *Terminer la Révolution. La Constitution de 1795.*, Paris, Fayard, 2006; R. Dupuy, M. Morabito (éd.), *1795 - Pour une République sans Révolution*, Rennes, Presses Universitaires de Rennes, 1996.

[39] En este sentido, véase la reconstrucción de G. Lèfebvre, *Le Directoire*, Paris, A. Colin, 1971.

[40] Delineados por otra parte de forma bastante ambigua.

de la Constitución de 1795, la voluntad de garantizar el orden (contra los excesos del periodo del "terror").

Por un lado, la Constitución de 1795 ciertamente confirmaba que todo ciudadano es titular del derecho de concurrir, directamente o a través de representantes, a la formación de las leyes; no obstante, al mismo tiempo, la Constitución de 1795 incorporaba de nuevo el principio según el cual existe únicamente el sufragio del contribuyente, en el sentido de que el derecho de voto es acordado a los ciudadanos que pagan una contribución. Además, introducía de nuevo el sufragio indirecto en dos grados y limitaba el referéndum popular a la sola materia constitucional.

El tema del reparto de las competencias ha sido tratado a raíz de las consideraciones desarrolladas por Emmanuel Sieyès, según quien era necesario superar tanto la teoría de la Constitución de 1791, es decir el principio de ponderación de los poderes, como de "especialización", previsto en la Constitución de 1793. Para Sieyès, de hecho, en las constituciones políticas la unidad conduce al despotismo, en cambio la división desemboca en la anarquía; es por lo tanto necesario realizar un compromiso, es decir la división con unidad, sola idónea para garantizar el carácter no precario de las libertades fundamentales[41]. La idea de Sieyès era que el Ejecutivo no pudiera participar en la legislación y hubiera igualmente una división, es decir una ponderación de los poderes, en el Cuerpo legislativo. De esto, se ha desarrollado el sistema de la Constitución de 1795.

Con respecto al poder legislativo, estaba atribuido – con una innovación relevante respecto a los precedentes textos constitucionales de Francia – a las dos Cámaras nacionales: el Consejo de los Quinientos y el Consejo de los Ancianos. Este último, lejos de ser concebido como una Cámara aristocrática, estaba formado por miembros elegidos por el pueblo, no diversamente de lo que ocurría para el Consejo de los Quinientos. Ambas Cámaras, en efectos, eran elegidas durante tres años. Las condiciones de elección sin embargo se diferenciaban parcialmente, porque para votar a los componentes del Consejo de los Quinientos se requería alcanzar 30

[41] Véase el atento análisis de P. Colombo, *Emmanuel Sieyes: le idee, le istituzioni*, Macerata, Eum, 2015.

años; en cambio, el electorado activo para la Cámara de los ancianos estaba reservado a los mayores de 40 años, siempre que estuvieran casados o fueran viudos[42]. En cuanto a las respectivas funciones institucionales, al Consejo de los Quinientos[43] le correspondía la iniciativa legislativa, con la Cámara de los Ancianos llamada a aprobar o rechazar en bloque la deliberación adoptada por la otra Cámara. Sin embargo, en la específica materia constitucional, en la que las innovaciones se veían con temor, o de todas formas se recomendaba una mayor prudencia, el procedimiento legislativo seguía la dirección inversa, en el sentido de que la iniciativa estaba atribuida a la Cámara de los Ancianos, con posterior (eventual) adopción del texto legislativo por parte del Consejo de los Quinientos.

Al poder ejecutivo se le atribuye un rol institucional más significativo que en el pasado. El Ejecutivo, que se le denomina Directorio, está formado por un número de miembros inferior respecto a la Constitución de 1793, habida cuenta de que los componentes se reducen de veinticuatro a solo cinco. Estos últimos son elegidos por la Cámara de los Ancianos, seleccionando los nominativos de una lista dispuesta por el Consejo de los Quinientos. Los miembros del Directorio no podían ser revocados por el Cuerpo Legislativo, que tenía únicamente el poder de disponer la acusación ante el Alto Tribunal de Justicia, en los casos previstos por la Constitución, que se reducían a hipótesis de responsabilidad penal.

El Ejecutivo disponía, en el sistema constitucional de 1795, de poderes efectivos. En primer lugar, hay que poner de relieve que, por primera vez en la historia de derecho constitucional francés, se atribuía al Ejecutivo el poder reglamentario, con el que dar ejecución a las leyes[44]. A los cinco componentes del Directorio, asistidos por los ministros – cuya posición institucional era, por otra parte, de (simples) agentes de ejecución –, se atribuyan amplios poderes, entre los que el cometido de asegurar la seguridad tanto interna como

---

[42] Considerándose, evidentemente, tal condición como una garantía de moderación.

[43] En algunas ocasiones indicada como Cámara "joven".

[44] El alcance de la innovación ha sido ampliamente comentado por M. Verpeaux, *La naissance du pouvoir réglementaire (1789-1799)*, Paris, PUF, 1991.

exterior del Estado, disponer de las fuerzas armadas, negociar los tratados internacionales[45] y, en general, mantener las relaciones diplomáticas.

La evaluación sobre el rendimiento institucional de la Constitución de 1795 es bastante problemática. La separación (rígida) de los poderes determinó conflictos, derivados muy a menudo de la posición subordinada del Ejecutivo respecto al Cuerpo legislativo. El Directorio intentó en más ocasiones imponer a los Consejos (de los Quinientos y los Ancianos) una (propia) política legislativa, causando la reacción de estos últimos, en su calidad de autoridades superiores. Es discutible que se pueda hablar, en estos casos, de un conflicto institucional, puesto que no había conflicto entre dos poderes iguales[46]. En todo caso, es interesante observar que durante la Constitución de 1795 se produjeron múltiples golpes de Estado.

6. La Constitución de 13 de diciembre de 1799

La insatisfacción hacia la Constitución de 1795 llevó a la creación, durante el régimen del Consulado provisional[47], de una comisión, cuyos componentes eran miembros del Consejo de los Quinientos y del Consejo de los Ancianos, encargada de elaborar el proyecto de una nueva Constitución. El mismo proyecto, después de la aprobación popular, se convirtió en la Constitución del 22 frimario del año VIII, es decir el 13 de diciembre de 1799[48].

El régimen político del Consulado (y, poco después, del Imperio)[49] fue involucrado en la dictadura militante, personificada

---

[45] Siendo luego necesaria la ratificación por parte del Cuerpo legislativo.

[46] Para un vastísimo examen de la cuestión, v. A. Meynier, *Les coups d'État du Directoire*, I-III, Paris, PUF, 1927-1928.

[47] Desde el 11 de noviembre de 1799 al 13 de diciembre.

[48] Para un comentario, v. S. Velley, *¿Une constitution trop "vivante"? Heurs et malheurs de la Constitution du 22 frimaire an VIII (13 décembre 1799)*, en *Napoleonica. La Revue*, n. 33, 2019, 51 ss.; A. Saitta, *Costituzione dell'anno VIII*, en Id., *Costituenti e costituzioni della Francia rivoluzionaria e liberale (1789-1875)*, cit., 503 ss.

[49] Este último proclamado en 1804. Cfr. J.-P. Bertaud, *Le Consulat et l'Empire: 1799-1815*, Paris, A. Colin, 1989.

por una figura histórica de calado (Napoleón Bonaparte), a quien se reconoció la soberanía, formalmente atribuida por el pueblo[50].

La Constitución de 1795 prevé, en primer lugar, el sufragio universal, reconociendo a los ciudadanos (de sexo masculino) con más de veintiún años y residentes en Francia durante al menos un año la calidad de elector. El principio elemental, sin embargo, es que la confianza procede de abajo pero el poder de arriba. En efecto, según esta Constitución los electores no eligen a las personas, es decir el pueblo no elige a los diputados, sino que, de forma más limitada, presenta unas listas de candidatos.

En concreto, los ciudadanos electores de cada distrito municipal designaban a una décima parte de ellos para preparar las listas municipales, a partir de las cuales se elegía a los funcionarios del distrito, incluido el alcalde. En el segundo grado, los miembros de las listas municipales elegían a ún décimo de ellos para formar las listas departamentales, de las que procedían los funcionarios de los departamentos. A su vez, las listas de los departamentos, formadas atendiendo el mismo procedimiento, constituyan la base para elaborar la lista nacional, de la que se elegían las personas titulares de las funciones públicas nacionales[51].

En definitiva, los ciudadanos electores votaban sin elegir; esto porque si los funcionarios nacionales, como ocurría para los miembros del Consejo de Estado y los funcionarios administrativos, eran nombrados por el Primer Cónsul[52], los miembros del Cuerpo legislativo, del Tribunado[53] y del Tribunal de casación eran designados por el Senado, mientras el Senado elegía a sus mismos miembros por cooptación.

El instrumento del referéndum popular se transformó en plebiscito para aceptar la Constitución y para designar a Napoleón Bonaparte antes Cónsul a vida y, luego, Emperador. La aceptación por referéndum (o plebiscito) de la Constitución estaba por otra parte contemplada en el art. 95 del mismo texto constitucional.

---

[50] J. Bourdon, *La Constitution de l'an VIII*, Rodez, Carrère Éditeur, 1942, para quien el texto constitucional realizó una "confiscación de la democracia".

[51] Se trataba del denominado sistema de la pirámide.

[52] Es decir, el mismo Napoleón Bonaparte.

[53] Sobre el que a continuación en este epígrafe.

Con respecto de forma más específica al poder ejecutivo, es atribuido a los tres cónsules con mandato de diez años renovable sin límites. La misma Constitución de 1799, en el art. 39, designa como cónsules a Bonaparte, Cambacérès y Lebrun. El Primer Cónsul, es decir Napoleón, tenía un rol preponderante en el sistema institucional de la Constitución de 1799. Por consiguiente, la colegialidad es (mucho) más aparente que efectiva. Los poderes asignados en vía exclusiva al Primer Cónsul eran muy amplios. Además de promulgar las leyes, nombraba (y eventualmente revocaba) a los miembros del Consejo de Estado, a los ministros y funcionarios. Si se tiene en cuenta que los tres cónsules no formaban un colegio que decidía por mayoría, porque el segundo y el tercer cónsul tenían solo una función consultiva respecto al Primer Cónsul, se deduce que las competencias del Ejecutivo eran atribuidas totalmente a Napoleón.

Los poderes del Ejecutivo eran de notable amplitud. El Gobierno disponía del derecho exclusivo de iniciativa legislativa. Además, se le atribuyó el poder reglamentario. Al Gobierno le correspondía también asegurar la seguridad tanto interna como externa del Estado. Las Fuerzas armadas estaban a disposición del Gobierno. Este último guiaba las relaciones diplomáticas y concluía los tratados internacionales, sin ninguna necesidad de ratificación por parte del Cuerpo legislativo[54]. La extensión de los poderes del Ejecutivo resultaba también de que el Gobierno nacional, en las hipótesis de (presunta) conspiración contra la seguridad del Estado, podía disponer la detención policial a cargo de las personas por la duración máxima de diez días, antes de la intervención de la magistratura.

Como es natural, debido a la amplitud de los poderes, el Ejecutivo y, en particular, el Primer cónsul, contaban con la colaboración de los ministros. De especial importancia, en tal contexto institucional y político, fue la función ejercida por el Consejo de Estado, con arreglo al art. 52 de la Constitución de 1799, encargado de la redacción de los proyectos de ley, así como de los reglamentos de la administración pública.

---

[54] Una excepción estaba prevista, sin embargo, para los tratados de paz, que instituyen alianzas o relativos al comercio.

Con respecto al poder legislativo, la Constitución de 1799 contemplaba dos asambleas. La primera, denominada Tribunado, estaba compuesta por cien miembros renovables por una quinta parte cada año. El Tribunado, sin embargo, solo disponía de una función meramente consultiva respecto a los proyectos de ley, sin que el dictamen del Tribunado fuera vinculante para las demás autoridades, así que se podría dudar de la misma calificación del Tribunado como órgano legislativo. La segunda asamblea se denominaba Cuerpo legislativo.

Estaba compuesto por trescientos miembros, renovables por un tercio cada año[55]. El Cuerpo legislativo disponía de un peculiar poder respecto a los proyectos de ley presentados por el Gobierno en el sentido de que solo podía adoptarlos o rechazarlos. Los proyectos en cuestión eran discutidos ante el Cuerpo legislativo por tres comisarios del Gobierno, elegidos entre los miembros del Consejo de Estado, y por tres componentes del Tribunado. El Cuerpo legislativo era, por lo tanto, una especie de "mudo que decide"; en cualquier caso, disponía de mayor poder que el Tribunado, el cual, como ya se ha podido observar, deliberaba, pero no decidía nada.

Y, por último, con respecto al Senado, es interesante observar que la Constitución de 1799 no lo incluía en el título III, dedicado al poder legislativo (Tribunado y Cuerpo legislativo), disciplinándolo en cambio en el precedente título II, sobre el "Senado conservador"[56] (se entiende de la Constitución). La colocación parecía pertinente, puesto que el Senado no podía ser considerado una asamblea legislativa. Sus tareas eran, de hecho, las propias de una especie de "gran elector", al que le correspondía entre otras cosas la elección de los cónsules, aunque solo para el futuro. El Senado tenía que designar tanto a los miembros del Cuerpo legislativo y del Tribunado, así como a los jueces de casación. En este sentido, el Senado tenía que elegir a sus mismos miembros, lo cual se realizaba por cooptación.

---

[55] De forma análoga, con respecto a este aspecto, al Tribunado.

[56] Cfr. F. Rosa, *Il problema della garanzia della costituzione in Francia dopo la rivoluzione. Dal Senato conservatore al Comitato costituzionale*, en R. Orrù, F. Bonini, A. Ciammariconi (cur.), *La giustizia costituzionale in prospettiva storica: matrici, esperienze e modelli* (Atti dell'Atelier 4 luglio – G.G. Floridia, 5 luglio 2010, Università di Teramo), Napoli, Edizioni Scientifiche Italiane, 2012, 135 ss.

7. Sigue: las modificaciones posteriores al texto constitucional de 1799 (revisiones de 1802 y 1804, Acto anexo de 1815)

El Senado, si bien cualificado por la Constitución de 1799 como "conservador" del texto constitucional, en realidad, aportó cambios, justificados por el llamamiento a la necesidad de adaptar el mismo texto a la evolución de las condiciones políticas. La primera de tales "adaptaciones" se produjo el 2 de agosto de 1802, cuando, a través de la aprobación a través de consulta popular (plebiscito), Napoleón Bonaparte fue proclamado "cónsul vitalicio". Poco después, previa consulta del Senado, de 4 de agosto de 1802, fueron introducidos (importantes) cambios en el sistema institucional[57].

En primer lugar, se innovó el sistema electoral. El mecanismo de las listas, previsto por la versión original de la Constitución de 1799, no dio un buen resultado, chocando con un cierto desinterés por parte de los ciudadanos. Por lo tanto, se suprimió con la reforma de 4 de agosto de 1802. En su lugar, se introdujo un (nuevo) sistema de asambleas electorales. Por ello, se crearon asambleas cantonales, compuestas por los ciudadanos residentes en el cantón. En el primer nivel, a la asamblea electoral cantonal le correspondían dos candidatos para el cargo de juez de paz y para cada uno de los puestos de concejal, sin perjuicio de que la decisión le correspondiera luego únicamente al Primer cónsul. En el segundo nivel, se colocaban las circunscripciones de distrito, elegidas por las asambleas cantonales. Las asambleas electorales de segundo grado se limitaban a presentar candidaturas, en este caso para miembros del Tribunado y del Cuerpo Legislativo. Y, por último, las circunscripciones electorales de departamento, cuyos miembros eran nombrados por las asambleas de cantón entre los mayores contribuyentes del mismo cantón. Estos presentaban las listas de las que habrían sido elegidos los componentes del Senado. Una excepción, sin embargo, estaba representada por la elección directa de los concejales de los Ayuntamientos, que tenían menos de cinco mil habitantes. Sin perjuicio de esta sola excepción, en todos los demás casos no tenía lugar una verdadera y propia elección, sino más bien la simple presentación de candidaturas.

---

[57] Cfr. A. Saitta, *Senato-Consulto del 4 agosto 1802*, en Id., *Costituenti e costituzioni della Francia rivoluzionaria e liberale (1789-1875)*, cit., 523 ss.

Con respecto a la figura institucional del Primer cónsul, la reforma constitucional de 4 de agosto de 1802 amplió sus poderes, atribuyéndole también la ratificación de los tratados internacionales relativos a la paz y las alianzas. Ahora al Primer cónsul le corresponde también presentar al Senado las candidaturas a los demás puestos de cónsul. El Senado, que se mostró muy "dócil" hacia la voluntad del Primer cónsul[58], recibió una sustanciosa "recompensa" institucional. Al respecto, la revisión constitucional de 4 de agosto de 1802 estableció que corresponde al Senado disponer la eventual disolución del Cuerpo legislativo, pero también intervenir en materia colonial y en cualquier cuestión que la Constitución no haya atribuido de forma expresa a otras autoridades.

De forma exactamente contraria al Senado, la reforma constitucional de 4 de agosto de 1802 redimensionaba al Tribunado, que había intentado oponerse al Primer cónsul. La revisión constitucional, en particular, redujo a la mitad el número de miembros del Tribunal, de los cien originales a cincuenta.

La posterior revisión constitucional de 18 de mayo de 1804[59], aprobada por consulta orgánica del Senado y confirmada mediante plebiscito, tenía el objetivo de adaptar la Constitución de 1799 a la estructura institucional del Imperio[60]. En efecto, se produjo una verdadera revuelta del sistema constitucional introducido en 1799. Por un lado, se prohibió al Tribunado reunirse en asamblea, pudiendo trabajar solo en secciones y por último se suprimió en 1807. Por su parte, el Cuerpo legislativo conservaba "sobre el papel" sus atribuciones institucionales, pero de hecho ya no se volvió a convocar. El Senado, en cambio, salió reforzado de la revisión constitucional, porque fue colocado en el centro del sistema político-institucional, correspondiéndole permitir al Gobierno legislar por decreto, contando con el apoyo del Senado que, de hecho, no anuló nunca tales decretos[61].

---

[58] Al punto de poder ser considerado casi un auxiliar del Gobierno, más que una asamblea independiente.

[59] V. A. Saitta, *Senato-Consulto del 18 maggio 1804*, en Id., *Costituenti e costituzioni della Francia rivoluzionaria e liberale (1789-1875)*, cit., 537 ss.

[60] Habiendo sido introducida la nueva figura del Emperador.

[61] Haciéndolos así plenamente jurídicos.

Y finalmente, se llegó después de la vuelta de Napoleón Bonaparte de la isla de Elba (donde había sido exiliado) a la aprobación del Acta adicional a las Constituciones del Imperio de 22 de abril de 1815[62]. El Acta[63], si bien denominado (reductivamente) *addendum*, delineaba un nuevo sistema político-constitucional. Por un lado, de hecho, el poder ejecutivo continuaba a contemplar las figuras institucionales del Emperador, de los ministros y del Consejo de Estado. Por otro, no obstante, el poder legislativo había salido muy reforzado del Acta adicional de 1815. Se crearon dos nuevas Cámaras, es decir la Cámara de los pares, cuyos componentes eran nombrados por el Emperador y cuyo título era hereditario, y la Cámara de los representantes, que era elegida con una fuerte innovación respecto al pasado, por sufragio popular directo. En la Cámara de los representantes, luego, algunos diputados tenían que pertenecer a determinadas profesiones, razón por la que la Cámara misma se abría a la dimensión de la representación de los intereses.

El Acta adicional de 1815, a pesar de su denominación, aportó un notable cambio constitucional, introduciendo una verdadera ponderación de los poderes en el sistema institucional de Francia[64]. Se asistió desde algunos puntos de vista al acta fundacional del régimen parlamentario francés. Los ministros del Gobierno, en particular, podían perder la confianza de las Cámaras parlamentarias, y podían ser considerados responsables de los actos del Gobierno que tenían que contrafirmar.

---

[62] Después de la ratificación mediante plebiscito, el Acta adicional entró en vigor el 1° de julio de 1815. Napoleón abdicó finalmente tras la derrota de Waterloo de 18 de junio de 1815, el 22 de junio.

[63] Sobre el que v. J. Bloquet, *L'acte additionnel aux constitutions de l'Empire du 22 avril 1815: une bataille perdue d'avance?*, en *Napoleonica. La Revue*, n. 13, 2012, 3 ss.; D. de Bellescize, *L'Acte additionnel aux Constitutions de l'Empire (22 avril 1815): une Constitution mal nommée pour un régime sans nom*, en *Revue du droit public*, 1993, 1048 ss.; A. Saitta, *L'atto addizionale e la seconda restaurazione*, en Id., *Costituenti e costituzioni della Francia rivoluzionaria e liberale (1789-1875)*, cit., 585 ss. Anteriormente, cfr. también F. Lamarque, *Essai politique sur quelques articles de l'Acte additionnel aux constitutions de l'Empire*, Paris, Dabin, 1815; A. Reboul, *Opinion sur l'Acte constitutionnel*, Paris, Impr. de Charles, (15 mai) 1815.

[64] Esta es la evaluación de S. Rials, *La question constitutionnelle en 1814-1815: Dispersion des légitimités et convergence des techniques*, en *Annales d'Histoire des Facultés de Droit*, 1986, n. 3, 167 ss.

CAPÍTULO II

EL DERECHO CONSTITUCIONAL DE LA MONARQUÍA PARLAMENTARIA

Sumario: 1. Monarquía parlamentaria y democracia burguesa (1814-1848). –2. Sigue: la Carta constitucional de 14 de agosto de 1830.

1. Monarquía parlamentaria y democracia burguesa (1814-1848)

Desde el punto de vista del derecho constitucional, el periodo de la monarquía parlamentaria, comprendido entre el 1814 y el 1848, coincide con la introducción en Francia de la forma de gobierno (o régimen) parlamentario. Tal periodo histórico corresponde a la fase de la denominada democracia burguesa por el rol preponderante desarrollado por la clase más acomodada[65].

La Restauración intentó conciliar distintas o mejor opuestas exigencias. Se trataba, por un lado, de (re-)afirmar el principio de legitimidad real[66], y, por otro lado, de no retroceder respecto a las reformas sociales realizadas durante la Revolución[67].

Desde el primer perfil, la nueva Constitución de 4 de junio de 1814 fue, por lo tanto, una Carta constitucional concedida por el Rey a los súbditos, por medio de la que el soberano limitaba un

---

[65] Cfr. F. Ponteil, *La monarchie parlementaire: 1815-1848*, Paris, A. Colin, 1958, 2ª ed.

[66] Ya proprio del *Ancien Régime* (v. *ante*, en el epígrafe 1).

[67] Cfr. D. Bagge, *Les idées politiques en France sous la Restauration*, Paris, PUF, 1952; P. Bastid, *Les institutions politiques de la monarchie parlementaire (1814-1848)*, Paris, Sirey, 1954; A. Laquieze, *Les origines du régime parlementaire en France (1814-1848)*, Paris, PUF, 2002.

poder que se consideraba pertenecer a la dinastía real y no a la soberanía popular[68].

Desde el segundo de los perfiles indicados, destacaba en la Constitución de 1814 el reconocimiento de los derechos individuales. Los primeros doce artículos del texto constitucional[69] preveían las libertades fundamentales, entre las que la libertad personal, de prensa, de religión, etc., así como el principio de igualdad y la garantía constitucional del derecho de propiedad. El cambio de perspectiva en materia de derechos y libertades fundamentales es del todo evidente. Estamos ante no tanto a derechos naturales, sino más bien a concesiones del soberano, quien puede regular, extender o limitar los derechos y las libertades. La adopción de estas reglamentaciones se produjo durante la Restauración. Por ejemplo, la nobleza fue restablecida, complicando la coexistencia y/o conciliación con la igualdad social. Además, el catolicismo fue declarado religión de Estado, con inevitables repercusiones sobre la libertad religiosa. Y, por último, la regulación rigurosa de la libertad de prensa determinó una fuerte compresión de la libertad de opinión[70].

Durante la vigencia de la Constitución de 1814 tuvo lugar, además, una revisión del sistema electoral. El punto de partida de la reforma en examen fue representado por la idea de que el electorado tuviera una específica función social. Por lo tanto, el derecho de voto no era en absoluto inherente a la calidad del hombre, sino que dependía de la capacidad de los individuos[71]. La función de los ciudadanos consistía, en particular, en nombrar a los diputados. De esto derivaba, entre otros, que el Parlamento no

---

68 V. el comentario de S. Rals, *Essai sur le concept de monarchie limitée (autour de la Charte de 1814)*, en Id., *Révolution et contre-révolution au XIXe siècle*, Paris, D.U.C. - Albatros, 1987, 88 ss.

69 Que constituyen la sección constitucional del título *Diritto pubblico dei francesi*.

70 Véase G.F. Ferrari, *Il costituzionalismo della Restaurazione (Francia e Belgio)*, en Id., *Le libertà Profili comparatistici*, Torino, Giappichelli, 2011, 113 ss.

71 Este era el planteamiento del pensamiento liberal de la Restauración, es decir del conservadorismo liberal, bien personificado por ejemplo por François Guizot, sobre el que v. P. Rosanvallon, *Le moment Guizot*, Paris, Gallimard, 1985.

representaba solo ideas, sino también intereses. Se acogió así el modelo del sufragio censitario[72].

El derecho de sufragio dependía tanto de la edad, es decir haber cumplido por lo menos treinta años, como del censo, es decir pagar no menos de trescientos francos de contribución directa. Este último requisito era restrictivo, puesto que la suma indicada era bastante consistente. El resultado fue que los electores eran alrededor de cien mil en toda Francia, con una proporción de un elector cada trescientos habitantes. Con respecto al electorado pasivo, era necesario tener cuarenta años y una contribución de mil francos. La consecuencia fue que pudieron ser elegidos unos veinte mil ciudadanos. Aún más restrictiva en materia de electorado fue la ley de 29 de junio de 1820. Esta introducía el sistema de "doble voto". En todos los departamentos se constituían dos tipologías de circunscripciones electorales, representadas por circunscripciones de distrito y una circunscripción departamental única. Esta última estaba formada por una cuarta parte de los electores más gravados del departamento, que disponían de doble voto.

El primer voto, emitido en la circunscripción de distrito, estaba destinado a elegir las tres quintas partes de los miembros de la Cámara, mientras que el segundo voto, para la circunscripción departamental, estaba destinado a elegir las dos quintas partes restantes de la Cámara nacional.

Hubo intentos esporádicos de reducir los impuestos directos, para incidir en el número de los habientes derecho al voto y de los elegibles, con contextual incremento[73] de la imposición directa, pero los conservadores liberales se opusieron siempre a estas hipótesis de revisión del sistema electoral[74].

La regulación de los poderes públicos, tal y como fue delineada por la Constitución de 1814, se inspiraba en el modelo de las instituciones inglesas, en la medida en que esta contemplaba la presencia tanto del Rey como del Parlamento, esforzándose por combinar la monarquía con el régimen representativo.

---

[72] Denominado "sufragio restringido" respaldado *inter alia* por Pierre-Paul Royer-Collard, sobre el que v. L. Vingtain, *Vie publique de Royer-Collard. Études parlementaires*, prólogo de A. DE Broglie, Paris, M. Lévy, 1858.

[73] Con finalidades compensatorias para el Erario.

[74] Oponiéndose, por lo tanto, también a la reducción de la tasación directa.

El órgano preponderante, en este sistema constitucional, estaba representado por el Rey, quien – atendiendo al tercer periodo del art. 13 de la Carta constitucional de 1814 – era el único titular del poder ejecutivo. El Rey por lo tanto disponía en primer lugar del poder reglamentario; a él le correspondía declarar la guerra y concluir los tratados internacionales sin necesidad de la ratificación por parte del Parlamento. La iniciativa legislativa le correspondía únicamente al Rey, que participaba en medida mucho más amplia en el ejercicio del poder legislativo. Las Cámaras, de hecho, solo podían "suplicar" la proposición de un proyecto legislativo. El Rey, por último, era titular exclusivo de la sanción de la ley, con la consecuencia de que ningún acto legislativo podía entrar en vigor sin su aceptación, que por otra parte podía ser rechazada de forma indefinida.

Con respecto al Parlamento, se componía, imitando al Parlamento inglés, de dos Cámaras. La primera, denominada Cámara de los pares, estaba formada por miembros nombrados por el Rey. Se trataba de una designación vitalicia o a título hereditario. La Cámara de los pares, cuyos componentes eran inamovibles, no disponía de una real independencia, puesto que el Rey siempre podía cambiar la mayoría, siendo ilimitado el número en su conjunto de los pares. La Cámara de los pares, es decir la Cámara alta confería un carácter aristocrático al régimen construido a partir de la Constitución de 1814. Las atribuciones de la Cámara de los pares no eran diferentes a las de la Cámara baja. Una excepción estaba constituida por el hecho de que esta última tenía precedencia en la prestación de los proyectos de ley en materia de imposición fiscal.

La Cámara de los diputados, o Cámara baja, era elegida por los ciudadanos que pagaban por lo menos trescientos francos de contribución directa. Aunque no fuera plenamente democrática, porque desvinculada de una relación efectiva con las masas populares, la Cámara de los diputados llevó una innovación liberal respecto al régimen vigente durante el Imperio. No se puede afirmar que la Cámara de los diputados fuera independiente del Rey, porque este último convocaba la misma Cámara, que por lo tanto no tenía carácter permanente. Además, el Rey podía disponer la disolución de la Cámara baja, siempre y cuando convocara una nueva asamblea dentro de los tres meses. Como se ha podido observar, las atribuciones de la Cámara baja eran sustancialmente análogas a las de la Cámara alta, en lo que se refiere a la votación de las leyes, en particular a las relativas a los impuestos.

La práctica política, que se afirmó en Francia durante la vigencia de la Constitución de 1814, parece de especial interés. Esto porque, si bien la Constitución no dice nada respecto a las relaciones entre el Ejecutivo y el Parlamento, se afirmó una práctica política, que introdujo, por primera vez en el sistema institucional francés, el parlamentarismo[75]. Surgió, en particular, la responsabilidad política de los ministros, que permitía precisamente resolver los eventuales conflictos entre Ejecutivo y Legislativo a través del cambio de los ministros. El punto es que tal responsabilidad que no está prevista expresamente por la Constitución de 1814 fue introducida por la práctica política. Partiendo del ejemplo proporcionado por las instituciones inglesas, se llegó a la conclusión de que las reglas del parlamentarismo, aunque no estén incluidas en el texto constitucional, resultan necesarias para su aplicación. Un elemento facilitador de esta evolución de la práctica política fue ciertamente representado por el hecho de que el Rey Luis XVIII no fuera prejudicialmente hostil al régimen parlamentario.

Se afirmó, por lo tanto, el control de las dos Cámaras parlamentarias sobre el Gobierno. Tal control se manifestaba de distintas maneras. En primer lugar, en respuesta al discurso del Trono con el que el Rey abría las sesiones del Parlamento, las Cámaras podían adoptar un acto de dirección política para el soberano. Al menos desde 1821, el discurso votado por las Cámaras permitía al Rey conocer la valoración de las Cámaras sobre la conducta de los ministros. El poder de dirección tenía particular relevancia, habida cuenta de que las Cámaras no tenían, durante la vigencia de la Constitución de 1814, el derecho de interpelación. Un segundo instrumento de control del Parlamento sobre el Gobierno, que se ha afirmado en la práctica política, fue representado por las relaciones de las Cámaras sobre las peticiones. Los ciudadanos de hecho podían

---

[75] Cfr. los análisis puntuales de J. Barthélémy, *Le régime parlementaire en France sous Louis XVIII et Charles X*, (1904), nuovelle édition, Genève, Megariotis Reprints, 1977; A. Laquieze, *Les origines du régime parlementaire en France (1814-1848)*, Paris, PUF, 2002.

presentar peticiones a cada una de las dos Cámaras. Tras el debate parlamentario sobre los hechos objeto de las peticiones, la Cámara podía aprobar un orden del día, del que resultaba la propia evaluación – favorable o contraria – respecto a la conducta de los ministros. Sobre todo, se demostró eficaz un tercer instrumento de control de las Cámaras sobre el Gobierno. Se trataba de la discusión del presupuesto del Estado. El control fue aún más incisivo desde 1817, cuando se afirmó el principio de la "especialidad presupuestaria", en virtud del que el Parlamento tenía la posibilidad de controlar el funcionamiento de todo departamento ministerial. Las Cámaras, además, podían rechazar votar el presupuesto. Tal poder ejercía una notable presión sobre el soberano, en el sentido de que el simple temor de que las Cámaras no llegasen a un acuerdo inducía al Rey a revocar al ministro "indeseado" al Parlamento, salvo que el mismo ministro hubiera presentado espontáneamente la dimisión. Hubo en realidad algún intento político de frenar esta costumbre constitucional, en particular en relación con la responsabilidad política "oficiosa" de los ministros, puestos en marcha especialmente por el Rey Carlos X, pero los intentos resultaron ser infructuosos.

2. Sigue: la Carta constitucional de 14 de agosto de 1830

La Carta constitucional de 1830 parece a primera vista una nueva edición corregida de la Constitución de 1814[76]. En realidad, existen diferencias. En primer lugar, no se trató de una Constitución otorgada (*octroyée*). Fue aprobada por las Cámaras, y el Rey Luis-Felipe, para obtener el título de soberano, tuvo que aceptarla y jurar lealtad. La monarquía se mantuvo, pero solo en virtud de un pacto entre el Rey y los representantes de la nación. Se verifica, en este sentido, el tránsito de la monarquía de derecho divino a la monarquía "contractual". Se reafirma de esta forma la idea de la soberanía nacional, con el Rey llamado al trono por los franceses.

---

[76] Véase, para un (eficaz) comparación, P. Rosanvallon, *La monarchie impossible. Les chartes de 1814 et de 1830*, Paris, Fayard, 1994. Sobre el texto constitucional de 1830, v. A. Saitta, *La Carta costituzionale del 1830*, en Id., *Costituenti e costituzioni della Francia rivoluzionaria e liberale (1789-1875)*, cit., 607 ss.

La clase media con capacidad económica, sin embargo, seguía firmemente en el poder.

Esto se puede observar ante todo del examen del sistema electoral. La edad para el electorado activo se redujo a los veinticinco años y para el electorado pasivo a los treinta años. Además, atendiendo a la ley electoral de 19 de abril de 1831, el censo electoral fue reducido de trescientos a doscientos francos, mientras el de la elegibilidad pasó de mil a quinientos francos. Por efecto de tales innovaciones, el número de los electores duplicó. Por otra parte, se suprimió el sistema de la dualidad de las circunscripciones electorales, cesando así la práctica del doble voto.

Con respecto a la organización de los poderes públicos, el esquema general delineado por la Constitución de 1814 sufrió algunas modificaciones, aparentemente de detalle, pero capaces de producir una transformación de las características de los órganos. En primer lugar, se estableció que al Rey le corresponde – como en el pasado – nombrar a vida a los miembros de la Cámara por pares, pero solo eligiéndolos dentro de determinadas categorías, como los diputados, los embajadores, los magistrados de las altas instancias, los industriales, los banqueros y en general quienes ingresaran una contribución anual muy elevada. En definitiva, cambió la fisionomía misma de la Cámara alta, ya no asamblea de representación de la aristocracia de nacimiento, sino más bien de los notables nacionales. Desde el plano de las atribuciones institucionales de las Cámaras, estas fueron incrementadas en la Carta constitucional de 1830. La iniciativa legislativa, de hecho, les corresponde, atendiendo al nuevo texto constitucional, de forma concurrente al Rey y a las asambleas parlamentarias. Con respecto a la materia financiera, la recepción del principio de la especialidad de presupuesto comporta una sensible extensión de las competencias de las Cámaras, porque estas ejercen – según la Carta constitucional de 1830 – un control minucioso sobre el aparato administrativo del Estado, pudiendo en particular votar sobre cada capítulo de gasto.

Si, por lo tanto, las competencias de las Cámaras parlamentarias fueron extendidas por la Carta constitucional de 1830, al contrario, la misma Carta redujo el rol institucional del Rey. Este último mantuvo el poder de emanar ordenanzas, pero con la precisión de que tales actos no pueden comportar la suspensión de las leyes, y ni siquiera dispensar de su aplicación. Además, el Rey conservaba la función de sanción de las leyes, pero no la ejercía concretamente.

La práctica política, al fin de dar actuación a la Carta constitucional de 1830, se adaptaba bien a la célebre frase de Adolphe Thiers, atendiendo a la que "el Rey reina, pero no gobierna"[77]. Dos aspectos que parecen centrales. Por un lado, el Parlamento controla al Gobierno, utilizando el instrumento de las interpelaciones. Por otro lado, existía en aquel momento una efectiva responsabilidad política de los ministros ante las asambleas parlamentarias, puesto que, si el Ejecutivo ya no dispone de la confianza de la Cámara de los diputados, esto se tiene en cuenta para presentar la dimisión.

En definitiva, la Carta constitucional de 1830 desarrolló los principios del parlamentarismo, siguiendo una inspiración más liberal que democrática[78], puesto que las instituciones se conformaban esencialmente a los *desiderata* de la burguesía media, más que a la auténtica participación de las masas populares[79].

---

77 *Vid.* A. Laquièze, *Adolphe Thiers théoricien du régime parlementaire: ses articles dans Le national en 1830*, en *Revue française d'histoire des idées politiques*, n. 5, 1997/1, 59 ss.

78 Cfr. F. Ponteil, *L'éveil des nationalités et le mouvement libéral, 1815-1848*, Paris, PUF, 1968.

79 Las asambleas, de hecho, actuaban casi como un consejo de administración, pudiendo contar – atendiendo a las previsiones contenidas en la Carta constitucional de 1830 – con un personal político particularmente cualificado, además de sensible a la tutela de los intereses en juego en todo momento.

CAPÍTULO III

LA CONSTITUCIÓN DE 1848 Y LAS INSTITUCIONES DEL IMPERIO

Sumario: 1. La Constitución de 4 de noviembre de 1848. – 2. La Constitución de 14 de enero de 1852. – 2. Sigue: el régimen imperial (1852-1870) y su progresiva evolución en sentido liberal.

1. La Constitución de 4 de noviembre de 1848

Después de la caída de la monarquía, el Gobierno provisional, que empezó a guiar la República convocó la elección de la Asamblea constituyente. Atendiendo al decreto de 5 de marzo de 1848, que convocaba dicha elección, se preveía el sufragio universal, con el electorado activo fijado en veintiún años y el pasivo en veinticinco. Como se puede observar[80], las condiciones del sufragio eran las más democráticas de la historia constitucional francesa[81].

La Asamblea nacional constituyente, una vez elegida, procedió a nombrar una comisión de cinco miembros para preparar un nuevo proyecto de Constitución. Teniendo en cuenta las condiciones particularmente democráticas del sufragio, se consideró no necesario someter el texto constitucional a la aceptación popular.

---

80 A la luz de lo examinado en los epígrafes precedentes.

81 Ampliamente, v.: É. Anceau, *L'importance de la République de 1848 dans l'histoire politique française*, en R. Belot (dir.), *Tous républicains! Origine et modernité des valeurs républicaines*, Paris, A. Colin, 2011, 17 ss.; A. Coutant, *1848, Quand la République combattait la Démocratie. Recherche*, Paris, Mare & Martin, 2009; M. Agulhon, *1848 ou l'apprentissage de la République (1848-1852)*, Paris, Le Seuil, 2002; F. Nandin-Patriat (coord.), *Constitution du 4 novembre 1848: l'ambition d'une république démocratique (Actes du colloque de Dijon, 10-11 décembre 1999)*, Dijon, E.U.D., 2000; J. Godechot, *Les révolutions de 1848*, Paris, A. Colin, 1971; F. Ponteil, *1848*, Paris, A. Colin, 1966, 4ª ed.; P. Bastid, *L'avènemet du suffrage universel*, Paris, PUF, 1948, y antes aún F. Berriat-Saint-Prix, *Théorie du droit constitutionnel français. Esprit des constitutions de 1848 et de 1852 et des Sénatus-consultes organiques*, Paris, Videcoq Fils Ainé, 1853. En Italia, v. A. Saitta, *La Repubblica e la Costituzione del 1848*, en Id., *Costituenti e costituzioni della Francia rivoluzionaria e liberale (1789-1875)*, cit., 633 ss.

La Constitución de 1848 presenta sin duda un marcado carácter democrático. En el Preámbulo del texto constitucional, de hecho, se hace referencia a los principios de la libertad, igualdad y hermandad, este último en particular evocado en los puntos VI, VII y VIII. La hermandad constituye en Francia la base para el desarrollo de la legislación social. De forma más difusa se expresan al respecto los artículos de la Constitución de 1848 recogidos bajo el capítulo II, dedicado a los derechos de los ciudadanos. Junto a las libertades fundamentales ya proclamadas en 1789, encontramos previsiones detalladas en materia de derechos sociales, en relación con los sectores de la instrucción, asistencia y reparto del trabajo entre las personas[82].

La organización de los poderes se basaba en la Constitución de 1848 en el principio de especialización. Con respecto al poder legislativo, se atribuía a la Asamblea unicameral, de la que eran parte integrante setecientos mil diputados. El escrutinio se organizaba por departamentos y el mandato de los diputados era de tres años. Eliminada toda condición de censo, el electorado activo requería el cumplimiento de veintiún años, además del goce de los derechos civiles y políticos; en cambio, el electorado pasivo, es decir la elegibilidad, se distinguía del activo únicamente por el requisito (poco más severo) del cumplimiento de los veinticinco años. Si las masas populares empezaron a ser parte de la vida política, es necesario añadir que la Constitución de 1848 no contemplaba la iniciativa popular y ni siquiera el *referéndum*, así que en definitiva daba vida a un régimen representativo.

En relación con el poder ejecutivo, se discutió en la Asamblea constituyente si instituir la figura del Presidente del Consejo de ministros, vinculado a una relación de confianza con la Asamblea parlamentaria, o si situar al jefe de Estado al frente del Ejecutivo. Prevaleció esta última opción, con el Presidente de la República encabezando el Ejecutivo[83]. El Jefe de Estado, en la Constitución de 1848, asumía un rol importante y disponía de una legitimación

---

[82] Sobre el carácter democrático casi anticipador de tendencias socialistas de la Constitución de 1848, v., en el pasado, P. Bastid, *Doctrines et institutions de la Seconde République*, Paris, Hachette, 1945.

[83] Concebido, entonces, como un Ejecutivo "fuerte".

sólida, siendo elegido directamente por el pueblo, durante cuatro años. La responsabilidad de los actos del Gobierno, por otra parte, se conectaba, en última instancia, con el Presidente de la República. Este último no disponía del poder de disolver la Asamblea parlamentaria, que por otra parte no podía revocar al Presidente de la República. El Jefe de Estado, además, no tenía el derecho de sancionar las leyes.

Se llegó así pronto al golpe de Estado de 2 de diciembre de 1851, realizado por el Príncipe-Presidente Luis-Napoleón Bonaparte[84], irritado por no poder recibir un segundo mandato presidencial y por la imposibilidad de alcanzar la mayoría de los tres cuartos de los miembros de la Asamblea legislativa, para adoptar la revisión (sobre el punto) de la Constitución de 1848. Sin embargo, un respaldo indirecto al Príncipe-Presidente vino de la aprobación de la ley de 31 de mayo de 1850, que suscitó descontento en amplias capas de la población francesa, puesto que restringía notablemente el número de los electores, tras la introducción del requisito del domicilio durante (por lo menos) tres años en el mismo ayuntamiento, cuando en cambio las masas de los obreros se desplazaban frecuentemente a la búsqueda de trabajo. No fue casualidad, que, en la misma proclamación, el 2 de diciembre de 1851, el Presidente Luis-Napoleón Bonaparte declaró que se volvía a prever el sufragio universal.

2. La Constitución de 14 de enero de 1852

El golpe de Estado de 2 de diciembre de 1851 fue ratificado pronto mediante el plebiscito de 22 y 23 de diciembre del mismo año[85], permitiendo por lo tanto a Luis-Napoleón Bonaparte ejercer el poder de forma substancialmente dictatorial. El 14 de enero fue promulgada la nueva Constitución, entrada en vigor el 29 de marzo

---

[84] Sobre el que v. el estudio documentado de P. Séguin, *Loius-Napoléon le Grand*, Paris, Grasset & Fasquelle, 1990. *Adde* A. Le Pillouer, *Le conflit entre la créature et son créateur: Louis-Napoléon et l'Assemblée constituante (20 décembre 1848 – 13 mai 1849)*, en J. Hummel (dir.), *Les conflits constitutionnels. Le droit constitutionnel à l'épreuve de l'histoire et du politique*, Rennes, Presses Universitaires de Rennes, 2010, 43 ss. En Italia, v. E. Di Rienzo, *Il 2 dicembre di Luigi Bonaparte. Un riesame*, en *Nuova Rivista Storica*, vol. XCVI, 2012, 847 ss.

[85] Los votos favorables fueron equivalentes al 92 por ciento de los votantes.

de 1852. En la Constitución de 1852, que traía inspiración de la de 1799[86], el principio de la soberanía popular fue relacionado con el poder personal de una sola persona. Por otra parte, la preocupación por la continuidad del régimen democrático era bastante evidente en la Constitución de 1852, como resulta del art. 1, atendiendo al que: "*La Constitution reconnaît, confirme et garantit les grands principes proclamés en 1789, et qui sont la base du droit public des Français*". Otros tres aspectos pueden ser recordados para evidenciar el carácter democrático de la Constitución de 1852, es decir: *a*) el sufragio universal, que se mantiene; *b*) el reconocimiento al pueblo del poder constituyente; c) la necesidad de la aceptación popular para las eventuales modificaciones de la Constitución.

No obstante, la Constitución de 1852 representó, al mismo tiempo, las bases para la creación del Segundo Imperio[87], surgido de las cenizas de la Segunda República[88], es decir para una democracia "cesarista". Fue esencial, en tal contexto institucional, el instrumento del plebiscito, para someter la soberanía nacional a la voluntad del Jefe de Estado.

Con respecto a las elecciones políticas, su organización era tal que reducía de forma considerable el alcance del sufragio universal. Esto por distintas razones. En primer lugar, por las características del escrutinio uninominal, con la previsión contextual de circunscripciones electorales de pequeñas dimensiones, capaces de facilitar las presiones administrativas. En segundo lugar, el mecanismo de las candidaturas "oficiales" hacia posible a los prefectos respaldar a los candidatos gratos al Gobierno. En tercer lugar, la legislación electoral, mediante disposiciones sobre reuniones político-electorales, colocación de carteles, etc. igualmente favorecía a los candidatos gubernamentales y obstaculizaba, en cambio, a los candidatos de la oposición. En cuarto lugar, hasta la prescripción del juramento de fidelidad a la República podía representar un obstáculo respecto a los candidatos de la oposición.

---

86 Sobre este último texto constitucional, v. arriba, en el epígrafe 6.

87 Cfr. M. Prelot, *La signification constitutionnelle du Second Empire*, en *Revue française de science politique*, 1953, 31 ss.; J. Tulard (dir.), *Dictionnaire du Second Empire*, Paris, Fayard, 1995.

88 Cfr. P. Vigier, *La Seconde République*, Paris, PUF, 1996, 7ª ed.

Los resultados electorales confirmaron la eficacia – considerada, naturalmente, desde el punto de vista gubernamental – de las medidas arriba descritas. Por ejemplo, en ocasión de la consulta electoral de 1857, sobre el total de 257 diputados salientes, el Gobierno nacional apoyó la candidatura de 250 de estos. Todos resultaron finalmente elegidos.

Si, luego, pasamos del examen de la organización de las elecciones a la de los poderes públicos encontramos que, en analogía y continuidad con lo contemplado por la Constitución de 1799, también la Constitución de 1852 asignaba un rol preminente al Ejecutivo.

Se ponía así de relieve el rol institucional de Luis-Napoleón Bonaparte, expresamente mencionado por la Constitución de 1852. Él fue el Jefe del Estado, es decir el Presidente de la República durante diez años. Tras la finalización del mandato presidencial, el sucesor tenía que haber sido elegido por la nación. El Presidente de la República fue puesto por la Constitución de 1852 a la cabeza del Ejecutivo, con ejercicio de los relativos poderes de manera del todo independiente del Cuerpo legislativo. De esto derivaba que los ministros no dependían de otros que el Jefe de Estado y que podían ser acusados solo por iniciativa del Senado. Por otra parte, no se contemplaba ninguna forma de responsabilidad del Jefe del Estado.

En definitiva, la presente Constitución no acogía el régimen parlamentario, preocupándose también por impedir su eventual introducción por medio de la práctica política[89].

La titularidad del poder legislativo le correspondía en vía exclusiva a la Asamblea, cuyos miembros eran elegidos, durante seis años, mediante sufragio universal, directo y secreto. Sin embargo, la iniciativa legislativa no correspondía al Cuerpo legislativo, y además las enmiendas a los proyectos gubernamentales tenían que ser previamente aceptados por el Ejecutivo, para después ser discutidos por la Asamblea. Además, para que fueran definitivas las leyes tenían que recibir la sanción del Presidente de la República.

---

89 Recordando, quizás, lo ocurrido, a través de la práctica política, en la fase de actuación de la Constitución de 1830, sobre el que arriba en el epígrafe 9.

Según la Constitución de 1852, le correspondía al Presidente de la República tanto convocar como actualizar y prorrogar las sesiones del Cuerpo legislativo. Hasta las normales prerrogativas de la Asamblea parlamentarias, como son la organización de su Oficina y del Reglamento de los trabajos asamblearios, eran atribuidas al Ejecutivo. Y, por último, en relación con el Senado, ya en la proclamación de Luis-Napoleón de 2 de diciembre de 1851[90] se denominaba la segunda Asamblea, con las funciones de ponderación, y de guardián del pacto fundamental y de las libertades públicas.

El Senado estaba compuesto por ciento cincuenta miembros, de los que algunos de derecho – como ocurría para los cardinales, los almirantes y mariscales–, mientras los restantes estaban nombrados a vida por el Presidente de la República.

El rol institucional del Senado, tal y como había sido configurado por la Constitución de 1852, era parecido al asignado al "Senado conservador" por la Constitución de 1799[91]. Siendo el "guardián de la Constitución", todas las leyes tenían que ser examinadas por el Senado para la correspondiente aprobación. El Senado ejercía el poder constituyente para las deliberaciones, que tenían que ser sometidas a la aceptación del pueblo. La segunda Asamblea, finalmente, adoptaba las medidas necesarias para la gestión de los asuntos a propuesta del Gobierno, en las hipótesis de disolución del Cuerpo legislativo.

3. Sigue: el régimen imperial (1852-1870) y su progresiva evolución en sentido liberal

La dignidad imperial, a favor del Príncipe-Presidente, fue formalmente restaurada por la consulta del Senado de 7 de noviembre de 1852, como confirmación de lo básicamente previsto por la Constitución de 14 de enero del mismo año.

La oposición, de todas formas, empezó a reforzarse por lo menos desde 1857, trasformando progresivamente el Imperio de autoritario a liberal. Se incrementaron los poderes del Cuerpo

---

[90] V. arriba, en el epígrafe que precede.

[91] Véase lo dicho anteriormente en el epígrafe 6.

legislativo. A tal fin, se crearon las figuras de los ministros sin cartera, que presentaban y defendían la política del Gobierno ante el Cuerpo legislativo. Estos fueron sustituidos en 1863 por un ministro de Estado. De esta forma, aunque el Cuerpo legislativo no tuviera el poder de plantear una moción de censura, podía conocer y en su caso criticar las políticas del Ejecutivo.

La tendencia a la extensión de las prerrogativas del Cuerpo legislativo fue constante. En 1860, se instituyó el instituto de la Dirección, como respuesta del Cuerpo legislativo al discurso del Trono. Siguió, en 1861, el voto sobre el presupuesto, por parte del Cuerpo legislativo y los distintos capítulos de gasto de los departamentos gubernamentales. En 1864, el voto sobre la Dirección fue sustituido por las interpelaciones del Cuerpo legislativo al Gobierno. En 1866, por último, el derecho de enmienda legislativa fue reformulado para permitir la adopción de una deliberación del Cuerpo legislativo también en las hipótesis en las que la enmienda no hubiera sido previamente aceptada por el Ejecutivo.

La extensión de las prerrogativas del Cuerpo legislativo, por otra parte, trasformó el mismo rol institucional del Senado. Por un lado, tal y como establecido por la consulta del Senado de 14 de marzo de 1867, el Senado podría, cuando fuera necesario, retrasar la adopción de una ley votada por el Cuerpo legislativo. Dos años después, en 1869, al Senado fue reconocida la facultad de reenviar al Cuerpo legislativo un proyecto de ley con la indicación de las modificaciones que – para el mismo Senado – fuera oportuno incorporar al texto legislativo.

En su conjunto, se puede observar una tendencial evolución liberal, en el periodo indicado (es decir desde 1857) del sistema político-constitucional; sin embargo, no se produjo la transformación del régimen parlamentario, en ausencia sobre todo de la responsabilidad política de los ministros.

Más innovaciones, de una cierta relevancia, fueron introducidas por consulta del Senado aprobada el 21 de marzo de 1870, tras plebiscito. Se trató, en particular, de una ley de revisión, no de la adopción de un nuevo texto constitucional. Dicha consulta mantenía las precedentes consultas aprobadas por el mismo Senado. Las disposiciones relevantes del senado-consulta de 21 de marzo de 1870 se referían a la introducción de la responsabilidad política de los ministros, que podían ser nombrados y revocados exclusivamente por el Emperador. La ley de revisión de 1870, por otra parte, no establecía las modalidades del procedimiento para pedir la responsabilidad ministerial y tampoco las relativas sanciones. La innovación consistía en el hecho de que los ministros tenían que disponer de la confianza del soberano y, además de esta última, también de la confianza del Cuerpo legislativo.

La presente experiencia constitucional terminó con la derrota francesa en la batalla de Sedan (1870) y con la consiguiente caída del Imperio, sin que se instituyera de forma cumplida un régimen parlamentario[92].

---

92 Aun existiendo las premisas fundamentales.

CAPÍTULO IV

EL ORDENAMIENTO CONSTITUCIONAL DE LA III REPÚBLICA

Sumario: 1. El sistema constitucional de la III República. – 2. Sigue: la organización de los poderes públicos: *a*) el Parlamento. – 3. Sigue: *b*) el poder ejecutivo.

1. El sistema constitucional de la III República

Tras el fin del Imperio[93], se formó un Gobierno de defensa nacional, sin un mandato regular, que convocó a los electores antes para el 16 de octubre de 1870, reenviando las mismas elecciones al 8 de febrero de 1871.

La Asamblea nacional así elegida se reunió inicialmente en Burdeos el 12 de febrero de 1871, para luego trasladarse a Versalles el 20 de marzo. En la historia (del derecho) constitucional francés se abrió entonces un nuevo periodo[94], caracterizado por el gobierno de las asambleas, que se estructuraba en dos fases. La primera fue denominada por la Asamblea nacional, que aprobó las leyes constitucionales de 1875[95]; en cambio, en la segunda se afirmó el gobierno efectivo del Parlamento, siendo el parlamentarismo connotado por la preponderancia de las asambleas.

La Asamblea nacional, si bien dividida en su interior, consiguió de todas formas aprobar la ley de 20 de noviembre de 1873, con la que se preveía la creación de una comisión, formada

---

93 Sobre el que v. *ante* en la parte final del epígrafe anterior.

94 Ampliamente examinado por J. Gouault, *Comment la France est devenue républicaine*, Paris, A. Colin, 1954, y antes por G. Hanotaux, *Histoire de la fondation de la IIIe République*, Paris, Plon, 1924-1925.

95 Cfr. M. Calamo Specchia, *Leggi costituzionali della III Repubblica di Francia [1875]*, Macerata, Liberilibri, 2008 (*Il Monitore Costituzionale*, 4); A. Saitta, *La terza repubblica*, en Id., *Costituenti e costituzioni della Francia rivoluzionaria e liberale (1789-1875)*, cit., 757 ss.; A. Saitta, *La Costituzione francese del 1875*, Firenze, Sansoni, 1946.

por treinta miembros, con el cometido de elaborar proyectos de leyes constitucionales.

Los trabajos de la comisión de los Treinta procedieron entre muchas dificultades, faltando a menudo un entendimiento sobre las posibles soluciones. Prueba de esto es que un primer proyecto, depositado ante la Asamblea nacional el 15 de junio de 1874, fue rechazado por la Asamblea, que lo definió "prematuro". El proyecto constitucional contemplaba la creación de dos Cámaras legislativas nacionales, en cambio el Presidente de la República fue puesto a la cabeza del poder ejecutivo. Otros dos proyectos, presentados respectivamente el 21 de enero de 1875 y el 30 de enero del mismo año, preveían que el poder legislativo fuera atribuido a dos asambleas, denominadas Cámaras de los diputados y Senado, y la elección del Presidente de la República, durante siete años, por parte del Senado y de la Cámara de los diputados reunidos en Asamblea nacional. El Jefe de Estado, como preveía en particular el proyecto constitucional de 30 de enero de 1875, era elegido por mayoría absoluta de los sufragios de las dos Cámaras.

Después de la aprobación de algunas enmiendas, el proyecto en el que habían confluido los textos de la Comisión de los Treinta fue finalmente adoptado por la Asamblea nacional el 25 de febrero de 1875.

La primera ley constitucional así aprobada, de 25 de febrero de 1875, tenía por objeto la organización de los poderes públicos. En realidad, la primera ley constitucional, que fue adoptada por la Asamblea, se ocupaba de la organización del Senado, de 24 de febrero de 1875, pero la ley misma fue promulgada solo después de la mencionada ley constitucional sobre la organización de los poderes públicos. La siguiente ley constitucional de 16 de julio de 1875 se ocupó de las relaciones entre los poderes públicos, es decir en particular de las relaciones entre el poder ejecutivo y el legislativo. Las primeras dos leyes constitucionales, de 14 y 25 de febrero de 1875, regulaban solo aspectos institucionales esenciales sobre la organización del Ejecutivo y del Legislativo, pero requerían más especificaciones.

La Constitución de 1875, que instituyó la III República[96], resultaba exactamente del conjunto de estas tres leyes constitucionales. La Asamblea nacional prosiguió luego en la obra de edificación del nuevo ordenamiento constitucional y público. Se aprobaron la ley orgánica de 2 de agosto de 1875 sobre la elección de los senadores, y la ley orgánica de 30 de noviembre de 1875 sobre la elección de los diputados. Dichas leyes eran orgánicas en el sentido de que sentaban las bases para el funcionamiento de la Constitución, aunque tenían el estatus de leyes ordinarias.

La entrada en vigor de la nueva Constitución tuvo lugar el 8 de marzo de 1875, tras el traspaso de poderes de la Asamblea nacional a las dos Cámaras parlamentarias. La presente Constitución podía ser definida como un texto constitucional breve. Mucho espacio, por lo tanto, se dejaba a la práctica constitucional. Piénsese, solo por poner un ejemplo, que el mismo parlamentarismo, durante la vigencia de la Constitución de 1875, se podía deducir de la afirmación de la responsabilidad política de los ministros ante las Cámaras parlamentarias. En segundo lugar, la Constitución de 1875 huía de los dogmatismos. Siendo fruto de una especie de compromiso entre republicanos y monárquicos, el texto constitucional no se ocupaba de cuestiones de filosofía política, no existiendo ningún acuerdo sobre cosa debería entenderse por "verdad política". Más bien era sorprendente, en la Constitución de 1875, la ausencia de disposiciones sobre los derechos y las libertades; de esto derivaba la interpretación, atendiendo a la que los principios contenidos en la Declaración de los derechos de 1789 tenían que considerarse implícitamente mantenidos. En tercer lugar, se observa la tendencia en el texto constitucional de 1875 a afirmar la posible coexistencia de instituciones anteriormente consideradas incompatibles. Por ejemplo, se adoptó el bicameralismo; en cambio la tradición republicana preveía el sistema institucional de la Cámara única. En cuarto lugar,

---

[96] Sobre el que v. las (exhaustivas) indagaciones de A. Le Divellec (dir.), *La notion de constitution dans la doctrine constitutionnelle de la Troisième République*, Paris, Éditions Panthéon-Assas, 2020; F. Burdeau, *La Troisième République*, Paris, Montchrestien, 1996; J.-P. Azéma, M. Winok, *La IIIe République: 1870-1940*, Paris, Hachette, 1991; E. Bonnefous, *Histoire politique dela IIIe République*, I-VI Paris, PUF, 1986; H. Dubief, *Le déclin de la IIIe République, 1929-1939*, Paris, Le Seuil, 1985; J. Chastenet, *Histoire de la IIIe République*, I-VII, Paris, Hachette, 1964-1974.

el espíritu de tolerancia informaba la Constitución de 1875 en su conjunto, sobre la que los servidores del Estados no tenían que presentar ningún juramento.

En virtud de tales características institucionales, la Constitución de 1875 sobrevivió en el tiempo, resistiendo tanto a crisis internas como de política exterior. El mismo régimen (o "armadura") constitucional resultó, además, capaz de adaptarse a programas políticos también muy diferentes entre ellos.

Habida cuenta del carácter "conciliador" de la Constitución de 1875, sufrió bien pocas modificaciones durante su vigencia. La primera revisión constitucional tuvo lugar por la ley constitucional de 21 de junio de 1879, que derogando el art. 9 de la ley constitucional de 25 de febrero de 1875, estableció la sede de los poderes públicos en Versalles. Fue seguida por tanto por la ley ordinaria de 22 de julio de 1879, que transfirió la misma sede en París. De mayor relevancia fue la revisión constitucional introducida por la ley constitucional de 14 de agosto de 1884. Esta preveía, en primer lugar, la afirmación expresa de la forma de gobierno republicana como no modificable; en segundo lugar, se realizó una parcial transformación de la estructura del Senado, para reducir su carácter de asamblea conservadora. La revisión constitucional de 14 de agosto de 1884, de hecho, por un lado, suprimía el cargo de senadores inamovibles y, por otro lado, modificaba las circunscripciones electorales, adoptadas por la ley constitucional de 6 de agosto de 1926, perseguía la finalidad de organizar mejor el sistema financiero del Estado y, en tal particular contexto, instituía el Fondo autónomo de amortización de la deuda pública.

2. Sigue: la organización de los poderes públicos: *a*) el Parlamento

La (principal) ley constitucional de 25 de febrero de 1875 creó un Parlamento bicameral, formado – como disponía el art. 1 de la misma ley constitucional – por la Cámara de los diputados y el Senado. La petición de instituir una segunda cámara fue avanzada particularmente, en el ámbito de la comisión de los Treinta, por los partidarios de la monarquía, preocupados por la ausencia de una Cámara alta que ponderara las decisiones asumidas por la Cámara de los diputados, y que sobre todo fuera expresión de una clase social más restringida que la representada por la Cámara baja. Sin embargo, se trataba de un bicameralismo sustancialmente simétrico, en el que las dos Cámaras ostentaban los mismos poderes.

Empezando con el examen de la Cámara de los diputados, ésta estaba elegida atendiendo al principio del sufragio universal, contemplado por la ley constitucional de 25 de febrero de 1875. Las condiciones fijadas para la titularidad y el ejercicio del electorado eran dos, es decir tener sexo masculino y no ser militar en servicio activo. Estos últimos, por otra parte, conservaban la titularidad del voto, y por lo tanto seguían estando inscritos en las listas electorales, pero podían ejercer el derecho de voto solo después de haber vuelto a la vida civil.

El mismo voto había sido definido como personal, facultativo e igual. Con respecto a las modalidades de escrutinio, después de un periodo en el que se alternaron el escrutinio uninominal con el escrutinio de lista, intervinieron las leyes de 21 de julio de 1927 y de 20 de mayo de 1936, que acogieron el sistema del escrutinio uninominal. Los diputados eran elegidos en circunscripciones formadas por los distritos o subdivisiones de los propios distritos. Atendiendo a la tabla anexa a la ley de 20 de mayo de 1936, el número de las circunscripciones electorales, y por lo tanto de los diputados, era de ciento sesenta y siete.

La duración del mandato electoral de los diputados era de cuatro años[97]. Se trataba de una solución de compromiso, es decir entre la solicitud de un término muy breve del mandato electoral, que permitía mantener la dependencia del diputado a la voluntad popular, y la constatación, derivada de la experiencia política, que se requiere un mandato bastante largo para permitir que las funciones del diputado sean ejercidas de forma satisfactoria.

La renovación de la Cámara de los diputados se realizaba en su totalidad, con la sola excepción de las elecciones parciales en caso de una vacante por fallecimiento, dimisión u otra situación que pudiera verificarse. En este caso, la elección parcial tenía que desarrollarse dentro del plazo de tres meses desde el día en el que se

---

97 Así disponía el art. 17 de la ley orgánica de 30 de noviembre de 1875.

produjo la vacante; además la elección parcial no habría podido realizarse si la vacante hubiera intervenido dentro de los seis meses que precedían la renovación integral de la Cámara de los diputados[98].

Pasando, ahora, al examen del Senado, su organización, atendiendo a la ley constitucional de 24 de febrero de 1875, era coherente con la intención, manifestada por los monarcas en la Asamblea nacional, de que fuera una Cámara alta susceptible de "frenar" la Cámara baja elegida directamente por sufragio universal[99].

Respecto a la Cámara de los diputados, los miembros del Senado eran menos numerosos. Los senadores fueron trescientos, número luego elevado a 314 por la ley de 17 de octubre de 1919. Además, para poder ser elegidos en el Senado era necesario haber alcanzado 40 años, frente a los veinticinco establecidos para el electorado pasivo en la Cámara de los diputados. De estos derivaba la formación de una Cámara alta no definible como asamblea "populosa", con las inevitables recaídas de esta última hacia actitudes radicales, y además compuesta por personas de edad bastante madura, (presuntamente) con una sólida experiencia. Se añada que (bien) setenta cinco senadores no eran electivos, sino vitalicios y, por lo tanto, inamovibles.

Mientras los primeros senadores vitalicios fueron designados por la misma Asamblea nacional, después del traslado de sus poderes a las dos Cámaras parlamentarias[100], correspondía al Senado elegir a los miembros inamovibles, a través de la cooptación.

Con respecto a los senadores electivos, su mandato tenía una duración de nueve años, para que fueran menos dependientes del cuerpo electoral, respecto a lo previsto para los componentes de la Cámara de los diputados. Además, se estableció la renovación parcial del Senado cada tres años, con la finalidad de evitar cambios demasiados bruscos de las mayorías, y para limitar la adopción de

---

[98] La disciplina sobre la renovación integral de la Cámara de los diputados estaba contenida en la ley de 30 de noviembre de 1875; en cambio aquella sobre las elecciones parciales había sido contemplada en la ley de 21 de julio de 1927.

[99] La creación de la Cámara alta fue, incluso, una condición expresamente puesta por los monarcas para aceptar la emanación de la nueva Constitución.

[100] V. el epígrafe 13.

los actos de sabor "electoral", que son – por lo menos según la experiencia común – a menudo adoptados en la víspera de las elecciones.

Muy relevante era, por último, el hecho de que el Senado fuera elegido por sufragio, por un cuerpo electoral no muy extenso y constituido por reglas particulares.

Los electores del Senado tenían que ser a su vez elegidos, configurándose, así como sufragio universal indirecto. En particular, el colegio electoral, en cada uno de los departamentos que formaban la circunscripción electoral para el Senado, los diputados de la Cámara baja y los consejeros generales del departamento y los consejeros de distrito y los delegados sectoriales, estos últimos elegidos por los concejales.

La clave para comprender la lógica del sistema electoral para el Senado era que cada uno de los Ayuntamientos elegía a un delegado senatorial. Si se considera que los ayuntamientos pequeños tenían una orientación electoral muy conservadora, y que a ellos les correspondía una buena parte del poder electoral, resulta de forma clara la dirección general seguida por la mayoría de los electores de la Cámara alta. Como afirmó Léon Gambetta en el discurso de Belleville del 23 de abril de 1875, el Senado podía ser considerado una especie de *Grand Conseil des Communes françaises*[101].

A lo largo del tiempo, sin embargo, el Senado se trasformó, atenuando sus características de institución conservadora. Esto ocurrió como resultado de una operación legislativa llevada a cabo en dos tiempos. Inicialmente, intervino la ley constitucional de 14 de agosto de 1884, que estableció la desconstitucionalización de los artículos 1-8 de la ley constitucional de 24 de febrero de 1875,

[101] V. el discurso de Gambetta reproducido en el sitio internet del Senado francés (www.senat.fr), y aquí: «*Voyez ces communes éveillées à la vie politique, se groupant, se réunissant, se renseignant, s'informant, délibérant, déléguant leurs hommes; ceux-ci s'assemblant au chef-lieu du département, faisant prévaloir leurs volontés, lesquelles seront, le jour de l'élection, ce qu'elles auront été la veille. Après la délibération commune, que va-t-il sortir des urnes? Un Sénat ? Non, citoyens, il en sortira le Grand Conseil des Communes françaises*». Se podrá observar que esta característica del Senado será en gran medida mantenida en el Consejo de la República previsto por la Constitución de 1946, y también en la misma actual Constitución francés.

relativa a la organización del Senado. Solo (poco) después, la ley de 9 de diciembre de 1884 realizó la transformación del Senado, puesto que los artículos que se acaba de mencionar, adoptados originariamente en 1875, ya no tenían carácter constitucional.

Las modificaciones así introducidas se referían, ante todo, a la supresión de los senadores "inamovibles", considerándose que el relativo cargo vitalicio no era compatible con las exigencias democráticas, siendo la inamovilidad la base para una condición de sustancial irresponsabilidad. Al mismo tiempo, se dispuso el mantenimiento del cargo de senador de los inamovibles ya miembros de la Cámara alta hasta el momento de su muerte. A continuación, los escaños que se quedaban vacantes habrían sido asignados a los departamentos, que disponían de una representación senatorial menos ventajosa.

En segundo lugar, al mismo tiempo, se suprimió el principio del delegado único. La ley de 9 de diciembre de 1884, de hecho, volvió a determinar la relación entre delegados de los Ayuntamientos, número de los concejales y, más en general, importancia de los mismos Ayuntamientos. Como en estas ocasiones ocurre, hubo ganadores y vencidos. En particular, salió fuertemente redimensionada por la reforma la representación de los Ayuntamientos rurales; en cambio, se produjo una ampliación significativa del número de los delegados senatoriales atribuidos a los Ayuntamientos de mayores dimensiones, es decir de las grandes ciudades, que mientras tanto (y no casualmente) se habían convertido en auténticos "baluartes" electorales para la mayoría parlamentaria.

De todas formas, la reforma del Senado aprobada por la ley de 9 de diciembre 1884 modificó, pero no distorsionó las características de la Cámara alta, que se habían mantenido distintas de las de la Cámara de los diputados. No se habían modificado las disposiciones sobre la edad de los senadores, la duración del mandato electoral y las modalidades de renovación de la Cámara alta. Además, las peculiaridades del colegio electoral para el Senado, aunque modificadas, siempre eran presentes.

Desde el punto de vista de la comparación entre poderes de la Cámara de los diputados y los del Senado, había una equivalencia sustantiva. Esto no sorprende, es suficiente pensar en las motivaciones que llevaron a la creación de la Cámara alta, como “freno” de la Cámara baja. En particular, el art. 8 de la ley constitucional de 24 de febrero de 1875 disponía expresamente que a las dos Cámaras parlamentarias se atribuían iguales poderes en materia legislativa, tanto ordinaria como constitucional. El derecho de iniciativa legislativa, como el de enmienda, correspondía a ambas Cámaras del Parlamento nacional. Hubo intentos de no reconocer al Senado la función institucional de control sobre el Gobierno, pero no tuvieron éxito; de hecho, la Cámara alta tuvo ocasión de votar para la revocación de los ministros.

En definitiva, la única excepción al principio de igualdad de los poderes de la Cámara de los diputados y del Senado estaba prevista, atendiendo a la ley constitucional de 24 de febrero de 1875, por las leyes sobre finanzas, que tenían que ser examinadas ante todo por la Cámara baja. Esta prioridad se refería únicamente a las leyes sobre los impuestos, la deuda pública, las aduanas, las leyes monetarias, etc. En estos ámbitos de la legislación, el Senado votaba solo después de la Cámara de los diputados. De ello derivaba que, en la práctica parlamentaria, el Senado se encontraba a menudo ante la necesidad de aprobar velozmente los presupuestos, antes del comienzo del nuevo año financiero, a fin de evitar que se produjeran retrasos y se tuviera que recurrir a la medida, aunque siempre considerada grave y no deseable, del ejercicio presupuestario provisional.

3. Sigue: *b*) el poder ejecutivo

Las leyes constitucionales de 1875 establecieron la dualidad de los órganos del Ejecutivo, con arreglo a los principios tradicionales del parlamentarismo. El poder ejecutivo fue, por lo tanto, atribuido al Presidente de la República y al Gabinete ministerial.

Con respecto, ante todo, al Presidente de la República, este representaba, en el sistema constitucional de 1875, el elemento estable del Ejecutivo[102].

[102] V. el estudio diacrónico de A. Dansette, *Histoire des présidents de la République*, Nouvelle édition augmentée de deux chapitres par E. Pognon, Paris, Plon, 1981.

Atendiendo al art. 2 de la ley constitucional de 25 de febrero de 1875, el Presidente de la República era elegido por mayoría absoluta de las dos Cámaras, reunidas para esta ocasión en la Asamblea nacional. Los constituyentes de 1875, recordando la experiencia histórica del 1848, que había llevado al Jefe del Estado elegido directamente por el pueblo, y por lo tanto con una fuerte legitimación, a destruir sistemáticamente las instituciones republicanas, no quisieron correr el riesgo de repetir esta experiencia, optando por la elección por parte de las Cámaras parlamentarias. El sufragio popular – según los Constituyentes de 1875 – desembocaba (casi) de forma inevitable en la tentación para el titular de la magistratura suprema de abusar de sus propios poderes.

En relación con las condiciones de elegibilidad del Jefe del Estado, en realidad, se requería la sola condición de elector. La inelegibilidad se refería únicamente a los miembros de las familias, que habían reinado Francia. De hecho, por otra parte, siempre fueron elegidos para los más altos cargos del Estado personas que habían ejercido anteriormente relevantes funciones políticas[103].

Con respecto a las modalidades de la votación para la elección a Jefe del Estado, esta se realizaba por escrutinio secreto y se necesitaba la mayoría absoluta de los votos. Esto comportaba, por una parte, que la disciplina (interna) de partido no podía respetarse y, por otro, que el alto número de los votos requeridos para la designación confería solidez a quien ostentaba el relativo cargo. El Presidente de la República, de esta forma, estaba del todo desvinculado de todo tipo de sometimiento respecto tanto a los partidos políticos como a la misma Asamblea nacional que lo había elegido.

La duración del mandato presidencial era de siete años[104], con posibilidad de reelección[105]. El Presidente de la República, en calidad de Jefe del Estado con una forma de gobierno, era irresponsable. Este por lo tanto no podía haber sido acusado por el crimen de alta

---

[103] Como, por ejemplo, presidente del Consejo, o presidente del Senado o de la Cámara de los diputados.

[104] Entre las más altas de la historia (del derecho) constitucional francés.

[105] Solo dos presidentes consiguieron la reelección: Jules Grevy y Albert Lebrun.

traición; además la irresponsabilidad comportaba la necesaria contra firma de los actos de Presidente de la República, por parte del ministro interesado.

El elenco de las atribuciones del Presidente de la República era, por lo menos en el plano formal, muy extenso. La interpretación sistemática de los artículos 3 y 5 de la ley constitucional de 25 de febrero de 1875, y de los artículos 2 y 6-8 de la ley de 16 de julio de 1875, preveía de hecho el derecho a convocar y actualizar las Cámaras parlamentarias, a enviar mensajes a las Cámaras, disponer la disolución de la Cámara de los diputados[106], y además el derecho de iniciativa legislativa, la titularidad del poder reglamentario, el derecho a solicitar a las Cámaras una nueva deliberación, el mando de las Fuerzas armadas, la representación de Francia tanto en las relaciones internas como en las relaciones internacionales, el envío al extranjero y la acreditación de los embajadores, la negociación y la ratificación de los tratados internacionales y el derecho de (conceder) la gracia.

La práctica política-institucional de los Presidentes de la República, sin embargo, se desvió mucho de la enumeración formal de los poderes a ellos abstractamente conferidos, sobre todo con el paso del tiempo. Los intentos de algunos Presidentes, a fin de abusar de las prerrogativas que les atribuían los textos constitucionales, actuaron como freno para los siguientes Presidentes de la III República[107].

La misma dinámica del parlamentarismo llevó a la progresiva separación del poder ejecutivo del Jefe del Estado, en la medida en que era necesario constituir un órgano ejecutivo responsable ante la asamblea parlamentaria. El Presidente de la República, aun manteniendo los poderes atribuidos por la Constitución, no los ejercita (más) directamente, sino a través de los ministros, que contrafirman los actos. El Jefe del Estado asumió un nuevo rol,

---

[106] Para un examen detallado, v., en la doctrina francés P. Albertini, *Le droit de dissolution et les systèmes constitutionnels français*, Paris, PUF, 1978; P. Lauvaux, *La dissolution des assemblées parlementaires*, Paris, Economica, 1983. En Italia, v. ahora G. Maestri, *Lo scioglimento parlamentare negli ordinamenti repubblicani. I casi della Francia e dell'Italia*, Torino, Giappichelli, 2024.

[107] No faltaron verdaderos y propios escándalos, como el relativo a la concesión de decoraciones durante la Presidencia Grevy.

interviniendo como órgano de estabilidad para el sistema constitucional en su conjunto, atenuando los eventuales antagonismos entre Gobierno y Parlamento. De esta forma, se convirtió, durante la III República, cada vez más en una figura de coordinación, continuidad y permanencia, manteniendo también la unidad de dirección, a pesar de la sucesión de los ministros, y personificando al Estado en las relaciones con el extranjero. Hubo poderes presidenciales que cayeron en desuso, como ocurrió para el derecho de disolver el Parlamento. El Jefe de Estado, no obstante, siguió siendo titular de forma efectiva de otros importantes poderes, como el nombramiento del jefe de Gobierno y de la presidencia del Consejo de ministros. Asimismo, es cierto que la elección del presidente del Consejo estaba desde algunos puntos de vista vinculada, en el sentido de que la designación no podía que referirse a una personalidad política expresión de la mayoría. Sin embargo, la fragmentación del cuadro político y de partido[108] dejaba (amplios) espacio de maniobra al Presidente de la República en la elección de la persona que este consideraba más calificada, aunque solo dentro de la rosa de los "posibles" presidentes del Consejo. Y por último, con respecto al derecho del Presidente de la República de participar en las reuniones del Consejo de ministros, era necesario observar que el Jefe de Estado no disponía en tal sede de un poder efectivo de decisión, siendo su voto meramente deliberativo. Sin embargo, aseguraba la continuidad en las decisiones gubernamentales, también en virtud de la (mayor) duración de su mandato. La autoridad del Jefe del Estado era, en definitiva, más moral que propiamente jurídica, siendo titular de un poder de persuasión y de influencia[109].

El poder ejecutivo, por tanto, actuaba básicamente a través de la reunión de los ministros, es decir mediante el Gabinete. El nombramiento, así como la revocación de los ministros correspondía al Jefe del Estado, aunque en la práctica constitucional el Presidente

---

[108] Cfr. F. Goguel, *La politique des partis sous la IIIe République*, Paris, Le Seuil, 1987, 5ª ed.; P. Leveque, *Histoire des forces politiques en France*, t. II, *1880-1940*, Paris, A. Colin, 1994; J.-M. Mayeur, *La vie politique sous la IIIe République*, Paris, Le Seuil, 1997; R. Rémond, *La République souveraine: la vie politique en France (1878-1939)*, Paris, Fayard, 2002.

[109] Cuya amplitud era directamente proporcional al valor personal de quien lo ejercía.

de la República designaba al presidente del Consejo, que le sometía la lista de los ministros. El poder presidencial de revocar a los ministros no tuvo concretas manifestaciones, puesto que los ministros dimitían cuando ya no tenían el respaldo de la mayoría del Parlamento. La Constitución de 1875 no establecía el número de los ministros. Por consiguiente, el Ejecutivo podía organizarse como quisiera, con la salvedad obviamente del soporte de las dos Cámaras parlamentarias. En la práctica constitucional de la III República, el Gobierno nacional comprendía por lo tanto al presidente del Consejo, que representaba la guía institucional, y los ministros sin cartera, asistidos por los secretarios.

Al respecto, es interesante observar que la figura del presidente del Consejo no estaba prevista por la Constitución de 1875, resultando ser una creación de la práctica constitucional. En la forma de gobierno parlamentario la presencia del presidente del Consejo se explica considerando la irresponsabilidad de la que goza el Jefe del Estado.

El presidente del Consejo, que en la III República era concebido como un *primus inter pares*, en la práctica constitucional asumía un rol central, asegurando la actuación de la política gubernamental después de que esta última hubiera sido fijada por el colegio ministerial. Al respecto, no se puede dejar a un lado que el presidente del Consejo era, al mismo tiempo, el jefe de la mayoría parlamentaria, es decir de la coalición de los partidos políticos que apoyaban al Gobierno. Este por lo tanto dirigía la (coalición de) mayoría tanto en el Ejecutivo como en el Legislativo. Con respecto a los distintos ministros, estos eran formalmente iguales entre ellos, con la sola parcial excepción del ministro de la Justicia, al que tradicionalmente se atribuía la vicepresidencia del Consejo. Obviamente, en vía de hecho, se establecían jerarquías entre los ministros, dependiendo a su importancia (e desigual dotación de recursos humanos y económicos).

Según la Constitución de 1875 el Consejo de ministros era una autoridad colectiva, como generalmente ocurre en los regímenes parlamentarios. Tenía además atribuciones propias del Consejo de ministros, como por ejemplo la designación de los asesores del Estado.

Por lo que se refiere al funcionamiento del Consejo de ministros de la III República[110], en sus reuniones participaban todos los titulares de los ministerios, mientras en vía general se excluían a los secretarios de Estado. Existían dos modalidades de reuniones del Consejo de ministros, es decir las sesiones del Consejo en sentido estricto, presididas por el Jefe de Estado, y las reuniones que se desarrollaban en cambio bajo la guía del presidente del Consejo, estas últimas denominadas Consejos de gabinete. Una particularidad de las reuniones tanto del Consejo de ministros como del Consejo de gabinete estaba representada por ser secretas y no se predispuso ningún proceso verbal. Resultaba hacia el exterior la "homogeneidad ministerial", aunque la "a menudo ficción" del común acuerdo entre todos los ministros no facilitaba ciertamente a los siguientes Ejecutivos, porque no resultaban de alguna manera las motivaciones de las decisiones del Consejo de ministros[111].

En su conjunto, el rol del Consejo de ministros, según la Constitución de 1875, era eminentemente político. Bajo la guía del presidente del Consejo, este definía de hecho el programa político del Ejecutivo, afrontaba los problemas de política general y aseguraba la necesaria coordinación de la actividad de los distintos ministros.

---

[110] Cfr., en la doctrina coeva, A. Soulier, *L'instabilité ministérielle sous la IIIe République*, Paris, Sirey, 1939.

[111] No casualmente este aspecto fue suprimido por la Constitución de 1946.

CAPÍTULO V

LA (DIFÍCIL) FASE TRANSITORIA, DESDE 1940 A 1946

Sumario: 1. El periodo (más) oscuro de las instituciones políticas francesas (1940-1946): el Gobierno de Vichy. – 2. La organización político-institucional de la Francia libre.

1. El periodo (más) oscuro de las instituciones políticas francesas (1940-1946): el Gobierno de Vichy

El (difícil) periodo, que se acaba de considerar, fue caracterizado por la ausencia en Francia de un gobierno constitucional. El Gobierno de Vichy era legal pero no legítimo[112], en cambio el

[112] Sobre este (dramático) periodo político-institucional, cfr.: H. Rousso, *Le régime de Vichy*, Paris, PUF, 2012, 2ª ed.; E. Cartier, *La transition constitutionnelle en France (1940-1945). La reconstruction révolutionnaire d'un ordre juridicque républicain*, Paris, LGDJ, 2006; P.-P. Lambert, G. Le Marec, *Organisations, mouvements et unités de l'État français: Vichy, 1940-1944*, Paris, Le Grand livre du mois, 2002; J.-P. Azéma, O. Wieviorka, *Vichy, 1940-1944*, Paris, Perrin, 2000; R.-O. Paxton, *La France de Vichy: 1940-1944*, Paris, Le Seuil, 1999; M.-O. Baruch, *Le régime de Vichy*, Paris, La Découverte, 1996; F.-G. Dreyfus, *Histoire de Vichy*, Paris, Perrin, 1990; H. Michel, *Pétain ert le régime de Vichy*, Paris, PUF, 1986, 3ª ed.; J. Chapsal, *La vie politique en France depuis 1940*, Paris, PUF, 1979, 5ª ed.; Fondation nationale des sciences politiques, *Le gouvernement de Vichy, 1940-1942. Institutions et politiques*, Paris, A. Colin, 1972; H. Michel, *La Révolution nationale latitude d'action du gouvernement de Vichy*, en *Revue d'histoire de la deuxième guerre mondiale*, enero 1971, 3 ss.; S. Hoffmann, *Aspects du régime de Vichy*, en *Revue française de science politique*, 1956, 44 ss.; W. Stucki, *La fin du régime de Vichy*, Paris, La Presse Française et Étrangere (O. Zeluck, Éditeur), 1947, rééd., Chêne-Bourg (Suisse), Éditions La Baconnière, 2020; R.O. Paxton, *Vichy France. Old Guard and New Order 1940-1944*, New York, Columbia University Press, 1972, trad. it., *Vichy 1940-1944. Il regime del disonore*, Milano, Il Saggiatore, 2013; M. Serra, *La Francia di Vichy. Una cultura dell'autorità*, Firenze, Le Lettere, 2011; M. Legnani, M. Legnani, *La Francia di Vichy: strutture di governo e centri di potere*, in *Il Movimento di Liberazione in Italia*, n. 11, 1973, 107 ss. Id., *La Francia di Vichy dalla «Rivoluzione nazionale» alla «collaborazione»*, *ivi*, n. 88, 1967, 57 ss.; F. Molinelli, *Appunti e considerazioni su Vichy e la Francia occupata*, en *Studi*

Gobierno de la Francia libre era legítimo, pero no legal, en ausencia de una norma jurídica positiva en la que se basara la competencia. En esta sede, sin embargo, no se afrontarán complejas cuestiones de teoría política[113], sino de forma más limitada cuestiones de teoría constitucional, es decir las problemáticas más propiamente jurídicas.

Las leyes constitucionales de 1875 siguieron formalmente en vigor hasta el 11 de julio de 1940, cuando se adoptaron los primeros actos constitucionales del Mariscal Philippe Pétain. Antes aun, el mismo Pétain instituyó, en la noche entre el 16 y el 17 de junio de 1940, un Gobierno con la intención de modificar el ordenamiento constitucional francés en la revolución nacional[114].

Con arreglo al art. 8 de la ley constitucional de 25 de febrero de 1875, en materia de revisión constitucional, se convocó la Asamblea nacional, tras dos deliberaciones adoptadas respectivamente por el Senado y la Cámara de los diputados, ambas votadas el 9 de julio de 1940[115]. El 9 de julio de 1940, se reunió la Asamblea nacional en Vichy. Estaba llamada a aprobar el proyecto gubernamental, atendiendo al que la Asamblea misma confería al Gobierno todos los poderes para promulgar una nueva Constitución para el Estado francés, que tenía que ser ratificada por las asambleas, que habrían sido creadas atendiendo al nuevo texto constitucional. El proyecto fue aprobado por la prescrita mayoría absoluta[116].

---

urbinati, a. XXXVII-n.s. B-n. 2, 1963, 233 ss. Sobre la magistratura (colaboracionista) de Vichy, v. L. Sebag, *Les juges face à Vichy. Une singularité française*, Paris, Enrick B. Éditions, 2024. Se añada, por último, que del Archivo Mortati, depositado en la Fundación Paolo Galizia-Historia y Libertad por decisión de los herederos Mario Galizia y Vittoriana Carusi, se ha sabido que, a principios de los años cuarenta, Mario Nigro redactó un texto mecanografiado sobre la Constitución de Vichy, que figura en la serie de extractos depositados por Mortati en el Departamento de Teoría del Estado hoy Ciencias Políticas (para ser exactos: sala 3) de la Sapiencia Universidad de Roma (cfr. F. Lanchester, *Due giuspubblicisti calabresi*, en *Nomos*, 1, 2024, aquí espec. 3).

113 Es decir, también de la moral política.

114 Cfr. E. Berl, *La fin de la IIIe République*, Paris, Gallimard, 1968.

115 En el Senado, de 230 votantes los votos favorables fueron 229 y 1 solo contrario; en cambio en la Cámara de los diputados, de 398 votantes, los favorables fueron 395 contra 3.

116 Los votantes de la Asamblea nacional fueron 649, y por lo tanto la mayoría absoluta necesaria era de 325 votos; los favorables fueron 569, 80 los contrarios y 18 los que se abstuvieron.

La ley constitucional de 10 de julio de 1940[117], formada por un solo artículo, disponía que la Asamblea nacional atribuía al Gobierno de la República la tarea de promulgar una nueva Constitución para Francia. Esta nueva Constitución tenía que asegurar los derechos al trabajo, a la familia y a la patria. La Constitución misma habría sido ratificada por la nación, y aplicada por las asambleas creadas con arreglo a la nueva Constitución.

La organización constitucional del Gobierno de Vichy, que estaba guiando el País, parecía bastante "rudimental". Su fundamento se encontraba en una serie de actos constitucionales bastante breves, todos emanados por el Mariscal Petain. Se trataba en particular: *a*) de los actos n. 1 y n. 2 de 11 de julio de 1940, sobre la personalidad y las funciones del Jefe de Estado; *b*) del acto n. 7 de 27 de enero de 1941, en materia de responsabilidad de los secretarios de Estado y de los altos funcionarios ante el Jefe de Estado; *c*) del acto n. 11 de 18 de abril de 1942 (modificado por los actos n. 12 y 12 *bis*), sobre la creación de la figura del jefe de Gobierno y la determinación de las relativas funciones[118].

La evolución constitucional del Gobierno de Vichy conoció básicamente dos periodos. El primero se extendió hasta el 18 de abril de 1942 y fue caracterizado por el ejercicio de los poderes estatales por parte del (solo) Jefe de Estado[119]. El segundo periodo comenzó con la aprobación del acto constitucional n. 11 de 18 de abril de 1942, a través del que se realizó formalmente el modelo del "dualismo gubernamental", basado en el reparto de competencias entre el Jefe de Estado y de Gobierno. Se trató de una reforma que no fue sustancialmente ejecutada, puesto que el jefe de Gobierno se convirtió en titular de un poder (de naturaleza) dictatorial.

Atendiendo al acto constitucional n. 11 de 1942, de hecho, el Jefe de Gobierno asumió la dirección efectiva de la política del País, en cambio el Jefe de Estado se limitó a ejercer un rol de *patronage* del jefe de Gobierno, por este nombrado.

---

[117] G. Berlia, *La loi constitutionnelle du 10 juillet 1940*, en *Revue du droit public*, 1944, 45 ss.; S. Guerrieri, *L'ora del Maresciallo. Vichy, 10 luglio 1940: il conferimento dei pieni poteri a Pétain*, Bologna, Il Mulino, 2005.

[118] R. Bonnard, *Les actes constitutionnelles de 1940*, Paris, LGDJ, 1942.

[119] Es decir, el Mariscal Pétain.

El poder legislativo fue atribuido de forma concurrente al Jefe de Estado y al Jefe de Gobierno. No tuvo alguna relevancia el Consejo nacional, creado por la ley de 22 de enero de 1941, modificada por la ley de 19 de febrero de 1943. El Consejo nacional era, de hecho, un órgano consultivo, que emitía dictámenes a petición del Gobierno. Los dictámenes, de todas formas, no eran vinculantes. Además, el Consejo nacional no se reunió nunca en sesión plenaria, trabajando solo en sus formaciones restringidas representadas por las comisiones.

El sistema del corporativismo tenía algunas peculiaridades institucionales en la organización constitucional del Gobierno de Vichy[120]. La filosofía social y política de la Francia de Vichy era, en efecto, de inspiración corporativista. En esta línea, se aprobó la Carta del Trabajo de 4 de octubre de 1941, completada por la ley de 2 de diciembre de 1940 sobre la organización de la agricultura. El régimen intentó organizar las profesiones, dotándolas de órdenes y de consejos de disciplina. En definitiva, se realizó solo un corporativismo "de fachada", manifiestamente impuesto desde el alto y frente al que se mostró la fuerte resistencia de la opinión pública, sin que la experiencia corporativa en examen fuera capaz de ocultar la estructura (integralmente) autoritaria del régimen de Vichy.

2. La organización político-institucional de la Francia libre

Después de la firma del armisticio por parte del Mariscal Pétain, el 18 de junio de 1940 el general Charles de Gaulle[121] apeló a los franceses, para que siguieran luchando[122]. Se creó, el 27 de octubre

---

[120] Cfr. R. Aron, *Histoire de Vichy*, Monte-Carlo, A. Sauret, 1954 (rééd., 1974).

[121] Sobre el que v. J.-L. Debré, *Les idées constitutionnelles du général de Gaulle*, Paris, LGFJ, 1974.

[122] J.-L. Cremieux-Brilhac, *La France libre: de l'appel du 18 juin à la Libération*, Paris, Gallimard, 1996; J.-F. Muracciole, *Histoire de la France libre*, Paris, PUF, 1996; H. Michel, *Histoire de la Résistance en France, 1940-1944*, Paris, PUF, 1987, 10ª ed.; Id., *Histoire de la France libre*, Paris, PUF, 1972, 3ª ed.; D. Porch, *Resistance and Liberation. France at War, 1942-1945*, Cambridge, Cambridge University Press, 2024. En Italia, v. S. Guerrieri, *Tradizione repubblicana e processo costituente: la nascita della democrazia francese dopo la Liberazione*,

de 1940, el Consejo de defensa del Imperio, con funciones meramente consultivas. Las decisiones, de hecho, fueron adoptadas por el general de Gaulle por ordenanza, que podía tener el valor jurídico tanto de la ley como del decreto.

La ordenanza de 24 de septiembre de 1941 instituyó el Comité nacional francés, presidido por el general de Gaulle y compuesto por comisarios nombrados por el mismo de Gaulle. El Comité nacional francés era titular del poder legislativo. Esta ordenanza fue adoptada, suscrita y promulgada por de Gaulle, y contrafirmada por uno o más de los comisarios.

También el poder reglamentario era ejercido por el general de Gaulle, que emanaba decretos a propuesta de uno o más comisarios, que los contrafirmaban. Por su parte, los tratados y las convenciones internacionales entraban en vigor desde su ratificación mediante ordenanza[123].

El 3 de junio de 1943 se creó el Comité francés de liberación nacional[124], que ejerció (de forma provisional) la soberanía del pueblo francés, por lo menos en las porciones de territorio que se iban liberando. Dicho Comité, coadyuvado por la Asamblea consultiva provisional, ejercía tanto el poder legislativo como el reglamentario.

Este reparto de los poderes públicos se prorrogó hasta el 2 de noviembre de 1945, con la salvedad de la nueva denominación, aprobada el 3 de junio de 1944, del Comité francés de liberación nacional en Gobierno provisional de la República francesa.

---

en *Quaderni costituzionali*, 1998, 495 ss.; Id., *Costituzioni allo specchio. La rinascita democratica in Italia e in Francia dopo la Liberazione*, Bologna, Il Mulino, 2021 (sobre este volumen, v. la presentación de F. Lanchester, *Un'esperienza utile anche per l'oggi*, en *Nomos*, 3-2022).

[123] Atendiendo a la ley constitucional de 16 de julio de 1875, los tratados y las convenciones internacionales tenían que ser sometidos a la aprobación de las Cámaras parlamentarias.

[124] *Comité Français de Libération Nationale* (CFLN), sobre el que v. F. Marcot, B. Leroux, C. Levisse-Touzé, *Dictionnaire historique de la Résistance. Résistance intérieure et France libre*, Paris, R. Laffont, 2006; C. Andrieu, *La Résistance comme mouvement social*, en M. Pigenet, D. Tartakowsky (dir.), *Histoire des mouvements sociaux en France. De 1814 à nos jours*, Paris, La Découverte, 2014, 415 ss. El Comité parisino de liberación (CPL) desarrolló, en el ámbito de la Resistencia, un rol relevante; v. C. Riondet, *Le Comité parisien de la Libération*, Rennes, Presses Universitaires de Rennes, 2017; H. Denis, *Le Comité parisien de la Libération*, prólogo de M. Baumont, Paris, PUF, 1963 (col. *Esprit de la Résistance*).

Después de la Liberación, aunque hubiera sido posible, el pueblo rechazó volver a poner en vigor las leyes constitucionales de 1875 en el *referéndum* de 21 de octubre de 1945. El Gobierno provisional, por lo tanto, se mantuvo hasta la adopción de las instituciones definitivas. En realidad, hubo dos tipologías de Gobiernos provisionales. El primero, que guio el País desde el 3 de junio de 1944 hasta el 2 de noviembre de 1945, era un Gobierno de hecho. El segundo fue un Gobierno (plenamente legal), jurídicamente basado en la ley constitucional de 2 de noviembre de 1945, que fue adoptada por el pueblo francés mediante referéndum de 21 de octubre de 1945.

Durante el Gobierno provisional, en su versión "legal", se convocó la primera Asamblea constituyente, cuyos miembros fueron elegidos el 21 de octubre de 1945[125]. La misma Asamblea elaboró un proyecto de una nueva Constitución, aprobado en su sesión de 19 de abril de 1946[126]. En el referéndum popular de 5 de mayo de 1946, sin embargo, el proyecto constitucional fue rechazado[127]. De todas formas, el mismo proyecto tuvo una cierta relevancia tanto porque fue aprobado por una consistente mayoría[128], como sobre todo porque representó una especie de "punto de partida" para los trabajos de la segunda asamblea constituyente[129], es decir la que aprobó la Constitución de la IV República de octubre de 1946[130].

---

[125] Junto al desarrollo del referéndum popular, como acaba de verse arriba en el texto.

[126] Los votos favorables fueron 309, los contrarios 249.

[127] La campaña de los adversarios del proyecto constitucional contó con de Gaulle, salido del Gobierno en enero de 1946, como también con el temor del crecimiento del Partido comunista. En doctrina, v. G. Berlia, *Le projet de Constitution française du 19 avril 1946*, en *Revue du droit public*, 1946, 209 ss.

[128] Correspondiente al 47 % de los sufragios expresados en el referéndum de abril de 1946 (en números absolutos, los "noes" fueron 10.584.359 y los "síes" 9.454.034).

[129] Cfr. J. Bougrab, *Aux origines de la Constitution de la IVe République*, Paris, Dalloz, 2002; J.-M. Mayeur, F. Bedarida, A. Prost, *De la IIIe à la Ive République: 1875, 1947*, Paris, Nouvelle Librairie de France, 1999, 2ª ed.; A. Siegfried, *De la IIIe à la Ive République*, Paris, Grasset, 1956.

[130] El epígrafe que sigue se ocupa del examen de dicho texto constitucional.

CAPÍTULO VI

EL ORDENAMIENTO DE LA IV REPÚBLICA

Sumario: 1. El sistema constitucional de la IV República. – 2. Sigue: la organización de los poderes públicos: a) el Parlamento. – 3. Sigue: b) el poder ejecutivo.

1. El sistema constitucional de la IV República

La Constitución de 27 de octubre de 1946[131] fue adoptada por la Asamblea nacional constituyente el 29 de septiembre de 1946; el texto constitucional fue aprobado por el referéndum popular de 13 de octubre de 1946. En la Asamblea nacional constituyente el proyecto fue votado favorablemente por 440 diputados, en cambio los votos contrarios fueron 106[132]. En la consulta, el texto constitucional no fue adoptado con entusiasmo. Los partidarios del general de Gaulle votaron, de hecho, contra la nueva Constitución; los comunistas eran, al respecto, dudosos. Esto provocó un fuerte abstencionismo, que alcanzó el 31 % de los habientes derechos. La cuota de los inscritos en los registros electorales que votó a favor fue el 35 %, los contrarios

---

131 En la doctrina francesa, v. J. Barale, *La Constitution de la IVe République à l'épreuve de la guerre*, Paris, LGDJ, 1964; J. Fauvet, *La IVe République*, Paris, le Livre de poche, 1971; J. Julliard, *La IVe République: 1947-1958*, Paris, le Livre de poche, 1981; P. Avril, G. Vincent, *La IVe République*, Paris, MA Editions, 1988; G. Elgey, *La République des illusions: 1945-1951*, Paris, Fayard, 1993; Id., *La République des contradictions: 1951-1954*, Paris, Fayard, 1993, éd. revue et augmentée; O. Duhamel, P. Ardant, *La quatrème République*, Paris, Le Seuil, 1996; J.-P. Rioux, *La France de la IVe République*, I, *L'ardeur et la nécessité*, Paris, Le Seuil, y II, *L'expansion et l'impuissance*, Paris, Le Seuil, 1998; P. Cauchy, *La IVe République*, Paris, PUF, 2004. La Revista *Pouvoirs* ha dedicado el n. 76-1999 al tema *La quatrième République*. En Italia, v. P. Piciacchia, *Le origini della IV Repubblica: due profonde differenze dal processo costituente italiano*, en *Nomos*, n. 3-2022; S. Galeotti, *La fine della IV Repubblica*, en *Vita e pensiero*, 1958, 639 ss.; A. Saitta, *La Quarta Repubblica Francese e la sua prima Costituente*, Firenze, Sansoni, 1947 (*Ministero per la Costituente*).

132 Sobre el total de 546 miembros de la Asamblea nacional constituyente.

en cambio el 34 %. Si luego se consideran los solos votantes, a favor fue el 53 % y contra el 47 %[133]. Como bien se ha observado, la nueva Constitución no recibió el apoyo ni de toda la izquierda, ni de toda la derecha[134].

El texto de la Constitución de 1946 fue emendado una sola vez, por la ley constitucional de 7 de diciembre de 1954[135].

La Constitución de la IV República comprende un Preámbulo, en el que se expone la filosofía política y social del (nuevo) régimen político, seguido por ciento seis artículos agrupados en doce títulos. La segunda parte del texto constitucional de 1946, es decir los artículos que siguen el Preámbulo (que representa la primera parte), se ocupan de la disciplina de las instituciones republicanas.

La Constitución de 27 de octubre de 1946 tiene algunas características generales. En primer lugar, los constituyentes tuvieron en cuenta que la Constitución de 19 de abril fue rechazada por el referéndum popular[136], y por lo tanto optaron por un texto constitucional compromisorio. En segundo lugar, la Constitución de 1946 acogía, en mayor medida respecto a los textos constitucionales del pasado, los principios democráticos, aunque no contemplaba los institutos de democracia directa sino únicamente los de democracia representativa. Perfiles de notable interés han sido proporcionados por el Preámbulo de la Constitución de 1946.

Una primera cuestión se refería al valor del Preámbulo. Había, de hecho, quien optaba por su naturaleza solo moral y filosófica, en cambio otros respaldaban su carácter plenamente jurídico. El debate, sin embargo, era puramente académico durante la Constitución de 27 de octubre de 1946, puesto que faltaba el mecanismo de control de constitucionalidad de las leyes respecto al hipotético parámetro

---

[133] El número de personas que se abstuvieron fue de 6.147.537, los "síes" fueron en cambio 9.263.416 y los "noes" 8.143.931.

[134] Cfr. A. Siegfried, *De la IIIe à la Ive République*, cit., 149.

[135] F. Goguel, *La révision constitutionnelle de 1954*, en *Revue française de science politique*, 1955, 485 ss.; D. Vignes, *La Révision cosntitutionnelle française de 1954*, en *Jahebuch des öffentlichen Rects der Gegenwart (Neue Folge)*, 1958, 257 ss.; G. Elgey, *La République des tourmentes: 1954-1959*, I-II, Paris, Fayard, 1992-1997.

[136] V. lo que se dijo en el epígrafe anterior.

representado por el Preámbulo[137]. Anticipando aquí lo que se verás mejor a continuación, para comentar las instituciones de la V República, no se duda ahora, tras la decisión del Consejo constitucional de 1971 sobre el "bloque de constitucionalidad", que el Preámbulo de la Constitución de 1958, el cual hace referencia tanto a la Declaración de los derechos como al Preámbulo de la Constitución de 1946, tenga un incontestable valor jurídico.

Desde el punto de vista de las orientaciones sociales, políticas e internacionales del examen del Preámbulo de la Constitución de 1946, puede observarse lo siguiente.

En primer lugar, se confirmaron los derechos y las libertades de la Declaración de los derechos de 1789. Estos derechos son, por lo tanto, (re)afirmados como "inalienables y sagrados", siendo reconocidos y asegurados a todas las personas.

En segundo lugar, se pone de relieve la dimensión de la democracia social, como elemento nuevo respecto a las tesis de la Revolución de 1789[138]. El Preámbulo de la Constitución de 27 de octubre de 1946 contiene referencias, por ejemplo, a la igualdad entre sexos, así como a la suspensión de todo tipo de distinción entre personas por razones de raza o de religión[139]. El Preámbulo de la Constitución de 1946, además, se refería al derecho al trabajo, a la asistencia y a la previdencia social, así como al derecho a obtener los (necesarios) tratamientos sanitarios, en caso de enfermedad e invalidez, y luego enunciaba el derecho a la educación, a la formación profesional, etc. Se trataba de afirmaciones meramente programáticas, de ejecutar mediante posteriores medidas legislativas.

En tercer lugar, se introdujo en el Preámbulo de la Constitución de 27 de octubre de 1946 el concepto de democracia económica, junto a la participación y el control de los trabajadores tanto en la dirección de la vida económica general como en la gestión de las empresas. Se mencionaban, además tanto el derecho sindical como el derecho de huelga. El derecho de propiedad estaba implícitamente

---

[137] Como también por la Declaración de los derechos del hombre de 1789.

[138] J. Rivero, G. Vedel, *Les principes économiques et sociaux de la Constitution: le préambule*, en *Droit social*, 1947, 13 ss.

[139] Aspecto, este último, que permitió acceder a la vida política por parte de las poblaciones en los territorios de ultramar de la República francesa.

previsto en el Preámbulo a través del llamamiento a la Declaración de los derechos de 1789, aunque se especificaba que también las nacionalizaciones eran legítimas.

En cuarto lugar, el Preámbulo de la Constitución de 1946 asumía una interesante posición respecto a las poblaciones de ultramar, rechazando todo tipo de colonialismo para orientarse hacia la cooperación libremente permitida[140].

En quinto y último lugar, el Preámbulo del texto constitucional de 1946 consideraba los problemas internacionales, atendiendo a tres principios: *a*) la sujeción a las normas del derecho internacional público; *b*) la aceptación, en el respeto del principio de reciprocidad, de las limitaciones de soberanía necesarias para la organización y la defensa de la paz; *c*) el compromiso a no emprender ninguna guerra de conquista o de agresión contra la libertad de ningún pueblo[141].

2. Sigue: la organización de los poderes públicos: *a*) el Parlamento

La Constitución de la IV República atribuía el poder legislativo a un Parlamento bicameral, formado por la Asamblea nacional y el Consejo de la República[142].

El principio de la dualidad de las asambleas parlamentarias en Francia tuvo una historia bastante compleja. En 1875, de hecho, la creación del Senado como segunda Cámara representó la condición para la aprobación de las leyes constitucionales, en cambio la ausencia de una previsión de la Cámara alta constituyó uno de los motivos de rechazo del proyecto constitucional de 19 de abril de 1946. A su vez, el compromiso en el que se basa la Constitución de 27 de octubre de 1946 contemplaba la institución de la segunda Cámara parlamentaria. En definitiva, si para la primera Constituyente

---

140 Se trataba, obviamente, de declaraciones de principio. Al respecto, piénsese que estando vigente la Constitución de 27 de octubre de 1946 Francia se comprometió a conducir guerras coloniales.

141 El texto constitucional especificaba tales afirmaciones en el art. 28, que establecía la superioridad de los tratados internacionales sobre las disposiciones legislativas internas. Cfr. H. Donnedieu de Vabres, *La Constitution de 1946 et le droit international*, en *Revue de droit public*, 1948, 515 ss.

142 Así disponía el art. 5 de la Constitución de 27 de octubre de 1946.

de 1946 uno de los motivos de fracaso fue la elección a favor de un sistema monocameral, una de las razones del éxito de la segunda Constituyente fue la acogida del principio de la dualidad de las Cámaras. Sin embargo, también en la segunda Constituyente no faltaron las posiciones contrarias a la creación del Consejo de la República, así que en definitiva se redujo el rol institucional de esta última Cámara parlamentaria. El temor era que, bajo la "cobertura" de una asamblea nombrada por un colegio electoral restringido, pero con los mismos poderes que la asamblea elegida por sufragio universal, los "adversarios" de la República tuvieran la posibilidad de introducirse en el Parlamento[143]. En sentido opuesto, se argumentaba que, si se quería en serio evitar los peligros del gobierno de la asamblea, era necesario contra-ponderar el poder del Parlamento, mediante su división en dos Cámaras.

La transacción, es decir el compromiso, en la Constitución de 27 de octubre de 1946, consistió en la creación del Consejo de la República, no como "Cámara de oposición", como si fuera un instrumento de lucha (eventual) contra la asamblea parlamentaria elegida por sufragio universal, sino como "Cámara de reflexión", con la función de cooperar con la Asamblea nacional, a fin de mejorar la calidad de la producción normativa de esta última. El compromiso constitucional de 1946, en definitiva, se basaba en que el Consejo de la República, elegido por sufragio indirecto por las colectividades locales, no representaba una simple "duplicación" de la Asamblea nacional; y en la constatación de que los poderes de la Cámara alta eran muy diferentes y menores que los de la Cámara baja[144]. Al respecto, es importante tener en cuenta que el Consejo de la República no votaba las leyes, sino que formulaba solo dictámenes, y que además no disponía del poder de revocación de los ministros.

---

[143] Tal pensamiento crítico se alimentaba por supuesto de la experiencia histórica del Senado durante las leyes constitucionales de 1875. Básicamente, se temía una reviviscencia, bajo distinto nombre, por parte de la Constitución de 27 de octubre de 1946.

[144] Atendiendo al art. 3.4 de la Constitución de 27 de octubre de 1946, el monopolio de la expresión de la soberanía popular estaba atribuido a la Asamblea nacional.

Desde estas premisas, la posterior evolución institucional habría podido ser en el sentido de una especie de mera "tolerancia" respecto a la presencia del Consejo de la República, reducido cada vez más al rol de órgano consultivo. Sin embargo, esto no ocurrió; también tras el tránsito a la oposición del Partido comunista, la hostilidad frente al Consejo de la República disminuyó sensiblemente, tanto que la reforma constitucional de 1954 reforzó su posición institucional.

La Asamblea nacional fue elegida, atendiendo a la Constitución de 27 de octubre de 1946, por cinco años y estaba formada por 627 diputados. El sistema electoral de la IV República presentaba algunas peculiaridades. Atendiendo a la ley de 5 de octubre de 1946, el escrutinio no era uniforme en el territorio nacional. Por un lado, en la capital de Paris y en sus suburbios se aplicaba la fórmula electoral proporcional. De esta forma, se quiso limitar el posible éxito de los partidos extremos, entre los que el Partido comunista pero también el gaullista, que habrían sido favorecidos por el escrutinio mayoritario. Por otro lado, en el resto de la Francia metropolitana se aplicaba, para la elección a la Asamblea nacional, el escrutinio de lista departamental, utilizando una formula bastante compleja, que combinaba el principio mayoritario con el principio de la representación proporcional.

Una modificación importante, si bien discutida, del sistema electoral delineado por la ley de 5 de octubre de 1946 fue introducida por la ley de 9 de mayo de 1951[145]. Se trataba del entroncamiento de las listas. Atendiendo a tal sistema, los candidatos de más listas declaraban aceptar ser considerados como parte de una sola misma lista, para la atribución de los escaños no asignados a través del juego de la mayoría absoluta. Esta técnica, sin embargo, estaba permitida solo a las listas de partido y no a los grupos nacionales o a las listas de candidatos que contaran con el respaldo de los partidos o grupos nacionales. Estos últimos eran los partidos o grupos que hubieran presentado uno o más candidatos en al menos treinta departamentos, bajo la misma denominación.

[145] El art. 1 de la ley de 1951 modificaba el art. 6 de la ley de 1946.

La modalidad de atribución de los escaños dependía del número de votos obtenidos en las listas. Se podían verificar tres distintas situaciones. En el primer caso, si la lista obtenía la mayoría absoluta, era elegida en su totalidad[146]. En el segundo caso, cuando ninguna lista, considerada de forma aislada, hubiera obtenido la mayoría absoluta, si un grupo de listas hubiera conseguido más del cincuenta por ciento de los votos, todos los escaños eran asignados al mismo grupo. En este último caso, el reparto de los escaños entre las listas se hubiera realizado atendiendo a la regla de la media más alta. En la tercera hipótesis, cuando ninguna lista aislada o grupo hubieran conseguido la mayoría absoluta, las listas se hubieran considerado como una única lista, con la consiguiente atribución de los escaños a aquella lista y las demás atendiendo a la media más alta.

Las competencias de la Asamblea nacional eran ante todo de carácter legislativo. Atendiendo al art. 13 de la Constitución de 27 de octubre de 1946, de hecho, se atribuía a la asamblea nacional la iniciativa de las leyes, que habían sido votadas por la misma Asamblea, no siendo previstas delegaciones. Evidentemente, los Constituyentes de 1946 querían frenar la práctica de los decretos-leyes[147]. Atendiendo a los artículos 16 y 17 de la Constitución de 1946, correspondía a la Asamblea nacional examinar y votar los presupuestos; además, los diputados eran titulares de la iniciativa sobre el gasto, pero podían usarla solo durante la discusión del presupuesto. Se consideraba además el control de la actividad gubernamental por parte de la Asamblea nacional. Esta última atribución de la Cámara baja se explicaba en tres modalidades. La Asamblea nacional participaba en la elección del Presidente de la República. Se le atribuía la tarea de conceder o rechazar la confianza al presidente del Consejo designado por el Jefe de Estado[148]. Asimismo, tenía que hacer valer la responsabilidad ministerial. En materia de relaciones diplomáticas, tenía que autorizar por ley la

---

[146] Con arreglo a la aplicación integral del principio mayoritario.

[147] Tal intención, no obstante, no tuvo concretamente éxito en la práctica parlamentaria.

[148] En la doctrina, v. C.-A. Colliard, *La pratique de la question de confiance sous la IVe République*, en *Revue du droit public*, 1948, 220 ss.

ratificación de los tratados internacionales[149]. Y, por último, con respecto al ámbito judicial, sus principales competencias eran dos: la designación, al comienzo de todas las legislaturas republicanas, de las tareas del Alto Tribunal de Justicia[150], y la concesión de la amnistía[151].

Con respecto a la Cámara alta, es decir al Consejo de la República, la Constitución preveía un número mínimo de componentes equivalente a 250 y un máximo de 320. La ley de actuación de la Constitución, aprobada el 23 de 23 septiembre de 1948, fijaba el número de los miembros en la medida máxima. La Constitución además establecía para el Consejo de la República la elección por sufragio universal indirecto por parte de las colectividades municipales y departamentales. La primera elección del Consejo de la República se produjo atendiendo a las modalidades fijadas por la ley de 27 de octubre de 1946, que fue sustituida por la ley electoral de 23 de septiembre de 1948. La finalidad perseguida por este régimen electoral consistía en acercar el Consejo de la República de la IV República a las características del Senado de la III República, convirtiéndolo en un representante de las colectividades locales. Atendiendo a este régimen, los senadores eran elegidos por un colegio departamental, del que eran parte integrante tanto los diputados como los concejales generales y delegados de los consejos municipales. Los electores, por lo tanto, eran a su vez elegidos. Por consiguiente, la elección de los miembros del Consejo de la República se realizaba por sufragio universal, pero en doble grado. Dependiendo de la importancia de los distintos Ayuntamientos, variaban además el número y la modalidad de elección de los delegados de los consejos municipales. Dependiendo de los escaños a asignar, los senadores eran elegidos a través de la fórmula electoral proporcional o a escrutinio mayoritario.

Las atribuciones del Consejo de la República eran inicialmente muy limitadas. La principal estaba representada por la participación

[149] En este sentido, disponía el art. 27 de la Constitución de la IV República.

[150] Véase el art. 58 de la Constitución de 27 de octubre de 1946.

[151] Atendiendo al art. 19 de la Constitución citada en la nota anterior.

en la elección del Presidente de la República[152]. De todas formas, en realidad el Consejo de la República no disponía de muchas atribuciones, pudiendo solo expresar dictámenes sobre los proyectos legislativos votados en primera lectura por la Asamblea nacional. En particular, no le correspondía al Consejo de la República ni ejercer el control sobre el Ejecutivo ni revocar a los ministros. La revisión constitucional de 7 de diciembre de 1954[153] reforzó el rol institucional del Consejo de la República. A este, de hecho, se le asignó el derecho de iniciativa legislativa. Además, se estableció que los proyectos de ley de fuente gubernamental ya no tenían que ser presentados antes a la Asamblea nacional, sino indiferentemente a una u otra de las dos Cámaras parlamentarias. Sin embargo, de la reforma constitucional de 1954, los proyectos de ley para autorizar la ratificación de los tratados internacionales y los presupuestos nacionales tenían que ser previamente presentados a la Asamblea nacional.

De un cierto interés fue la creación, por parte de la Constitución de 27 de octubre de 1946, del Comité constitucional. Este ejercía una especie de control de constitucionalidad, que sin embargo no se extendía al juicio de conformidad de las leyes respecto a la Constitución, sino más limitadamente a verificar si las mismas leyes supusieran una revisión de la Constitución. La justificación del control de constitucionalidad era de naturaleza procesal. Se preveía de hecho que el Comité constitucional pudiera ser activado mediante la solicitud conjunta del Jefe del Estado y del presidente del Consejo de la República. Tras dicha petición, al Comité constitucional le correspondía buscar un acuerdo entre la Asamblea nacional y el Consejo de la República. Cuando no se consiguiera alcanzar dicho acuerdo, el Comité constitucional, si considerara que la ley tuviera que implicar una revisión de la Constitución, se tenía que solicitar a la Asamblea nacional una nueva deliberación. En el caso de que la Cámara baja hubiera confirmado su voto al texto legislativo, este último podía entrar en vigor solo después de la revisión constitucional. Otra limitación de las competencias del Comité constitucional

[152] De forma parecida, desde este perfil, a lo que ocurría para el Senado durante la III República.

[153] Ya mencionadas arriba, al principio de este epígrafe.

derivaba de la prohibición de confrontar las leyes con las previsiones del Preámbulo. En definitiva, el Comité constitucional era un garante del respeto de los procedimientos constitucionales, pero no de los derechos fundamentales. De hecho, se pronunció una sola vez, además sobre una cuestión bastante secundaria[154].

3. Sigue: *b*) el poder ejecutivo

Los órganos del poder ejecutivo, en la Constitución de 27 de octubre de 1946, son dos, es decir el Presidente de la República y el Consejo de ministros.

El Jefe de Estado era elegido, atendiendo al art. 29 de la Constitución, por escrutinio secreto y por siete años. La elección procedía del Parlamento nacional, reunido para la ocasión en Versalles. Para la elección del Presidente de la República, se requería la mayoría absoluta de los sufragios válidamente expresados. Atendiendo al art. 42 de la Constitución, el Jefe de Estado era políticamente irresponsable, pudiendo ser acusado solo por alta traición por el Parlamento ante el Alto Tribunal de Justicia. En la práctica constitucional de la IV República, el Jefe de Estado pudo ejercer el rol de árbitro y guardián de la Constitución.

Las atribuciones del Jefe de Estado eran bastante extendidas, aunque sus actos tenían que ser contrafirmado por el presidente del Consejo y por el ministro interesado. El Jefe de Estado se encargaba de nombrar, en el Consejo de Ministros, algunos altos funcionarios, como los asesores de Estado, los prefectos y los embajadores[155]. Además, estaba informado del desarrollo de las negociaciones internacionales, correspondiéndole suscribir y ratificar los tratados[156]. El Presidente de la República presidía el Consejo de ministros, conservando los procesos verbales de las relativas reuniones[157]. Este presidía tanto el Consejo superior como el Comité de defensa nacional, asumiendo además el título de Jefe de las

---

[154] Cfr. A. Soulier, *La délibération du Comité constitutionnel du 18 juin 1948*, en *Revue du droit public*, 1949, 195 ss.

[155] Art. 30 de la Constitución de 27 de octubre de 1946.

[156] En tal sentido, disponía el art. 31 de la Constitución de 1946.

[157] Cfr. el art. 32 del texto constitucional de 1946.

Fuerzas Armadas[158]. Al Jefe de Estado se atribuía además la presidencia del Consejo superior de la magistratura[159], la función de promulgar las leyes[160], y tenía la posibilidad de formular mensajes a la Asamblea nacional. El Jefe de Estado, en el plazo de diez días establecido para la promulgación de la ley podía enviar un mensaje motivado al Parlamento, pidiendo una nueva deliberación. Las Cámaras tenían la obligación de ponerse en marcha en tal sentido.

El procedimiento para el nombramiento del presidente del Consejo[161] era bastante complejo, basándose en una especie de compromiso entre partidarios de la designación por parte del Jefe del Estado y los que en cambio auspiciaban la elección del jefe de Gobierno por parte de la Asamblea nacional[162].

Según la Constitución de la IV República[163], se procedía a la designación del presidente del Consejo, al comienzo de cada legislatura, por el Presidente de la República, después de haber realizado las consultas. Sin embargo, la designación no tenía que ser confundida con el nombramiento del presidente del Consejo, que sigue al voto de confianza por parte de la Asamblea nacional, a la que el jefe de Gobierno designado tenía que haber presentado antes del voto de confianza el programa y la "política" del Gabinete. La Asamblea nacional expresaba el voto de confianza por escrutinio público; se requería la mayoría absoluta de los componentes de la Cámara baja. En definitiva, el Presidente de la República podía designar a la persona de su agrado como presidente del Consejo, sin perjuicio de que para el nombramiento de este último era necesaria

---

158 V. el art. 33 de la Constitución. Según el sistema constitucional de la III República, el poder de disponer de las Fuerzas Armadas estaba atribuido al Jefe de Estado, en cambio atendiendo a la Constitución de la IV República tal poder fue asignado al presidente del Consejo, como responsable de la seguridad y de la defensa de la Unión francesa (sobre las características político-jurídicas de esta última, cfr. H. Culmann, *L'Union française*, Paris, PUF, 1950).

159 Con arreglo al art. 34 de la Constitución de 1946.

160 Cfr. Art. 36 de la Constitución.

161 Sobre cuyo rol institucional v., ampliamente, S. Arné, *Le président du Conseil des minisres sous la IV^a République*, Paris, LGDJ, 1962.

162 Esta última era la solución acogida en el proyecto constitucional de 19 de abril de 1946.

163 V. art. 45.

la investidura por parte de la Asamblea nacional[164]. La presencia de muchas divisiones entre los partidos políticos en el seno de la Asamblea nacional de la IV República[165] provocaba una cierta libertad de maniobra del Jefe de Estado, en la búsqueda de una personalidad de designar como presidente del Consejo para la formación de gobiernos de coalición.

El procedimiento de formación del Gobierno nacional se estructuraba en tres fases: *a*) designación, por parte del Jefe de Estado, del presidente del Consejo; *b*) investidura, mediante voto de confianza de la Asamblea nacional, del Jefe de Gobierno, después de que el presidente del Consejo haya presentado a la Cámara baja su programa de gobierno y se han desarrollado las negociaciones entre grupos parlamentarios; *c*) formación verdadera y propia del Ejecutivo nacional.

En definitiva, la posición institucional del presidente del Consejo se colocaba encima del Gobierno. Tal rol institucional lo diferenciaba netamente del asignado al jefe del Ejecutivo durante la III República.

Al margen de la voluntad de los constituyentes, el objetivo de la estabilidad del Ejecutivo no se alcanzó de forma efectiva. Las crisis ministeriales, de hecho, continuaron a existir[166]. De esta constatación tuvo origen la reforma constitucional de 1954.

---

164 En otros términos, el Jefe de Estado era titular de un (mero) derecho de prestación.

165 No diversamente, por otra parte, de lo que ocurría durante la III República.

166 Cfr. H. Fabre, *Un échec constitutionnel: l'investiture du président du Conseil des ministres*, en *Revue du droit public*, 1951, 183 ss.; M. Merle, *L'instabilité ministerielle*, en *Revue du droit public*, 1951, 390 ss.; P. Williams, *La vie politique sous la IVe République*, Paris, A. Coli, 1971. La inestabilidad político-institucional en la IVª República ha devenido proverbial; v., por ejemplo, P. Piciacchia, La Ve République est morte, Vive la Ve République*! Dopo le elezioni anticipate e il* rebus *estivo sulla nomina del Primo Ministro, tutte le incognite sull'evoluzione della forma di governo, dal rischio di un ritorno all'instabilità della IV Repubblica ad una rilettura del parlamentarismo dualista*, en *Nomos*, 3-2024; S. Troilo, *La stabilità dei Governi nei regimi parlamentari europei: qualche riflessione alla luce dei dati statistici*, en *Federalismi.it*, n. 1, 2023, 276 ss., espec. 285 ss., y en E. Bertolini *et al.* (cur.), *Itinerari della comparazione. Scritti in onore di G.F. Ferrari*, 1, Milano, Egea, 2023, espec. 245 ss.

Se previó así, antes de la designación verdadera y propia del presidente del Consejo, una suerte de "anticipación" por parte del Jefe de Estado, quien "oía" a la persona preseleccionada y, tras su aceptación, le confería el encargo de formar Gobierno. De mayor relevancia fueron dos modificaciones del procedimiento di investidura por parte de la Asamblea nacional. Por un lado, se estableció que el presidente del Consejo designado tenía que presentarse a la Cámara baja con la lista de ministros del futuro Gobierno para recibir la confianza sobre el entero Ejecutivo. Esto significaba que tanto el presidente del Consejo como los distintos ministros eran nombrados por el Jefe de Estado solo después del voto de confianza de la Asamblea nacional. Por otra parte, el voto de confianza al Gobierno ya no requería la mayoría absoluta de los miembros de la Cámara baja, sino solo la mayoría relativa. Además, se mantenía la mayoría absoluta para votar la moción de censura al Gobierno[167].

Las técnicas constitucionales introducidas por la reforma de 1954, aunque en las intenciones destinadas a conferir mayor estabilidad al Ejecutivo nacional, haciendo más fácil su formación y más difícil su revocación por parte de la Asamblea nacional, no surtieron el efecto esperado, faltando las necesarias condiciones políticas.

La posición institucional de preeminencia, acordada al presidente del Consejo, resultaba de algunas previsiones de la Constitución de 1945, tal y como fue emendada en 1954. En primer lugar, la cuestión de confianza podía ser planteada solo por el Jefe de Gobierno, tras deliberación del Consejo de ministros[168]. En segundo lugar, la titularidad de numerosas competencias fue transferida[169] del Jefe de Estado al presidente del Consejo, como en el caso de la iniciativa legislativa, los nombramientos de los empleos civiles y militares, con la salvedad de los reservados por la misma Constitución al Presidente de la República, y para la dirección de las Fuerzas Armadas.

---

[167] Esta era la previsión del art. 49, después de la reforma constitucional de 1954.

[168] V. el art. 49 del texto constitucional.

[169] Por lo menos formal.

Fue especialmente importante la atribución al presidente del Consejo, atendiendo al art. 47 de la Constitución de la IV República, del poder de asegurar la ejecución de las leyes. En definitiva, se trataba de atribuir *de iure* al jefe de Gobierno el poder reglamentario, según una tendencia que ya se había manifestado *de facto* en la praxis parlamentaria. El presidente del Consejo coordinaba la actividad ministerial, con la inclusión de la adopción de reglamentos de los distintos ministerios. Habida cuenta de que las competencias del jefe de Gobierno se extendían no solo al sector civil sino también a la defensa, no sorprende que los servicios a las dependencias del presidente del Consejo fueron, al tiempo de la IV República, muy potenciados respecto a los de la III República. Además, fue introducida una disposición constitucional[170], que consagraba la posible delegación de poderes del Jefe de Gobierno en los distintos ministros.

Con respecto a los ministros, que no tenían necesariamente que ser parlamentarios, eran elegidos por el jefe de Gobierno y nombrados por el Jefe de Estado, después de que la Asamblea nacional otorgase la confianza al Ejecutivo. Los poderes y las facultades ministeriales estaban previstas en el art. 53 de la Constitución de la IV República. Se contemplaba el derecho de acceso a las dos Cámaras parlamentarias y a las respectivas comisiones. Si lo solicitaban, tenían que ser escuchados por las Cámaras. Ante las dos Cámaras, los ministros podían ser asistidos por comisarios nombrados por decreto.

El Gobierno de la IV República comprendía varias figuras ministeriales, con o sin cartera, y además secretarios y subsecretarios. Estos últimos no participaban en las reuniones del Consejo de ministros, presididas por el Presidente de la República, sino solo en las del Gabinete, presidido por el presidente del Consejo, y únicamente cuando se tratasen asuntos de su competencia. El Consejo de ministros, así como el Gabinete, se caracterizaba por la solidaridad ministerial, basada en la presunción de concordancia de opiniones en el seno del Gobierno.

---

[170] Se trataba, en particular, del art. 54.

Los ministros eran colectivamente responsables ante la Asamblea nacional respecto a la política general del Ejecutivo, e individualmente por sus actos personales. Los mismos ministerios eran penalmente responsables por los delitos cometidos en el ejercicio de sus funciones. En estos últimos casos, podían ser acusados por la Cámara baja, con el relativo procedimiento ante el Alto Tribunal de Justicia[171].

[171] Véase, sobre el tema de la responsabilidad ministerial, los arts. 48, 56 y 57 de la Constitución de la IV República.

PARTE II

EL SISTEMA CONSTITUCIONAL DE LA V REPÚBLICA

CAPÍTULO I

LA REFORMA CONSTITUCIONAL DE 1958 Y LA FUNDACIÓN DE LA V REPÚBLICA

Sumario: 1. La inestabilidad política y las conexas exigencias de reforma constitucional. – 2. Desde la vuelta del general de Gaulle a la ley constitucional de 3 de junio de 1958. – 3. El proyecto de revisión constitucional y el referéndum de 28 de septiembre de 1958.

1. La inestabilidad política y las conexas exigencias de reforma constitucional

Al final de la III República, parecía cada vez más necesaria una renovación de las instituciones políticas[172]. Es suficiente pensar que la inestabilidad política hizo que, entre octubre de 1946 y mayo de 1958, se sucedieron a la guía del País hasta veintiún Gobiernos, con una duración media, por los tiempos necesarios para resolver cada crisis ministerial, de menos de seis años. Intentar poner remedio al sistema político-constitucional no era en absoluto sencillo. Entre los temas encima de la mesa se encuentran especialmente la reforma electoral para actuar sobre el sistema de partidos; la racionalización del parlamentarismo[173], con el objetivo de reforzar la posición institucional del Ejecutivo respecto al Legislativo; y el cambio de las modalidades para la designación del Jefe del Estado para transformar el rol político del Gobierno nacional.

---

[172] Cfr. A. Siegfried, *De la IVe à la Ve République*, Paris, Grasset, 1958; F. Hamon, *Regards nouveaux sur les origines de la Ve République*, en *Revue du droit public*, 1975, 415 ss.; J.-M. Denquin, *La genèse de la Ve République*, Paris, PUF, 1988.

[173] En el sentido clásicamente expuesto por B. Mirkine-Guetzévitch, *Les nouvelles tendances du droit constitutionnel: les problèmes de la rationalisation du poivoir dans les constitutions de l'Europe d'après-guerre*, en *Revue du droit public*, 1928, 5 ss.

2. Desde la vuelta del General de Gaulle a la ley constitucional de 3 de junio de 1958

Después de haber abandonado el poder en enero de 1946, el general de Gaulle retomó su actividad política en mayo de 1958. Poco antes, el 15 de abril de 1958, el Gobierno guiado por Félix Gaillard fue revocado por la Asamblea nacional. Curiosamente, la desconfianza al Gobierno Gaillard fue votada por la extrema izquierda y la derecha por razones opuestas. La primera porque afirmaba que el Ejecutivo no quería negociar con los representantes de la rebelión argelina, en cambio la segunda porque sospechaba que el Gobierno tuviera la intención de negociar con la misma rebelión[174]. La crisis parlamentaria tuvo una primera solución, después de algunos intentos infructuosos, mediante la formación del Gobierno nacional, presidido por Pierre Pflimlin, exponente del Movimiento republicano popular, es decir un partido de centroderecha con una marcada sensibilidad democrático-cristiana. Tras haberse manifestado el riesgo concreto de una guerra civil en el territorio metropolitano francés, se pensó en el general de Gaulle come la mejor (si no la única) solución posible. Si bien no todos en los partidos estuvieran convencidos de la efectiva bondad de la "solución gaullista"[175], el presidente del Consejo, Pierre Pflimlin, presentó la dimisión el 28 de mayo de 1958. El Jefe de Estado, René Coty, encargó a de Gaulle la formación del nuevo Gobierno nacional. El general elaboró una lista de ministros, entre los que se encontraba también el ex jefe de Gobierno Pierre Pfilimlin. De Gaulle se presentó por tanto a la Asamblea nacional, consiguiendo la confianza el 1° de junio de 1958, con 329 votos a favor y 224 contrarios[176]. El general pretendía gobernar, pero no en el marco institucional trazado por la Constitución

---

[174] La guerra en Argelia estalló en 1954, solo algunos meses después de la conclusión de la guerra en Indochina. La IV República francesa estaba, entonces, fuertemente ocupada con los problemas de la descolonización.

[175] Sobre el tema, v. E. Bulzi, *La concezione gollista del ruolo del Capo dello Stato come base del modello "nazionale" di semipresidenzialismo della V Repubblica*, en *Diritto pubblico comparato ed europeo*, 2001, 1787 ss.; D. Chagnollaud, *La conception gaullienne de l'État: une monarchie républicaine?*, en D. Colas, C. Émeri (dir.), *Droit, institutions et systèmes politiques. Mélanges en hommage à M. Duverger*, Paris, PUF, 1987, 43 ss.

[176] A favor de Gaulle votaron la derecha; el centroderecha y los radicales se dividieron y los comunistas votaron contra.

de la IV República. Esto fue inmediatamente claro cuando, entre el 1° y el 3 de junio de 1958[177], de Gaulle obtuvo del Parlamento la aprobación de tres textos relativos a: a) una resolución con la que las Cámaras parlamentarias fueron "despedidas" hasta la conclusión de la sesión ordinaria; b) una ley con la que se concedían plenos poderes al Gobierno, durante el periodo de suspensión de la actividad del Parlamento[178]; c) una ley constitucional, que modificaba el procedimiento de revisión contemplado por la Constitución de 1946. Estos tres actos legislativos representaron la base para la adopción de la nueva Constitución.

Para modificar el sistema constitucional vigente, la vía obligada estaba representada – si se quería seguir estando en el ámbito de la legalidad constitucional – por el procedimiento *ex* art. 90 de la Constitución de 1946, que preveía la necesaria aprobación de la reforma constitucional por parte del Parlamento. Los gaullistas, sin embargo, temían que el Parlamento no estuviera dispuesto a renunciar fácilmente a sus prerrogativas y consideraban que hubiera sido mejor adoptar un nuevo texto constitucional, elaborado por el Gobierno y sometido directamente a la aprobación popular.

Según el art. 90 de la Constitución de 1946, la revisión constitucional necesitaba una primera lectura parlamentaria, identificando las disposiciones constitucionales revisadas. Después de tres meses, tenía que seguir una segunda lectura por parte de las Cámaras parlamentarias. Solo entonces, la revisión constitucional podía ser aprobada definitivamente por el Parlamento.

Sin embargo, ya en 1955 se presentó un proyecto de reforma del art. 90 de la Constitución de 1946, que quedó pendiente, sin que se procediera a retirarlo, después de la primera lectura parlamentaria. De esta forma, la ley constitucional pudo ser aprobada en tres días, no teniendo que observarse el intervalo de tres meses.

No obstante, si bien el problema de la técnica constitucional podía considerarse resuelto, se ponía de relieve la cuestión relativa a la legitimidad política de la revisión constitucional. Hubo, de hecho, un precedente bastante embarazoso. La ley constitucional de 10 de

---

[177] Inmediatamente después, por lo tanto, de haber obtenido la confianza por parte de la Cámara baja.

[178] En este periodo, le correspondía al Gobierno emanar ordenanzas.

julio de 1940 atribuyó plenos poderes al Mariscal Pétain[179], mediante un acto que fue criticado por el mismo de Gaulle. Existían también muchas diferencias entre la ley constitucional que se acaba de mencionar y la ley constitucional de 3 de junio de 1958. Esto porque la primera ley constitucional era una especie de delegación en blanco, en cambio, la segunda contemplaba condiciones tanto procedimentales como formales.

Con respecto a las condiciones formales[180], la ley constitucional de 3 de junio de 1958 delegaba poderes únicamente en el Gobierno, que recibió la confianza parlamentaria el 1° de junio de 1958. Esto significa que la misma delegación no podía valer, por lo menos automáticamente, para un hipotético Gobierno que sucediera al presidido por el general de Gaulle. El proyecto gubernamental, además, tenía que ser trasmitido previamente a un órgano especial, denominado Comité consultivo constitucional, para que dispusiera el relativo dictamen. Ahora bien, los componentes del Comité consultivo constitucional eran designados de forma mayoritaria por el Parlamento. No menos de dos tercios de los miembros del Comité, de hecho, eran elegidos por las comisiones competentes tanto por la Asamblea nacional como por el Consejo de la República, en cambio el remanente tercio estaba formado por personalidades cualificadas, designadas de forma discrecional por el Gobierno nacional. El proyecto (de revisión) constitucional tenía que ser luego trasmitido al Consejo de Estado para la emisión de otro dictamen. Después de esto, le correspondía al Consejo de Ministros adoptar el proyecto, para que fuera luego sometido a referéndum popular.

Con respecto, además, a las condiciones de fondo, la ley constitucional de 3 de junio de 1954 establecía cinco principios.

En primer lugar, se preveía que tanto el poder legislativo como el poder ejecutivo no podían que emanar del sufragio universal, es decir de instancias elegidas por el mismo sufragio. De esta forma, se cerraba la vía a la creación de una segunda Cámara formada por representantes no elegidos, designados por organizaciones económicas, sociales y culturales.

---

[179] V. arriba, en el ap. 1, del cap. V de la parte I.

[180] V. la reconstrucción histórica de L. Favoreu, D. Maus, J.-L. Parodi (dir.), *L'écriture de la la Cosntitution de 1958*, Paris, Economica, 1992.

En segundo lugar, era necesaria una efectiva separación entre el Ejecutivo y el Legislativo, para permitir a ambos ejercer plenamente las propias atribuciones, y determinar de forma clara las relativas responsabilidades. De esta forma, el Gobierno derivaba del Jefe del Estado y no del Parlamento y se preveía la incompatibilidad entre las funciones parlamentarias y las gubernamentales. En todo esto, la responsabilidad del Ejecutivo frente al Legislativo representaba una condición esencial[181].

Además, se preveía la independencia de la magistratura para garantizar la tutela plena de los derechos fundamentales y de las libertades, tal y como estaban consagrados tanto en la Declaración de derechos humanos de 1789 como en el Preámbulo de la Constitución de 1946.

Y, finalmente, la nueva Constitución tenía que ocuparse de las relaciones entra la República francesa y las poblaciones asociadas, es decir los pueblos de ultramar de África subsahariana y del Madagascar, que (en 1958) no tenían todavía la plena independencia[182].

3. El proyecto de revisión constitucional y el referéndum de 28 de septiembre de 1958

Justo después de la aprobación de la ley constitucional de 3 de junio de 1958, se pusieron en marcha los trabajos preparatorios del nuevo texto constitucional, que fue adoptado por el Consejo de Ministros en la reunión de 3 de septiembre del mismo año[183].

La preparación del proyecto fue encomendada a algunos órganos, respectivamente representados por el Comité de expertos y el Comité interministerial. Como se deduce de su misma denominación, el primero era un órgano técnico y el segundo un órgano político. El primero de tales órganos operó, por lo tanto, bajo la guía del ministro de Justicia, Michel Debré, estricto colaborador

[181] El (futuro) proyecto de reforma constitucional, entonces, no habría podido contemplar la forma de gobierno presidencial, según el modelo estadunidense.

[182] Aun habiendo sido puesto en marcha el proceso de descolonización.

[183] Transcurrieron, por lo tanto, exactamente tres meses desde la emanación de la ley constitucional.

del general De Gaulle para las cuestiones constitucionales[184]. El Comité de expertos, formados por juristas en buena medida extraídos del Consejo de Estado, no disponía, obviamente, de poderes decisorios; elaboró algunos proyectos alternativos sobre los distintos aspectos constitucionales, que tenían que ser sometidos al Comité interministerial. De este último eran parte, además de Gaulle en calidad de presidente del Consejo y el mismo Michel Debré, dos ex Jefes de Gobierno, es decir Guy Mollet[185] y Pierre Pflimlin[186], y otros ministros, activos durante la IV República. La composición del Comité interministerial incluía a políticos de diferente orientación, que entablaron intensas negociaciones en el mismo Comité.

En vía general, los planteamientos radicales el seno del Comité interministerial sufrieron, en el mismo Comité, una cierta atenuación.

En primer lugar, se discutió la definición del rol, que tenía que ser asignado al Presidente de la República. Atendiendo a un enfoque innovador, se quería poner al Jefe de Estado también al frente del Gobierno nacional, encomendándole la tarea institucional de establecer la orientación política tanto interna como externa de Francia. Sobre el punto hubo un resultado distinto al final de la negociación, puesto que se prefirió encargar al Primer ministro, responsable ante el Parlamento, la tarea de determinar y conducir la política de la nación[187].

---

[184] Sobre la lección, desde muchos puntos de vistas actual, de Debré, v. S. Ceccanti, *Le istituzioni francesi non sono in crisi: rileggere Michel Debrè del 27 agosto 1958*, en *Nomos*, 2, 2022.

[185] De ideas socialistas.

[186] De cuya orientación política se dijo arriba, en el apartado anterior.

[187] El rol del Presidente de la República fue definido de forma más vaga. Sobre la evolución de la figura del Primer ministro en el ordenamiento francés, v. S. Bonfiglio, *La scelta del Premier nei sistemi parlamentari*, Torino, Giappichelli, 2023, especialmente *sub* cap. II, *Dal dualismo delle Costituzioni francesi del 1814 e del 1830 al monismo della Terza Repubblica*, 31 ss., y cap. IV, *L'investitura parlamentare del Premier in Francia (IV Repubblica), Germania e Spagna*, 77 ss.; Id., *Designazione, investitura e nomina del* Premier *nelle costituzioni del secondo dopoguerra e il caso italiano dei "governi di matrice presidenziale"*, en *Diritto pubblico comparato ed europeo*, 2022, 177 ss., *passim*.

En segundo lugar, mientras las primeras versiones del proyecto preveían un amplio recurso del Jefe de Estado al instrumento del referéndum popular, en relación con todos los proyectos legislativos no aprobados por el Parlamento o relativos a cuestiones fundamentales para la vida de la nación, el texto final salido del Comité interministerial, aunque atribuyera al Presidente de la República el poder de recurrir al referéndum, sin embargo, lo sometía a algunas restricciones.

En tercer lugar, por lo que se refiere al estatus de los ministros, en una fase inicial[188], se quería, introducir el principio de la separación rígida entre las funciones gubernamentales y las parlamentarias, con la inclusión de la imposibilidad para los ministros de seguir ejercitando un mandato electoral local, y la inelegibilidad como miembro del Parlamento durante un cierto periodo posterior a la cesación de las funciones ministeriales[189]. En la transición del Comité de expertos al Comité interministerial, también este aspecto sufrió una atenuación, menos marcada, respecto a los dos puntos, que se acaba de examinar, puesto que las incompatibilidades siguieron quedando, aunque disciplinadas de forma menos rigurosa.

Tras las negociaciones, el proyecto constitucional fue aprobado por el Consejo de gabinete de 29 de julio de 1958, para ser luego trasmitido el día siguiente al Comité consultivo constitucional. Este último estaba formado por treinta y nueve miembros, designados por dos tercios por las dos Cámaras del Parlamento. Esto representaba, en un cierto sentido, un Parlamento "reducido", en el que estaban presentes exponentes políticos de todos los partidos, con la excepción de los comunistas, que rechazaron participar[190].

Participaron en muchas de las sesiones del Comité consultivo constitucional también representantes del Gobierno. El mismo general de Gaulle intervino en la reunión de 8 de agosto de 1958,

---

[188] A petición, en particular, de los gaullistas.

[189] La solución mencionada en el texto hubiera sido fuertemente innovadora respecto a la tradición parlamentaria francés, que, no diversamente de la británica, prevé en cambio una especie de "interpenetración" entre el personal parlamentario y gubernamental.

[190] El Comité consultivo constitucional actuó bajo la presidencia de Paul Reynaud, quién (en 1940) fue el penúltimo presidente del Consejo, al tiempo de la III República.

para aclarar en particular que el Jefe de Estado nombraba al presidente del Consejo, sin no obstante tener el poder de revocarlo posteriormente[191].

El dictamen del Comité consultivo constitucional fue adoptado el 14 de agosto de 1958, con treinta votos favorables y siete contrarios[192]. El dictamen, dirigido al presidente del Consejo, pone de relieve algunos puntos, sin perjuicio de una evaluación en su conjunto favorable al proyecto. Estos se referían a: a) la necesidad de que, en el texto definitivo de la nueva Constitución, no se prevea la responsabilidad del presidente del Consejo ante el Jefe de Estado; b) la exigencia de que el referéndum promovido por el Presidente de la República no se trasforme en una modalidad para poner al pueblo contra el Parlamento; c) la oportunidad de una mejor definición de los poderes que el Presidente de la República pueda ejercer en circunstancias excepcionales (ex art. 16); d) la contrariedad del Comité consultivo constitucional a la previsión constitucional de la no compatibilidad entre funciones parlamentarias y gubernamentales; e) con respecto a las relaciones entre la Francia metropolitana y las ex colonias, el Comité consultivo constitucional proponía adoptar la denominación de Comunidad, en lugar de la contenida en el proyecto, es decir Federación.

Con respecto a las posiciones expresadas por el Comité consultivo constitucional, la posterior evolución institucional podrá, en determinados casos, ser muy divergente. Por ejemplo, el Comité consultivo constitucional expresó la convicción de que el Consejo constitucional no podía ejercer su control utilizando como parámetros de referencia el Preámbulo de la Constitución o la Declaración de los derechos del hombre[193].

Si bien la ley de 3 de junio de 1958 no previera un dictamen no vinculante, sobre el proyecto constitucional, por parte del Comité consultivo constitucional; sin embargo, las propuestas del mismo Comité fueron más o menos aceptadas, con la excepción de la incompatibilidad entre funciones parlamentarias y funciones gubernamentales[194].

---

[191] La cuestión fue puesta por el presidente del Comité consultivo constitucional, Paul Reynaud (v. también la nota que precede).

[192] El Comité, agotado su rol, se disolvió el mismo 14 de agosto de 1958.

[193] Las cosas, de hecho, irían diversamente, como se verá mejor más adelante.

[194] Este principio fue respaldado especialmente por el general de Gaulle.

El paso (inmediatamente) posterior fue representado por la adquisición del necesario dictamen[195] del Consejo de Estado. El proyecto de reforma constitucional fue presentado por el ministro de Justicia[196] a la Asamblea general del Consejo de Estado el 27 de agosto de 1958. El Consejo de Estado, formado por juristas y sin naturaleza de asamblea política, se centró sobre algunos aspectos relativos a la distribución de las competencias entre el Ejecutivo y el Legislativo.

Una vez finalizada también la fase del procedimiento ante el Consejo de Estado, se realizó la aprobación definitiva del proyecto por parte del Consejo de ministros, con la deliberación de 3 de septiembre de 1958. Faltaba, entonces, convocar el referéndum constituyente, cuyo desarrollo fue fijado para el 28 de septiembre de 1958.

La consulta tuvo lugar el mismo día en todos los territorios bajo la soberanía de Francia, bien en los departamentos metropolitanos bien en los departamentos y territorios de ultramar. Para estos últimos, el referéndum constituyente tuvo un significado particular, porque fueron llamados a elegir si formar parte de la Comunidad con arreglo al título XIII de la Constitución, u optar por la independencia.

Los resultados del referéndum fueron (muy) positivos en la Francia metropolitana, encontrando un amplio respaldo desde la extrema derecha[197] al centroizquierda. La única oposición de relieve procedió del Partido comunista. También algunos exponentes de la izquierda no comunista[198] manifestaron su disconformidad con el proyecto constitucional. El apoyo al mismo proyecto fue mayor de lo que podía resultar de la suma de los partidos que lo respaldaban. Los «noes», en los departamentos metropolitanos, alcanzaron el 20,8 %. Piénsese que, en las elecciones políticas de 1956, el solo Partido

---

195 Requerido por la ley constitucional de 3 de junio de 1958.

196 Michel Debré.

197 Favorable, en aquel tiempo, al mantenimiento de la Argelia francesa.

198 Entre el cual el futuro Presidente de la República François Mitterrand, y el ex presidente del Consejo Pierre Mendès France.

comunista obtuvo el 27,5 por ciento de los sufragios[199]. En definitiva, el referéndum constitucional se trasformó en una especie de evaluación popular sobre la actuación del general de Gaulle.

En los departamentos y territorios de ultramar el proyecto constitucional fue igualmente (ampliamente) aprobado[200]; solo Guinea optó por la no adhesión a la Comunidad. Esta última, destinada a reagrupar a Francia con sus excolonias, dejó de funcionar en 1961, porque todos los Estados miembros habían logrado la independencia[201].

La Constitución de la V República fue promulgada el 4 de octubre de 1958. El art. 91 disponía que dentro de los cuatro meses tuvieran que haber sido creadas las nuevas; en ausencia, el art. 92 atribuía el relativo poder al Gobierno, que podía emanar ordenanzas con fuerza de ley.

Las dos Cámaras parlamentarias empezaron a funcionar. La Asamblea nacional fue elegida por escrutinio mayoritario uninominal a doble vuelta, mediante las votaciones que se desarrollaron entre el 23 y el 30 de noviembre de 1958. El Senado fue formado de forma provisional por los miembros que ya hacían parte del Consejo de la República. El general de Gaulle fue elegido para la presidencia de la República en primera vuelta, quien designó como Primo ministro a Michel Debré, hasta entonces ministro de Justicia.

---

199 Posteriormente, desde el final de los años setenta del siglo pasado, el *Parti communiste français* (PCF) ha tenido una larga trayectoria declinante, convirtiéndose en un actor marginal del sistema político. v. A. Christodoulou, *La trajectoire d'un parti en long déclin: le cas du Parti communiste français*, en *Revue française de droit constitutionnel*, n. 137, 2024, 37 ss.

200 Con porcentajes aún más altos que los de la Francia metropolitana.

201 Siguió (aunque no enseguida) la derogación del título XIII de la Constitución de 1958, que se produjo solo en 1995.

CAPÍTULO II

LOS PRINCIPIOS BÁSICOS DEL ORDENAMIENTO CONSTITUCIONAL

1. La indivisibilidad de la República y la soberanía nacional

Como dispone el art. 1 de la Constitución de la V República[202], Francia constituye una República en indivisi-

---

[202] En la doctrina italiana v. en particular a G. Negri, *Verso la Quinta Repubblica. L'evoluzione costituzionale contemporanea in Francia*, Pisa, Nistri-Lischi, 1958; A. Predieri, *Una nuova vecchia Costituzione*, en *Il Ponte*, 1958, 1096 ss.; C. Mortati, *Società e Stato nella nuova Costituzione francese*, en *Comunità*, febbraio 1959, 46 ss.; S. Galeotti, *Considerazioni sulla nuova costituzione francese*, en *Rivista trimestrale di diritto e procedura civile*, 1959, 1477 ss.; Id., *La nuova Costituzione francese. Appunti sulla recessione del principio democratico nella V^a^ Repubblica*, Milano, Giuffrè, 1960 (el mismo Galeotti cambió su planteamiento en los años sesenta y setenta del siglo pasado, como pone de relieve F. Lanchester, *La riforma della Costituzione in Francia*, in *Astrid*, www.astrid-online.it, 19 de noviembre de 2018, *ivi* 3); F. Bassanini, *Problemi costituzionali della Quinta Repubblica Francese*, en *Rivista trimestrale di diritto pubblico*, 1965, 536 ss.; M. Volpi, *La democrazia autoritaria. Forma di governo bonapartista e V Repubblica francese*, Bologna, Il Mulino, 1979; Id., *Natura e prospettive della V Repubblica francese*, en *Politica del diritto*, 1997, 569 ss., reproducido en A. Pace (cur.), *Studi in onore di L. Elia*, Milano, Giuffrè, 1999, 1773 ss.; C. Murgia, *Individuo e autorità nell'ordinamento costituzionale francese*, Roma, Tip. Editorialtipo, 1981 (*Pubblicazioni dell'Istituto di studi giuridico-politici dell'Università di Cagliari, Facoltà di scienze politiche*); L. Pegoraro, *Il Governo in Parlamento. L'esperienza della V Repubblica francese*, Padova, Cedam, 1983; P. Piciacchia, *La forma di governo della IV e V Repubblica. Recenti trasformazioni e caratteri del costituzionalismo francese*, Milano, Giuffré, 1998; Id., *Quinta Repubblica addio? Non, Merci!*, en *Osservatorio costituzionale*, 3/2017; M. Calamo Specchia, *La Costituzione garantita. Dalla sovranità alla ragionevolezza: itinerari francesi*, Torino, Giappichelli, 2000; P.G. Lucifredi, P. Costanzo, *Appunti di diritto costituzionale comparato*, I, *Il sistema francese*, Milano, Giuffrè, 2004, 9ª ed.; S. Gentile, *La Francia della V Repubblica. Istituzioni politiche e sistema partitico*, Milano, Angeli, 2005; E. Grosso, *Francia*, Bologna, Il Mulino, 2006; P. Passaglia,

La Costituzione dinamica. Quinta Repubblica e tradizione costituzionale francese, Torino, Giappichelli, 2008 (*Quaderni del Dipartimento di diritto pubblico dell'Università di Pisa*, n. 47); F. Lanchester, V. Lippolis (cur.), *La V Repubblica francese nel dibattito e nella prassi in Italia*, Napoli, Jovene, 2009; G. Allegri, *La transizione alla Quinta Repubblica. L'attualità di un'esperienza giuridica tra innovazioni costituenti e tradizione repubblicana*, Roma, Aracne, 2013; M. Calamo Specchia (cur.), *La Costituzione della Francia (1958)*, en G. Cerrina Feroni, T.E. Frosini, A. Torre (cur.), *Codice delle Coatituzioni*, I, Milano, Wolters Kluwer Cedam, 2016, 73 ss. Toda información, reconstrucción histórica, todo análisis actual se puede encontrar, en Italia, en la obra fundamental de M. Calamo Specchia (cur.), *La Costituzione francese/La Constitution française (Atti del Convegno biennale dell'Associazione di diritto pubblico comparato ed europeo, Bari, Università degli studi, 22-23 maggio 2008)*, prólogo de M. Calamo Specchia, I-II., Torino, Giappichelli, 2009 (*Diritto pubblico comparato ed europeo*, coll. *Convegni*, n. 11; las ponencias y comunicaciones superan las mil páginas). *Adde* D. Rousseau (cur.), *L'ordinamento costituzionale della Quinta Repubblica francese*, con trabajo introductorio de S. Ceccanti, Torino, Giappichelli, 2000 (donde se encuentra la trad. it. de los últimos escritos de estudiosos franceses). Sobre la posibilidad de "exportar" el modelo de la V República francesa, v. A. Rinella, *La forma di governo semi-presidenziale. Profili metodologici e "circolazione" del modello francese in Europa centro-orientale*, Torino, Giappichelli, 1997; D. Amirante, *Brevi note sul semi-presidenzialismo "alla francese": le difficoltà di esportazione di un modello di successo*, en S. Gambino (cur.), *Democrazia e forme di governo. Modelli stranieri e riforma costituzionale*, Santarcangelo di Romagna, Maggioli, 1997, 189 ss. Con respecto a la literatura francesa, la bibliografía sobre la Constitución de la V República es obviamente inmensa. V. por lo menos: M. Prélot, *Pour comprendre la nouvelle Constitution, Études et documents*, Paris, Le Centurion, 1958; J. Chatelain, *La nouvelle Constitution et le regime politique de la France*, Paris, Berger-Levrault, 1959; M. Duverger, *Les institutions de la Ve République*, en *Revue française de science politique*, 1959, 101 ss.; Id., *La Cinquieme Republique*, Paris, PUF, 1963, 3ª ed.; Id., *La Monarchie républicaine -- ou comment les démocraties se donnent des rois*, Paris, R. Laffont, 1974 (que habla, a propósito de la forma de gobierno instaurada por la V República, de una monarquía republicana; v., no obstante, M. Patrono, *"Monarchia repubblicana": una formula discutibile*, en *Diritto e società*, 1975, 155 ss., y luego R. Casella, *Il monarca repubblicano. La figura del capo dello Stato nell'evoluzione costituzionale francese dalla "grande révolution" alla Quinta repubblica*, Napoli, Jovene, 2009); Id., *Les régimes semi-présidentiels*, Paris, PUF, 1986; P. Avril, *Le régime politique de la Ve République*, Paris, LGDJ, 1964; G. Vedel, *Vers le régime présidentiel*, en *Revue française de science politique*, 1964, 20 ss.; J.-L. Parodi, *Les rapports entre le législatif et l'exécutif sous la Ve République (1958-1962)*, Paris, Presses de la Fondation nationale des sciences politiques, 1972; J. Gicquel, *Essai sur la pratique de la Ve République. Bilan d'un septennat (suivi de réflexions sur la seconde décennie du régime)*, Paris, LGDJ, 1977, 2ª ed.; R. De Lacharrière, *La Ve, quelle République?*, Paris, PUF, 1983; B. Chantebout, *La Constitution française, propos pour un débat*, Paris, Dalloz, 1992; P. Avril, *La Ve République. Histoire politique et constitutionnelle*, Paris, PUF, 1994, 2ª ed.; B. François, *Naissance d'une Constitution: la Cinquième République, 1958-1962*, Paris, Presses de la Fondation nationale des sciences politiques, 1996; Id., *Le régime politique de la Ve République*, Paris, La Découverte, 2011; D. Maus, *Les grands textes de la pratique institutionnelle de la Ve République*, Paris, La Documentation française, 1998; G. Elgey, J.-M. Colombani, *La Cinquième ou la République des*

ble[203], en la que todos los ciudadanos son iguales ante la ley, sin distinción alguna derivada del origen, la raza o la religión[204].

---

phratries, Paris, Fayard, 1999; J.-M. Donegani, M. Sadoun, *La cinquième République. Naissance et mort*, Paris, Gallimard, 1999; J.-J. Chevallier, G. Carcassone, O. Duhamel, *La Ve République (1958-2004). Histoire des institutions et des régimes politiques de la France*, Paris, A. Coli, 2004; J.-L. Quermonne, *La distinction entre régime présidentiel et régime parlementaire commande-t-elle encore l'avenir de la Ve République?*, en *Revue du droit public*, 2005, 1505 ss.; A. Laquiéze, *Le modèle du régime présidentiel sous la Ve République*, in *Droits*, n. 43, 2006, 45 ss.; E. Georgitsi, *La spécificité de la Ve République et les classifications: une opposition fausse*, en *Revue française de droit constitutionnel*, n. 83, 2010, 543 ss.; M. Clapié, *Droit constitutionnel. La Ve République*, Éditions Ellipses, 2022; É. Sales, *Le droit constitutionnel de la Ve République*, Paris, Éditions Ellipses, 2022, 2ª ed.; F. Rouvillois, *Droit constitutionnel*, 2, *La Ve République*, Paris, Flammarion Chabrier, Y. Saccucci, *Histoire constitutionnele et politique de la Ve République*, Paris, Éditions Ellipses, 2023; B. Lapérou-Scheneider, R. Bueb, H. Bouillon (dir.), *Les grandes lois de la Ve République*, Paris, Mare & Martin, 2023, 7ª ed.; C. Cerda-Guzman, *Cours de droit constitutionnel et institutions de la Ve République*, Paris, Gualino, 2024, 8ª ed.; D. Chagnollaud de Sabouret, *Droit constitutionnel contemporain*, 2, *La Constitution de la Ve République*, Paris, Dalloz, 2024, 11ª ed.; P. Türk, *Les institutions de la Ve République*, Paris, Gualino, 2024, 17ª ed.; G. Tusseau, *Droit constitutionnel et institutions politiques*, Paris, Le Seuil, 2024, 7ª ed. (2025), 625 ss.

203 Para una interpretación critica, v. B. Faure, *¿L'inutile principe constitutionnel d'indivisibilité de la République?*, en *Revue française de droit administratif*, 2019, 937 ss.

204 *Adde*, sobre la peculiar fuerza estructurante del principio de laicidad, *ex* art. 1 de la Constitución de 1958, H. Bouillon, *Droit de la laïcité*, Paris, L'Harmattan, 2024. En época anterior, en la doctrina francófona, v. J. Rivero, *La notion juridique de laïcité*, en *Recueil Dalloz*, 1949 (rééd., *Archives de philososophie du droit*, 2004, 259 ss.), seguido luego por: P.-H. Prélot, *Définir juriquement la laïcité*, en G. Gonzalez (dir.), *Laïcité, liberté de religion et Convention européenne des droits de l'homme*, Bruxelles, Bruylant, 2006, 115 ss.; C. Benelbaz, *Le principe de laïcité en droit public français*, Paris, L'Harmattan, 2011; M. Philip-Gay, *Droit de la laïcité*, Paris, Éditions Ellipses, 2016; B. Nabli (dir.), *Laïcité de l'État et État de droit*, Paris, Dalloz, 2019; J. Morange, *La laïcité de la République: garantie ou menace pour les libertés?*, Paris, LGDJ, 2023; A.-C. Husser, P. Martin, Y. Verneuil (dir.), *Laïcité scolaire. La loi de 2004 vingt ans après*, Lyon, Presses Universitaires de Lyon, 2024. Sobre la fundación histórico-jurídica de la *laïcité à la française*, mediante la ley de 9 de diciembre de 1905 (en tema de separación entre Estado e Iglesia), v. É. Poulat (avec la collaboration de M. Gelbard), *Scruter la loi de 1905. La République française et la religion*, Paris, Fayard, 2020; E. Anceau, *Laïcité, un principe. De l'Antiquité au temps présent*, Paris, Passés/composés, 2022 (donde también una comparación). Para la geopolítica de la laicidad, tendente a demostrar que la laicidad no representa una *exception française*, cfr. J. Baubérot-Vincent, *Les laïcités dans le monde*, Paris, PUF, 2024 (el autor es profesor emérito de *Histoire et sociologie de la laïcité* alla *École pratique des hautes études*-EPHE di Parigi). En la literatura italiana, v. A. Gatti, *La religione*

Esto comporta importantes consecuencias jurídicas, como la indivisibilidad del pueblo francés. A este propósito, el Consejo constitucional ha tenido la ocasión de afirmar[205] que la simple mención, en un texto legislativo, del pueblo corso, como componente del pueblo francés, no puede considerarse conforme con la Constitución, que reconoce solo el pueblo y los ciudadanos franceses. Además, el ordenamiento constitucional francés no reconoce derechos de naturaleza colectiva, que pueden ser atribuidos a comunidades constitucionales, lingüísticas o religiosas. Esta última característica del sistema constitucional ha obstaculizado la ratificación por parte de Francia de la Carta europea de las lenguas regionales o minoritarias.

El principio de la indivisibilidad de la República comporta también que el poder es necesariamente unitario. No podrá, por lo tanto, ser acogida, en el ordenamiento constitucional de la V República, la distribución de las competencias legislativas propias de los Estados federales, donde se instituyen los Parlamentos de los Estados miembros. De esto deriva, en Francia, la no transferibilidad de las competencias legislativas hacia abajo, es decir a favor de las colectividades territoriales. No obstante, aunque las competencias legislativas no sean transferibles, las competencias administrativas pueden ser cedidas, puesto que la indivisibilidad de la República francesa no impide que sean atribuidas a las colectividades, que disponen de autonomía[206].

---

repubblicana. Riflessioni sulla laïcité ideologique *consacrata nella nuova riforma scolastica francese*, en www.forumcostituzionale.it, 11 de febrero de 2014.

205 *Décision n. 91-290 DC du 9 mai 1991.*

206 Permítase aquí renviar a M. Mazza, *Decentramento e riforma delle autonomie territoriali in Francia*, Torino, Giappichelli, 2004; Id., *Verso l'atto III del decentramento amministrativo in Francia?*, en *Diritto pubblico comparato ed europeo*, 2009, 629 ss., y además M. Calamo Specchia, *Un nuovo "regionalismo" in Europa. Il decentramento territoriale della Repubblica francese. Con traduzione dei testi della riforma costituzionale 2003*, Milano, Giuffrè, 2004; Id., *Dalla sovranità 'indivisa' alla sovranità 'condivisa': la riforma sul decentramento in Francia e il riparto implicito di competenze normative tra Stato, collettività territoriali e Unione Europea*, en *Rassegna di diritto pubblico europeo*, 2005, n. 2, 55 ss.; A. Mastromarino, *Decentrare "alla francese": la legge di riforma costituzionale 276/2003*, en *Amministrare*, 2004, 347 ss., y antes J.-B. Auby, *La riforma dell'amministrazione territoriale in Francia*, in *Amministrare*, 2003, 173

ss.; A. Delcamp, M.-J. Tulard, *La decentralizzazione francese: alla ricerca di un secondo impulso*, *ivi*, 2003, 191 ss.; S. Gambino, *Continuità (molte) e discontinuità (poche) nel recente decentramento francese*, *ibidem*, 2003, 253 ss.; Id., S. Gambino, *Decentramento e Costituzione. La riforma regionale francese*, Padova, Cedam, 1986; L. Pegoraro, G. Pavani, *Il decentramento territoriale nella novella costituzionale francese*, *ibidem*, 2003, 285 ss.; L. Vandelli, *Le collettività territoriali nella riforma costituzionale francese: verso un superamento dell'uniformità*, *ibid.*, 2003, 301 ss.; D. Amirante, *L'organizzazione di governo delle* collectivités territoriales *francesi*, en S. Gambino (cur.), *L'organizzazione del governo locale. Esperienze a confronto*, presentación de G. de Vergottini y prólogo de C. Amirante, Rimini, Maggioli, 1992, 251 ss.; P. Ciriello, *Governo locale e sistema costituzionale francese*, Napoli, Edizioni Scientifiche Italiane, 1984. Más recientemente, v. G.C. Ricciardi, O. Galli, A. Barzanò, *Il sistema delle autonomie in Francia e Germania*, Milano, PoliS-Lombardia, 2019; G.C. Ricciardi, *Territorio e governo locale. L'esperienza francese tra uniformità e differenziazione*, Torino, Giappichelli, 2023. Se señala además el encuentro de estudio titulado *Tra uniformità e differenziazione: Regioni ed Enti locali in Francia e Italia nel contesto istituzionale in evoluzione*, que se ha desarrollado en la Sociedad Dante Alighieri de Roma el 15 de octubre de 2024, en presencia del autor del volumen por último citado y con la participación de los profesores Giuseppe Franco Ferrari (Universidad Bocconi de Milán), Vincenzo Cerulli Irelli (Sapiencia Universidad de Roma) y Fabio Rugge (Universidad de Pavía, de la que también fue Rector). En la doctrina francófona, v.: J.-M. Pontier, *L'Etat et les collectivités locales. La répartition des compétences*, Paris, LGDJ, 1978; Id., *La décentralisation «entre ferveur et désenchantement»*, en *La Revue Administrative*, n. 351, 2006, 295 ss.; Id., *La décentralisation française. Évolutions et perspectives*, Paris, LGDJ, 2016; Id., *La réforme de l'organisation territoriale de l'Etat*, in *Actualité juridique -- Droit administratif*, 2020, 281 ss.; J.-F. Auby, *Droit des collectivités périphériques françaises*, Paris, PUF, 1992; F. Crouzatier-Durand, *Réflexions sur le concept d'expérimentation législative (à propos de la loi constitutionnelle du 28 mars 2003 relative à l'organisation décenralisée de la République)*, en *Revue française de droit constitutionnel*, n. 56, 2003, 675 ss.; M. Verpaux, *La loi constitutionnelle du 28 mas 2003 relative à l'organisation décenralisée de la République*, en *Revue française de droit administratif*, 2003, 661 ss.; Y. Gaudemet, O. Gohin (dir.), *La République décentralisée*, Paris, Panthéon-Assas, 2004; L. Blériot, *Les départements et régions d'outre-mer: un statut à la carte*, en *Pouvoirs*, n. 113, 2005, 59 ss.; J. Baguenard, *La décentralisation*, Paris, PUF, 2006, 7ª ed.; S. Regourd, J. Carles, D Guignard (dir.), *La décentralisation 30 ans après*, prólogo de J.-P. Bel (*président du Sénat*), Toulouse, Presses de l'Université Toulouse Capitole, 2013; A. Roux, *La décentralisation. Droit des collectivités territoriales*, Paris, LGDJ, 2016; J.B. Auby, *L'impact de la crise sur le système territorial français*, en L. Vandelli, G. Gardini, C. Tubertini (cur.), *Le autonomie territoriali: trasformazioni e innovazioni dopo la crisi*, Santarcangelo di Romagna, Maggioli, 2017, 331 ss.; B. Questel, *Décentralisation et République: clarifier et responsabiliser*, in *Revue politique et parlementaire*, n. 1093, 2019, 265 ss.; J.-E. Schoettl, *La différenciation territoriale est-elle soluble dans la République?*, *ivi*, n. 1093, 2019, 162 ss.;.M.-C. Steckel-Assouere, *Les perspectives positives de la différenciation territoriale à droit constitutionnel constant*, *ibidem*, n. 1093, 2019, 178 ss.; P. Steinmetz, *En toute chose il faut considérer la fin, ou la décentralisation pour quoi faire ?...*, *ibid.*, n. 1093, 2019, 81 ss.; L. Strauch-Bonart,

Desde el punto de vista de los principios relativos a la organización constitucional, destaca la previsión del art. 3 de la Constitución de 1958, atendiendo al que la soberanía nacional pertenece al pueblo que la ejerce a través de sus representantes o mediante referéndum. Ahora bien, habida cuenta de que la indivisibilidad de la República impide transferir competencias legislativas hacia abajo, así simétricamente el principio de la soberanía nacional implicaría la prohibición de transferir, o enajenar, la soberanía misma hacia arriba, es decir para favorecer las organizaciones internacionales.

Estos dos principios fundamentales del ordenamiento constitucional están todavía enunciados en el texto constitucional, aunque su interpretación ha permitido tanto una extensión de las competencias de las colectividades locales como el traslado de competencias a la Unión Europea.

2. Sigue: el ordenamiento de la República y las colectividades territoriales

Los títulos XII y XIII de la Constitución de la V República se ocupan de las relaciones entre centro y periferia. Si se colocan a las colectividades locales en orden creciente de autonomía, encontramos en el primer nivel las colectividades situadas en el territorio metropolitano[207], después las colectividades de ultramar[208] y, por último, la Nueva Caledonia[209].

Las colectividades territoriales metropolitanas son representadas por Ayuntamientos, Departamentos y Regiones. Se pueden crear más tipologías de colectividades territoriales, como ha ocurrido para

---

La décentralisation introuvable, in *Commentaire*, 2022/3, 549 ss.; I. Benslimane, Raul Magni-Berton, *Libérons nos communes! Une défense de la subsidiarité ascendante*, Paris, PUF, 2024 (sobre la relación entre el nivel político más bajo, es decir de los ayuntamientos, y los entes territoriales superiores, hasta el Estado-nación); B. Faure, *Droit des collectivités territoriales*, Paris, Dalloz, 2024, 7ª ed.; M. Verpeaux, C. Rimbault, *Les collectivités territoriales et la décentralisation*, Paris, La Documentation française, 2024, 13ª ed.

207 Cfr. los artículos de 72 a 72-2 del título XII de la Constitución de 1958.

208 Disciplinadas en los artículos de 72-3 a 74-1 del texto constitucional.

209 Del que se ocupa el título XIII.

Córcega[210]. Atendiendo al art. 72 de la Constitución de 1958, antes de la revisión constitucional de 28 de marzo de 2003, las colectividades se administraban libremente, a través de consejos electivos y en el respeto de las condiciones previstas por la ley. La misma disposición constitucional añadía que, en las colectividades territoriales, correspondía al delegado del Gobierno, es decir a los prefectos, garantizar tanto el interés nacional como el control administrativo y el respeto de las leyes. En definitiva, la autonomía de las colectividades territoriales era de naturaleza estrictamente administrativa, excluyendo todo tipo de transferencia de competencias legislativas. Una importante decisión del Consejo constitucional reforzó tal planteamiento, negando que se pudieran atribuir a la Asamblea de Córcega competencias en el sector de la producción normativa de rango legislativo, aunque solo a título meramente provisional y experimental[211].

La reforma constitucional de 2003 interesó a las colectividades territoriales, innovando por lo menos dos aspectos. Por un lado, se completó la noción de libre administración, estableciendo que las colectividades locales disponen, para el ejercicio de las respectivas funciones institucionales, del poder reglamentario. La innovación, en realidad, tiene un alcance relativo, porque también anteriormente las colectividades territoriales ejercían la potestad reglamentaria, como ocurría en particular para los poderes de policía del alcalde, garante de la seguridad local y de la salud pública. Por otra parte, se extendieron las competencias de las colectividades territoriales. A este propósito, el segundo apartado del art. 72 de la Constitución establece ahora que las colectividades territoriales de la República están encaminadas a adoptar decisiones para las competencias que pueden ser mejor ejercidas a nivel local. Se trata, en definitiva, de la actuación del principio de subsidiariedad. Corresponde de todas

[210] V. Donier, *La Corse dans la Constitution: de la différence des droits au droit à la différence?*, en *Révolution, Constitution, Décentralisation. Mélanges en l'honneur de M. Verpeaux*, Paris, Dalloz, 2020, 571 ss.

[211] *Décision n. 2001-454 DC du janvier 2002*. La ley contestada ante el Consejo constitucional preveía que el Parlamento nacional pudiera autorizar a la Asamblea a deliberar experimentaciones que contemplaran derogaciones a las disposiciones legislativas, en perspectiva de la eventual adopción, por parte del Parlamento de Paris, de las apropiadas reglas legislativas.

formas al Parlamento nacional establecer, considerando el resultado de estas experiencias y sin perjuicio del control del Consejo constitucional, las competencias que pueden ser mejor desarrolladas a nivel local.

Atendiendo al apartado cuarto del art. 72, después de la reforma constitucional de 2003, las colectividades territoriales, con arreglo a las demás condiciones establecidas por ley orgánica[212], pueden, tanto singularmente como agrupadas, derogar en vía experimental disposiciones legislativas o reglamentarias que regulan sus competencias. Se reconoce el derecho de experimentación de las colectividades territoriales. Sin embargo, el derecho en cuestión ha sido limitado. En primer lugar, las derogaciones solo pueden ser autorizadas por un objeto y con una duración prefijada. Además, el mismo derecho no puede en ningún caso incidir en el contenido esencial tanto de una libertad fundamental como de un derecho constitucionalmente garantizado.

El efecto combinado de la subsidiariedad y de la experimentación ha tenido un efecto notable, después de la reforma constitucional de 2003 sobre el sistema francés de reparto de las competencias entre el Estado y las colectividades territoriales. Se ha dirigido progresivamente hacia el modelo de regionalismo presente en Europa, atribuyendo por lo menos a algunas de las colectividades territoriales la potestad legislativa. Esto conlleva también la superación de la jurisprudencia constitucional relativa a Córcega[213], puesto que en el sistema actual cualquier colectividad local puede hacer lo que a Córcega no fue permitido en 2002.

La experimentación del nivel local, como por otra parte la experimentación a nivel nacional, no vuelca ciertamente el principio de indivisibilidad de la República. Se trata de interpretar tal principio, a fin de adaptar, con mayor eficacia, las normas tanto legislativas como reglamentarias a las circunstancias locales.

La reforma de 2003 sobre la organización descentralizada de la República, además de ampliar las competencias de las colectividades territoriales, ha dictado normas tanto para las modalidades de ejercicio de tales competencias como para gestionar los recursos financieros.

---

[212] En tal sentido, intervino la L.O. n. 2003-704 del 1° de agosto de 2003.

[213] Véase *ante*, en este epígrafe.

Con respecto al primer perfil, se prevén para las instituciones territoriales modalidades de ejercicio de las relativas competencias ya no solo – por lo menos para Departamentos y Regiones[214] – a través de los instrumentos de la democracia representativa, sino también de democracia directa. Se contemplan así el derecho de petición, la posible convocatoria de un referéndum decisorio por iniciativa de la colectividad territorial sobre cuestiones de competencia de la misma colectividad local y un referéndum sobre el estatuto o para poner límites a las competencias de las colectividades territoriales, en este último caso tras la iniciativa asumida por el legislador nacional.

Con respecto al segundo perfil de la gestión de los recursos propios necesarios para el desarrollo de las tareas institucionales de las colectividades territoriales, se dispone que, para cada categoría de colectividades, los ingresos fiscales y los demás recursos propios representan una parte determinante del conjunto de sus recursos[215]. Además, se establece que para todo traslado de competencias del Estado a las instituciones territoriales se tenga que prever la atribución de recursos asignados con anterioridad al Estado para el desarrollo de las mismas competencias. Además, en las hipótesis de creación o de ampliación de las competencias de las colectividades territoriales, cuando de tales innovaciones institucionales derive un incremento de los gastos de las colectividades locales, es necesario establecer por ley la asignación de los necesarios recursos financieros.

Por otra parte, en el sistema francés, la autonomía financiera de las colectividades es bastante limitada. Esto porque solo el Estado puede instituir nuevos impuestos. La ley, sin embargo, puede permitir a las colectividades locales establecer la base imponible o la tasa de algunos impuestos, con la finalidad de atribuir a las colectividades territoriales recursos para sus actividades institucionales. Por supuesto, no han faltado las reivindicaciones por parte de las colectividades territoriales; especialmente fuerte ha sido, para Córcega, la solicitud de concesión de un estatuto derogatorio.

---

[214] Los Ayuntamientos, de hecho, disponían de elementos de democracia directa también antes de la reforma constitucional de 2003.

[215] Cfr. el art. 72-2 de la Constitución de la V República.

Pasando al examen de las colectividades territoriales de ultramar, estas disponen de estatutos muy diferenciados, que sin embargo no impiden individualizar algunas categorías más grandes. Constituyen, de todas formas, una excepción las Tierras australes y antárticas franceses, que no tienen una población permanente, y que disponen de un régimen legislativo y de una organización particulares, establecidas por la ley[216].

La regulación constitucional de los Departamentos y las Regiones de ultramar (DRUM) se encuentra en el art. 73. Se trata de los territorios de Guyana, Martinica, Guadalupe, y la isla de la Reunión. A estos, desde el 31 de marzo de 2011, se ha añadido Mayotte, que constituye el quinto Departamento de ultramar[217]. En los DRUM se aplica el derecho común francés, con dos particularidades respecto a los Departamentos y las Regiones metropolitanas. La primera consiste en que las leyes y los reglamentos nacionales se aplican en los DRUM, pero con reserva de adaptarse a las características y a las exigencias particulares de las colectividades de ultramar. La segunda particularidad, introducida por la revisión constitucional de 2003, está representada por la concesión a los DRUM de un poder normativo autónomo. Dispone, al respecto, el tercer apartado del art. 73 de la Constitución que las colectividades de ultramar pueden ser autorizadas, dependiendo de los casos, por la ley o por el reglamento, a adoptar de forma autónoma las reglas aplicables en los respectivos territorios, en un número limitado de materias sobre sectores reservados a la ley o al reglamento. Se trata de derogaciones muy significativas al principio, atendiendo al que las leyes y los reglamentos son aplicables de pleno derecho también a los DRUM[218].

El art. 74 de la Constitución se ocupó, a su vez, de las (demás) colectividades de ultramar (COM). Se trata de la Polinesia francesa

---

216 Así prevé el último apartado del art. 72-3 de la Constitución. En la misma situación institucional de las Tierras australes y antárticas se encuentra la isla de Clipperton (o isla de la Pasión), un atollo francés en el océano Pacifico.

217 Y el 101° Departamento francés.

218 A petición de un senador de la isla de la Reunión, a esta última no se aplica el (posible) régimen derogatorio introducido por la reforma constitucional de 2003, como resulta de la previsión contenida en el quinto apartado del art. 73 de la Constitución.

y de las islas Wallis-et-Futuna, Saint-Pierre-et-Miquelon, Saint-Martin y Saint-Barthélemy. Para tener en consideración de forma adecuada los intereses propios de estos territorios de ultramar, aunque solo en el ámbito de la República francesa, cada una de las COM dispone de un estatuto diferente, aprobado por una ley orgánica.

Las competencias normativas de las COM son diversificadas, aunque más extensas que las reconocidas a los DRUM. En particular, las COM pueden aprobar medidas de "discriminación positiva", a favor de la propia población sobre materias como el acceso al trabajo o la tutela del patrimonio inmobiliario, en la medida en que sean justificadas por las necesidades locales[219].

La autonomía de la que disponen las COM encuentra algunos límites. Además, no se excluye la secesión de la República francesa, con el consiguiente acceso a la plena independencia. Hasta que esto no ocurra, el poder normativo de las COM puede ser revocado o reducido por voluntad del legislador nacional, mediante la adopción de leyes ordinarias u orgánicas. Desde este punto de vista, los actos aprobados por las asambleas de las COM, aunque puedan referirse a materias legislativas, son actos administrativos, que pueden ser contestados ante el Consejo de Estado y no, en cambio, el Consejo constitucional.

En todo caso, soluciones institucionales de tipo federal podrían ser introducidas solo mediante una (ulterior) revisión constitucional[220].

Y, por último, con respecto al caso peculiar de la Nueva Caledonia[221], esta mantuvo el estatuto de territorio de ultramar, que

---

219 Solo la Nueva Caledonia, además de las COM, dispone de un tal poder, como se verá en breve.

220 Cfr. N. Clinchamps, *Les collectivités d'outre-mer et la Nouvelle-Calédonie: le fédéralisme en question*, en Pouvoirs, n. 113, 2005, 73 ss.

221 Sobre el que v., en la doctrina italiana, V. Pepe, *La transizione costituzionale della Nuova Caledonia tra autonomia, multiculturalismo e tutela delle identità*, en *Diritto pubblico comparato ed europeo online*, 2019, 2559 ss.; R. Louvin, *La Nuova Caledonia e la Francia*, en Id., *Legami federativi e declino della Sovranità. Quattro percorsi costituzionali emblematici*, Torino, Giappichelli, 2001, 91 ss. En la literatura francesa v.: J.-Y. Faberon (dir.), *L'avenir statutaire de la Nouvelle-Calédonie. L'évolution des liens de la France avec ses collectivités*

ya estaba contemplado desde 1946, también en la Constitución de 1958. En los años ochenta del siglo pasado se agudizaron las controversias[222] entre la facción independentista, representada por el Frente de liberación nacional Kanak y socialista, y la anti-independentista (o "lealista")"[223], respaldada por la Reagrupación para la Caledonia en la República. En 1988, los partidos neocaledonios

périphériques, prólogo de F. Luchaire, Paris, La Documentation française, Paris, 1997; F. Luchaire, *Le statut constitutionnel de la Nouvelle-Calédonie*, Paris, Economica, 2000; G. Orfila, *Régime législatif, réglementaire et coutumier de la Nouvelle-Calédonie*, Paris, L'Harmattan, 2000; F. Garde, *Les institutions de la Nouvelle-Calédonie*, prólogo de J.-J. Queyranne, Paris, L'Harmattan, 2001; J.-L. Mathieu, *La Nouvelle-Calédonie sera-t-elle indépendante? Analyse d'une politique publique*, Paris, L'Harmattan, 2018; J. Urvoas, *Vers "un pays associé", esquisse pour le futur statut de la Nouvelle-Calédonie*, en *Revue française de droit constitutionnel*, n. 128, 2021, 115 ss.; J.-Y. Faberon, *La Nouvelle-Calédonie politique. Des conflits aux consensus dans le respect des identités. Comprendre les choix de 2024*, Nouméa, Éditions «Recherches sur la cohésion sociale» (RCS), n. 7, 2023 (Maison de la Mélanésie-Paul de Deckker; el centro se titula a la memoria del Paul de Deckker, docente de antropología cultural y social y primer presidente de la Universidad de la Nueva Caledonia-UNC, donde fundó el *Institut des mondes océaniens et austronésien*, IMOA, devenido en 2008 *Maison de la Mélanésie*, añadiendo el nombre del prof. De Deckker en 2009, tras su prematuro fallecimiento a los 59 años). *Adde*: A. Berman, *Future Kanak Independence in New Caledonia: reality or illusion?*, en 34(2) *Stanford Journal of International Law* 287 (1998); D. Custos, *New Caledonia, a Case of Shared Sovereignty within the French Republic: Appearance or Reality?*, en 13(1) *European Public Law* 97 (2007); D. Chappell, *The Kanak Awakening. The Rise of Nationalism in New Caledonia*, Honolulu, University of Hawai'i Press, 2013; A. Anderson, K. Anderson, *Conflicting Identities and The Search for the Post-Colonial State in New Caledonia*, en 32 *Australian Folklore* 125 (2017); M. Suksi, *Self-Determination Through Autonomy or Independence? – On the Current and Future Position of New Caledonia*, en 15(1) *The Vienna Journal on International Constitutional Law (ICL Journal)* 67 (2021); D. Fisher, *New Caledonia's Self-Determination Process*, en M. Kowasch, B.P.J. Simon (Eds.), *Geographies of New Caledonia-Kanaky. Environments, Politics and Cultures*, Cham, Springer, 2024, 229 ss. Para una comparación entre las experiencias de las colectividades franceses de la Guyana, Mayotte, Nueva Caledonia y Wallis-et-Futuna, con particular referencia a los regímenes específicos para los autóctonos, v. F. Faberon, (dir.), *Les régimes des autochtones et populations locales des outre-mers français. Droit et politiques comparés*, Nouméa, Éditions «Recherches sur la cohésion sociale» (RCS), n. 3, 2023 (Maison de la Mélanésie-Paul de Deckker). Sobre el rol de la Nueva Caledonia en la integración melanesia (*id est*, con Papúa Nueva Guinea, islas Salomones, Vanuatu e Fidji), v. J.-Y. Faberon, P. de Deckker (dir.), *La Nouvelle-Calédonie pour l'intégration mélanésienne*, Paris, L'Harmattan, 2009. En el contexto del Imperio francés, la Nueva Caledonia fue, junto a Argelia, la única colonia de poblamiento.

222 A menudo muy violentos, con la inclusión de algunos muertos.

223 Esta última respaldada especialmente por ciudadanos de origen europeo.

sigilaron con el Gobierno nacional francés dos acuerdos. El primero fue el acuerdo de Matignon[224], suscrito por las partes el 26 de junio de 1988, y el segundo fue el acuerdo Oudinot[225], de 20 de agosto de 1988. En virtud del acuerdo de Matignon se reconocía la necesidad de la paz entre las dos fuerzas antagónicas neocaledonias. Atendiendo al acuerdo de Oudinot, en cambio, se estableció la organización institucional de la Nueva Caledonia. Como resultado de dichos acuerdos, mejor especificados por la ley sobre el referéndum de 9 de noviembre de 1988, se debería haber llevado a cabo en el plazo de diez años un escrutinio sobre la autodeterminación, que tenía que haberse celebrado entre el 1° de marzo y el 31 de diciembre de 1998[226]. Sin embargo, como resultado del posterior acuerdo de Nouméa[227] subscrito por las partes el 5 de mayo de 1998, se decidió postergar el referéndum, que preveía la alternativa clara entre independencia inmediata y mantenimiento del estatus quo, inaugurándose un periodo transitorio durante el que se auspiciaba la concesión de una más amplia autonomía a la Nueva Caledonia. La terminología adoptada por el acuerdo de Nouméa era más bien "prudente", puesto que se hacía referencia a los conceptos de "soberanía compartida" y "emancipación"[228], sin nunca utilizar la palabra "autonomía". El acuerdo de Nouméa contemplaba la creación de tres cuerpos electorales distintos. En primer lugar, se preveía una lista general, que comprendía el conjunto del cuerpo electoral y que tenía que ser utilizada por los escrutinios nacionales; en segundo lugar, había una lista electoral restringida, denominada "provincial" para el funcionamiento de las futuras instituciones (neo-)caledonios, que se consideraba podían ser realizadas después de al menos diez años de la suscripción del acuerdo de Numea; en tercer

[224] Que tomaba el nombre del hotel Matignon, es decir de la residencia oficial del Primer ministro de la República francesa.

[225] Así llamado del nombre de la vía donde se encontraba la sede del ministerio de los Departamentos y de los Territorios de ultramar.

[226] Atendiendo al art. 2 de la ley mencionada en el texto. Con respecto a las consultas referendarias sobre la autodeterminación de la Nueva Caledonia, v. ahora L. Frosina, *Separatismi e referendum. Teoria e prassi in prospettiva comparata*, Napoli, Jovene, 2024, 136 ss.

[227] Capital de provincia administrativa de la Nueva Caledonia.

[228] En el cuadro de una especie de "descolonización progresiva".

lugar, se preveía una lista electoral aún más restrictiva para la votación en el referéndum sobre la independencia, que excluía a quienes hubieran llegado a Nueva Caledonia después de 1994[229].

A fin de tener en cuenta adecuadamente eventuales modificaciones de las opiniones, se preveía el desarrollo de una pluralidad de escrutinios sobre la autodeterminación del territorio. Las primeras dos consultas, que tuvieron lugar respectivamente el 4 de noviembre de 2018[230] y el 4 de octubre de 2020[231], rechazaron la independencia. El tercer referéndum, que tuvo lugar el 12 de diciembre de 2021[232], vio nuevamente prevalecer el voto desfavorable, con un porcentaje del 96,5 % de los sufragios válidamente expresados. El resultado se explica de forma bastante ágil considerando que el Frente de liberación nacional Kanak y socialista envió a sus partidarios para boicotear la consulta. El llamamiento para no votar fue seguido por muchos electores; menos del 44 %, de los que tenían derecho al voto, votó. Las evaluaciones del voto (y de la abstención) fueron, por supuesto, opuestas. Para los "lealistas", era necesario subrayar que hasta tres referéndums tuvieron un resultado contrario a la independencia; para los independentistas, la abstención demostró el amplio apoyo a la independencia[233].

---

229 Se trataba evidentemente, en este último caso, sobre todo de ciudadanos franceses llegado desde el territorio metropolitano.

230 P.-C. Pantz, *Le paradoxe d'un référendum historique... sans surprise?*, en *Revue juridique, politique, economique de la Nouvelle-Calédonie*, 2018, 35 ss.; M. Chauchat, *New Caledonia Remains French for Now: The Referendum of 4 November 2018*, en 54(2) *The Journal of Pacific History* 253 (2019); D. Fisher, *New Caledonia's Independence Referendum: Re-Defining the Future*, en 54(2) *The Journal of Pacific History* 202 (2019); N. Maclellan, *We Lost on the Numbers, But for Us It's a Victory': New Caledonia's 2018 Referendum on Self-Determination*, en 54(2) *The Journal of Pacific History* 224 (2019).

231 É. Léoni, *Les enjeux du deuxième référendum d'autodétermination de la NouvelleCalédonie du 4 octobre 2020*, en *Revue juridique politique et économique de Nouvelle-Calédonie*, 2020, 136 ss.

232 M. Kowasch, S. Batterbury, S. Bouard, W.E. Wayuone, *The third independence referendum in New Caledonia – a fallback to colonialism?*, en 57 *Pacific Geographies: research, notes, current issues from the Asia-Pacific region* 11 (2022).

233 Cfr. P. Breteignier, *La Nouvelle-Calédonie après trois référendums*, prólogo de S. Loueckhote, Paris, L'Harmattan, 2024.

En el plano estrictamente constitucional, la autonomía neocaledonia de todas formas no podía realizarse con arreglo a las previsiones de los artículos 72 a 74 de la Constitución. Por esto, se introdujo, con la ley de revisión constitucional de 20 de julio de 1998, el título XIII[234] de la Constitución. En aplicación de las disposiciones del título XIII, se aprobó la ley orgánica de 19 de marzo de 1999, relativa al estatuto de la Nueva Caledonia.

Las instituciones de la Nueva Caledonia la hacen una colectividad de ultramar con un estatuto particular. En primer lugar, se creó el Parlamento neocaledonio, denominado Congreso. Este fue formado por 54 miembros, elegidos en la Provincia Norte, en la Provincia Sur y, por último, en la Provincia de las islas de la Lealtad. En un cierto número de materias, muchas de las que son habitualmente de competencia del Parlamento nacional, el Congreso neocaledonio puede aprobar las leyes del País[235]. Tales actos normativos, sometidos al dictamen del Consejo de Estado, pueden ser objeto de contestación, pudiéndose considerar "actos de naturaleza

---

[234] Compuesto por los arts. 77-78.

[235] Cfr. L. Bausinger-Garnier, *La loi du pays en Nouvelle-Caledonie. Véritable norme législative à caractère régional, Paris*, L'Harmattan, 2001; D. Gindre Carine, *Essai sur la loi du pays calédonienne. La dualité de la source législative dans l'état unitaire français*, Paris, L'Harmattan, 2009; O. Seigneury, *Lois du pays, droits fondamentaux et unité de l'État*, en C. David (dir.), *15 ans de lois du pays en Nouvelle-Calédonie. Sur les chemins de la maturité*, Aix-en-Provence, Presses Universitaires d'Aix-Marseille, 2016, 295 ss. C. Marliac, *La loi du pays de Nouvelle-Calédonie, une catégorie juridique très encadrée*, en *Civitas Europa*, n. 40, 2018, 299 ss. Como se ha observado, con la introducción de las "leyes del País", «*pour la première fois en France depuis 1789 la loi (a cessé) d'être 'l'expression de la volonté générale'*»; así J.-Y. Faberon, *Des institutions pour un pays - La Nouvelle-Calédonie en devenir*, Aix-en-Provence, Presses Universitaires d'Aix-Marseille, 2012, 75. Se ha tratado por lo tanto de una innovación constitucional de primaria importancia; en tal sentido, cfr. Y. Brard, *Nouvelle-Calédonie et Polynésie française: les 'lois du pays'*, en *Les Petites Affiches*, n. 112, 2001, 4 ss. Las "leyes del País" están disciplinadas en nueve artículos a estas dedicadas en la ley orgánica estatutaria (para la Nueva Caledonia) de 19 de marzo de 1999, subcapítulo II, arts. 99-107 (el Estatuto se compone de 234 artículos). La ley orgánica de 1999 sobre el Estatuto neocaledonio, sobre el que v. J.-Y. Faberon, *Le projet de révision constitutionnelle relatif à la Polynésie française et à la Nouvelle-Calédonie adopté par les assemblées parlementaires en 1999*, en *Revue française de droit constitutionnel*, n. 46, 2001, 381 ss., fue examinada por el *Conseil constitutionnel* en la decisión de 15 de marzo de 1999; v. J.-Y. Faberon, *La nouvelle donne institutionnelle en Nouvelle-Calédonie*, en *Revue française de droit constitutionnel*, n. 38, 1999, 345 ss., espec. 348-349.

legislativa con alcance local"[236], ante el Consejo Constitucional[237]. Las instituciones de la Nueva Caledonia comprenden, además, un Gobierno, el Senado consuetudinario, el Consejo económico, social y ambiental, así como los consejos consuetudinarios. Se prevé además una ciudadanía[238], de la que son titulares los ciudadanos franceses que residen en Nueva Caledonia desde hace por lo menos diez años, desde el 8 de noviembre de 1998, o con por lo menos un padre neocaledonio. La ciudadanía de la Nueva Caledonia comporta algunas ventajas, entre las que el derecho de voto en las elecciones provinciales y los criterios de reclutamiento preferencial en la administración pública local. Dicha ciudadanía, de todas formas, se añade sin sustituirse a la ciudadanía francesa, con el consiguiente sometimiento de los ciudadanos caledonios a las obligaciones y a las jurisdicciones nacionales como cualquier otro ciudadano francés.

Existe, por otra parte, una (notable) diferencia respecto al estatuto de todas las demás colectividades territoriales. En este caso el traslado de competencias legislativas no es discrecionalmente revocable o limitable por parte del Parlamento de París, mediante la adopción de leyes ordinarias u orgánicas, al haber sido el reparto de las mismas competencias fijado directamente por la Constitución. El traslado de las competencias en cuestión, por lo tanto, independientemente de su mayor o menor amplitud, ha sido en este caso definitivo.

---

236 Cfr. D. Gindre Carine, *Essai sur la loi du pays calédonienne. La dualité de la source législative dans l'état unitaire français*, cit.

237 Cfr. C. David, *Lois du pays et Question prioritaire de constitutionnalité. Vers un renforcement de l'État de droit en Nouvelle-Calédonie*, en *Revue française de droit constitutionnel*, n. 98, 2014, 317 ss. Según el punto 2.1.3 del acuerdo de Nouméa, «*Certaines délibérations du Congrès auront le caractère de loi du pays et de ce fait ne pourront être contestées que devant le Conseil constitutionnel avant leur publication, sur saisine du représentant de l'État, de l'Exécutif de la Nouvelle Calédonie, d'un président de province, du président du Congrès ou d'un tiers des membres du Congrès*». En efecto, se ha tratado de una derogación acordada a la Nueva Caledonia. La motivación se puede encontrar en "*Une ingénierie institutionnelle océanienne en faveur de la recherche du consensus*"; cfr. C. David, *Lois du pays et Question prioritaire de constitutionnalité. Vers un renforcement de l'État de droit en Nouvelle-Calédonie*, cit., 320.

238 Véase M. Chauchat, V.P. Cogliati-Bantz, *Nationality and Citizenship in a Devolution Context: Australian and New Caledonian Experiences*, 27(2) *University of Queensland Law Journal* 193 (2008); S. Robertson, *The Citizenship Dilemma in Decolonising New Caledonia*, en M. Kowasch, B.P.J. Simon (Eds.), *Geographies of New Caledonia-Kanaky. Environments, Politics and Cultures*, cit., 259 ss.

Por lo que se refiere a las elecciones provinciales, el relativo cuerpo electoral ha sido fijado tanto por el art. 77 de la Constitución como por el art. 188 de la ley orgánica de 19 de marzo de 1999, relativo a la Nueva Caledonia. La singularidad está representada por el hecho de que dicho cuerpo electoral fue por así decirlo "congelado" en el año 1998, atendiendo a la reforma constitucional de 23 de febrero de 2007. Se pretendía impedir que, acercándose los escrutinios electorales, pudieran verificarse afluencias de nuevos residentes en Nueva Caledonia, procedentes del territorio metropolitano y tendencialmente contrarios a la independencia neocaledonia. De esta forma, solo por poner un ejemplo, en 2023 alrededor del veinte % de los ciudadanos neocaledonios[239] resultaba inscrito para las elecciones nacionales en la lista electoral general de la Nueva Caledonia y no, en cambio, en la lista separada electoral especial para las elecciones provinciales.

Posteriormente se presentó otro proyecto de revisión constitucional para introducir un nuevo art. 77-1 de la Constitución, que modificara el cuerpo electoral para las elecciones provinciales en Nueva Caledonia. Atendiendo al proyecto, los electores inscritos en la lista electoral general de la Nueva Caledonia habrían podido votar en las elecciones provinciales, siempre y cuando hubieran nacido o fueran domiciliados en Nueva Caledonia desde no menos de diez años. El proyecto en cuestión fue sometido al dictamen del Consejo de Estado, que se expresó en sentido favorable el 26 de diciembre de 2023. El mismo proyecto, además fue aprobado tanto por el Senado, en la sesión de 2 de abril de 2024, como por la Asamblea nacional, en la reunión de 14 de mayo de 2024. De esta forma, los electores hubieran sido aproximadamente 25.000, de los que alrededor de 12.000 nativos. Sin embargo, desde el 15 de mayo de 2024, estallaron nuevos graves desórdenes en Nueva Caledonia. El Frente de liberación nacional Kanak y socialista se ha opuesto al "deshielo" del cuerpo electoral, invocando al mismo tiempo el pleno respeto del acuerdo de Numea. El Presidente de la República suspendió la reforma constitucional *sine die*, el 12 de junio de

---

239 Los electores neocaledonios son 42.596.

2024[240]. Después de algunos meses, exactamente el 1° de octubre de 2024, el Primer ministro, Michel Barnier, anunció que el proyecto de ley constitucional no será presentado al Parlamento reunido en el Congreso, añadiendo que "pronto" se presentará un nuevo proyecto de ley orgánica para reenviar las elecciones provinciales a Nueva Caledonia al final de 2025[241].

En definitiva, las relaciones entre la República francesa y la Nueva Caledonia son muy similares a las que se desarrollan en un Estado de tipo federal[242]. Es necesario, sin embargo, por un lado, observar que la Nueva Caledonia dispone de amplia autonomía en la gestión de sus propios asuntos interiores, casi como un Estado miembro de una Federación, si bien faltan completamente normas específicas sobre la participación del territorio neocaledonio al Gobierno central. Por otra parte, el Estado francés tiene una tradición unitaria, que – por lo menos en vía de principio – mantiene también actualmente, con la sola excepción representada por la Nueva Caledonia. Por otra parte, es conocido que los independentistas de Córcega aspiran a obtener un estatuto especial, idéntico al de la Nueva Caledonia.

En una evaluación en su conjunto, aunque teniendo en cuenta las particularidades del caso neocaledonio, el traslado de competencias a favor de las colectividades territoriales de la República francesa sigue siendo bastante limitado.

---

240 Sobre las (inciertas) perspectivas futuras, v. A. de Raulin, *¿Quel avenir pour la Nouvelle-Calédonie?*, en el sitio Internet de la *Revue politique et parlementaire*, www.revuepolitique.fr, 18 junio 2024; E. Alber, *New Caledonia: a Promising Attempt to Constitutionalize a Sovereignty Conflict Going Wrong*, en 16(1) *Perspectives on Federalism* 261 (2024).

241 V. el anuncio en el sito Web www.vie-publique.fr, y además *Crise en Nouvelle-Calédonie: Michel Barnier annonce le report des élections provinciales «jusque fin 2025»*, en *Le Parisien*, de 1 de octubre de 2024.

242 V., de hecho, T. Michalon, *La République française: une fédération qui s'ignore?*, en *Revue de droit public et de la science politique en France et à l'étranger*, 1982, 623 ss.

3. Sigue: la República francesa y la Unión Europea

Al contrario, el traslado de competencias hacia las organizaciones de tipo supranacional, y en particular a favor de la Unión Europea[243], ha sido diferente[244]. La construcción europea ha suscitado muchas cuestiones en la vida política francés. Constituyen, ciertamente, las bases de la idea de Estados Unidos de Europa, las inspiraciones humanistas y pacifistas, casi una "coronación" del viejo mundo en paralelo a lo que ocurrió en el caso de Estados Unidos de América para el nuevo mundo. Sin embargo, después de la Revolución francesa, el principio de la soberanía nacional ha parecido no fácilmente compatible con la idea de una autoridad supranacional, aunque europea. La consecuencia ha sido que las iniciativas en materia de construcción europea, a menudo por otra parte patrocinadas precisamente por Francia, luego no han encontrado el favor incondicionado de larga parte de la opinión pública francés, y han sido destinadas al fracaso. Ha habido en el pasado casos muy importantes, en los que esta situación paradójica se ha manifestado. En la sesión de 30 de agosto de 1954, la Asamblea nacional votó contra la adopción del tratado sobre Comunidad europea de defensa (CED), en cuya elaboración trabajaron los diplomáticos franceses[245]. En 2005, un referéndum rechazó el tratado "constitucional" europeo.

Chocan dos tendencias antinómicas: por un lado, el internacionalismo pacifista, que se traduce en el Preámbulo de la Constitución de 1946 en la afirmación según la que Francia permite, en condiciones de reciprocidad, las limitaciones de soberanía necesarias para la organización y la defensa de la paz. Por otra parte, tanto la Constitución de la IV República como de la V República evocan el concepto de soberanía nacional que pertenece al pueblo francés. De esta forma, parecería que la misma soberanía sea jurídicamente indisponible, es decir no susceptible de sufrir reducciones sustantivas, como resultado de acuerdos internacionales.

---

[243] Cfr. F. Chaltiel *La souveraineté de l'Ètat et l'Union européenne, l'exemple français: recherches sur la souveraineté de l'Ètat membre*, prólogo de H. Oberdorff, Paris, LGDJ, 2000.

[244] En el apartado 2 de este mismo capítulo.

[245] Cfr. C. Zorgbibe, *Histoire de l'Union européenne*, Paris, A. Michel, 2005, 28 ss.

No es casualidad, desde el plano histórico, que las fuerzas políticas comunistas y gaullistas afirmaran que las normas sobre el tratado relativo al "mercado común"[246], es decir el tratado sobre la Comunidad económica europea (CEE), no fueran compatibles con la Constitución francesa. Ante la ausencia (entonces) del control judicial de constitucionalidad, la solución del problema no podía ser que política. El tratado CEE fue ratificado con el apoyo de socialistas, democráticos-cristianos y de centroderecha.

Posteriormente, en 1965, el general de Gaulle[247] intentó oponerse a la regla de la mayoría cualificada para la adopción de las decisiones del Consejo de Ministros de la CEE, para salvaguardar precisamente la soberanía nacional, en el sentido de que solo la unanimidad podía representar la garantía de que cada Estado no estaría en minoría sobre una decisión relativa a sus intereses esenciales[248]. La regla de la mayoría cualificada fue aceptada después por Francia, que participó activamente en las negociaciones para la conclusión de los tratados de Maastricht y de Ámsterdam, etapas importantes de la construcción europea. En la opinión pública francesa, no obstante, la oposición al proyecto europeo no desapareció. Prueba de ello son por un lado el voto referendario de septiembre de 1992 sobre la ratificación del tratado de Maastricht, que obtuvo la débil mayoría de 51 %, y además el referéndum de 2005, que comportó el rechazo al tratado "constitucional" europeo[249]. El temor difuso a un resultado popular contrario representa además con buena probabilidad la base de la elección francesa de ratificar el tratado de Lisboa de 2007, que reproduce en el fondo el contenido del tratado de 2005, solo por vía parlamentaria, sin convocar el referéndum.

---

246 Presentadas al Parlamento de Paris en 1957.

247 Que volvió al poder en 1958.

248 La regla de la mayoría cualificada era, por otra parte, prevista por el tratado CEE.

249 Sobre la consulta referendaria de 2005 v. también *retro*, en este epígrafe. En doctrina, v. J. Roux, *Le traité établissant une Constitution pour l'Europe à l'épreuve de la Constitution français*, en *Revue du droit public*, 2005, 59 ss.; A. Levade, *Le rejet de la constitution européenne, ou la fin d'un rêve politique*, en *Pouvoirs*, n. 190, 2024, 123 ss. En Italia, v. G. Allegri, *Dopo il* no *francese al Trattato costituzionale*, en *Critica marxista. Analisi e contributi per ripensare la sinistra*, 2005, n. 4, 23 ss.

Teniendo en cuenta la experiencia de 1957, a propósito del tratado CEE, los constituyentes de 1958 establecieron, en el art. 54 de la Constitución de la V República, que, si el Consejo constitucional declarara la incompatibilidad de un acuerdo internacional con la Constitución, la ratificación o aprobación del acuerdo podría proceder solo después de la revisión constitucional. El recurso al Consejo constitucional, que tiene naturaleza facultativa, estaba reservado originariamente por la Constitución al Presidente de la República, al Primer ministro, y a los presidentes de las Cámaras parlamentarias. La reforma constitucional de 1992 amplió tal facultad, reconociéndola también a los sesenta diputados o sesenta senadores. Si un acuerdo internacional es importante y controvertido, es difícil que el Jefe de Estado no lo someta al examen del Consejo constitucional. De hecho, el Consejo Constitucional ha sido llamado a pronunciarse sobre todas las etapas de la construcción europea, con la excepción del Acta Única Europea de 1986 y el tratado de Niza de 2004.

La primera ocasión fue en 1976[250], con ocasión de la elección de la Asamblea de las comunidades, precedente histórico del Parlamento Europeo, por sufragio universal directo. Con su decisión, el Consejo constitucional trazó la línea divisoria entre las limitaciones de la soberanía, consideradas conformes con la Constitución, bajo reserva de reciprocidad y en la medida en que sean necesarias para la organización y la defensa de la paz, y las cesiones de soberanía hacia una organización internacional, consideradas contrarias a la Constitución. Seguía quedando pendiente resolver si todas las cesiones de competencia a favor de organizaciones internacionales se deberían considerar como cesiones de soberanía. La decisión de 1976 no fue un precedente relevante. Los criterios jurisprudenciales del Consejo constitucional para juzgar la conformidad de los acuerdos internacionales a la Constitución fueron determinados por la decisión del mismo Consejo de 1992 relativa al tratado de Maastricht[251]. Tal decisión de la jurisdicción constitucional prevé, por un lado, que las cesiones de competencia a una organización internacional no son automáticamente contrarias a la Constitución. Sin embargo – añade el Consejo constitucional – si el acuerdo

[250] *Décision n. 76-61 DC du 30 décembre 1976.*

[251] *Décision n. 92-308 DC du 9 avril 1992.*

internacional contiene una cláusula contraria a la Constitución o, de todas formas, pone en riesgo las condiciones esenciales para el ejercicio de la soberanía nacional, la autorización a la ratificación implica la necesidad de una revisión constitucional[252].

Estas condiciones esenciales no están expuestas a peligros mientras que las decisiones del Consejo de ministros europeo se adopten por unanimidad; al contrario, existe este riesgo cuando las decisiones del Consejo sean adoptadas por mayoría, y por iniciativa de la Comisión. En el primer caso, de hecho, el representante de la República francesa puede siempre oponerse e impedir que la decisión sea asumida; en cambio, en el segundo caso, esto no ocurre. El riesgo, en el segundo caso, es que a Francia se le imponga una decisión adoptada por otros Estados[253].

Las decisiones adoptadas por mayoría, en el proceso de construcción europea, han sido cada vez más numerosas. Las experiencias nacionales se han diversificado. En Alemania, por ejemplo, el art. 23 de la Constitución federal permite expresamente la cesión a la Unión Europea de derechos de la soberanía, siempre y cuando estuviera dispuesto por una ley aprobada por el *Bundesrat*. En Francia, en cambio, se ha preferido dar "pequeños pasos". Esto no ha impedido la introducción de revisiones constitucionales en todas las etapas importantes del proceso de construcción europea. Por ejemplo, el art. 88 de la Constitución establece que la República francesa puede participar en la Unión Europea, atendiendo a las condiciones previstas por el Tratado de Lisboa, suscrito el 30 de septiembre de 2007.

Al respecto, se puede observar que atendiendo al art. 54 de la Constitución el Consejo constitucional francés se pronuncia sobre las condiciones de ratificación de los tratados internacionales que comportan cesiones de competencia, aunque ciertamente nunca sobre las posibles consecuencias de tales cesiones, como ocurre para las decisiones del Tribunal constitucional federal alemán.

---

[252] Las condiciones esenciales para el ejercicio de la soberanía nacional pueden referirse, por ejemplo, a la política monetaria, la política de los cambios, o la política de los visados, estos últimos relativos al ingreso y la circulación de las personas.

[253] En tal sentido, véase la *Décision n. 97-394 DC du 31 décembre 1997*, con respecto al tratado de Ámsterdam.

CAPÍTULO III

LOS ÓRGANOS DE LA V REPÚBLICA

Sumario: 1. El estatuto constitucional del Jefe de Estado. – 2. El Gobierno nacional. – 3. El Parlamento.

1. El estatuto constitucional del Jefe de Estado

La Constitución de la V República regula la posición institucional del Jefe de Estado antes de los demás órganos, es decir de Gobierno, Parlamento y Consejo constitucional. Las disposiciones sobre el Presidente de la República, de hecho, están recogidas en el título II del texto constitucional, formado por quince artículos[254]. El rol institucional del Jefe de Estado es central en el ordenamiento constitucional de Francia, del que representa el pilar. Su efectiva influencia, por otra parte, depende en parte del contexto político[255].

---

[254] Se trata de uno de los títulos más largos de la Constitución de 1958.

[255] M.-A. Cohendet, *Le présidente de la Répubique*, Paris, Dalloz, 2012, 2ª ed.; P. Jan, *Le président de la République au centre du pouvoir*, Paris, La Documentation française, 2011; B. Branchet, *La fonction présidentielle sous la Ve République*, Paris, LGDJ, 2008; C. Guettier, *Le président sous la Ve République*, Paris, PUF, 1995; B. Lacroix, J. Lagroye (dir.), *Le président de la République. Usages et genèses d'une institution*, Paris, Presses de la FNSP, 1992. Il n. 41-1987 de la Revista *Pouvoirs* está dedicado a *Le président*. En la doctrina italiana, v. especialmente M. Calamo Specchia, *Una rilettura del ruolo del Presidente della Repubblica in Francia: da de Gaulle a Macron la prova di resistenza delle istituzioni golliste*, en *Diritto pubblico comparato ed europeo online*, 2018, 11 ss.; Id., Les trois âges *del settennato*, Torino, Giappichelli, 2002, también R. Casella, *La presentazione delle candidature presidenziali in Francia*, *paper* del *Forum di Quaderni costituzionali*, 5 luglio 2012, y, sobre la más reciente evolución del presidencialismo *à la française*, v. también R. Casella, *Il presidente della Quinta repubblica alla prova del macronismo*, en *Diritto pubblico comparato ed europeo online*, 2023, 941 ss., con respecto a la elección en 2017 de Emmanuel Macron a Jefe de Estado y la posterior confirmación en el cargo en 2022. Fue el primer presidente francés reelegido desde 2002, come observó S. Ceccanti, ponencia en el congreso *Dialoghi sull'ordinamento francese del XXI° secolo*, que tuvo lugar el 7

Con respecto a la elección presidencial, se ha pasado del sistema del sufragio indirecto al sufragio directo[256]. El primer sistema, de hecho, estaba contemplado por el texto originario en el art. 6 de la Constitución. La relativa circunscripción electoral estaba formada por los miembros del Parlamento y de los consejos generales, y los representantes de los consejos municipales. A su vez, el art. 81 de la Constitución preveía que los Estados miembros de la Comunidad francoafricana participaban en la elección del Jefe de Estado. El sistema fue planteado de esta manera en 1958 a fin de sustraer la elección del Presidente de la República a la voluntad de los partidos políticos. Sin embargo, en 1962, se introdujo la elección por sufragio universal directo del Jefe de Estado. La innovación se explica a la luz de dos consideraciones. Por un lado, se disolvió la Comunidad francoafricana. Por otro lado, la práctica política parecía cada vez más tener un carácter plebiscitario. Se elaboró, por lo tanto, un proyecto gubernamental, que modificaba en este sentido el art. 6 de la Constitución. El proyecto, se sometió a votación popular, que fue

---

de julio de 2022 en la Facultad de Ciencias políticas, Sociología y Comunicación de la Sapiencia Universidad de Roma. Sobre el tema, cfr. además M. Volpi, *La rieleggibilità dei Presidenti negli ordinamenti contemporanei*, en E. Bertolini *et al.* (cur.), *Itinerari della comparazione. Scritti in onore di G.F. Ferrari*, 1, cit., 251 ss., espec. 262-263. Para la lectura en sentido presidencial de la Constitución francesa, v. también P. Melchiorre, *Forme di governo in trasformazione? Francia e Italia ad oltre un anno di legislatura tra istinti riformatori ed interpretazioni costituzionali*, in *Federalismi.it*, n. 11/2024, 74 ss. Y, por último, sobre el rol de "asesor sombra" con cónyuge del Jefe de Estado, v. J.-J. Governatori, *Le rôle de l'épouse du Président de la République en Droit français*, en *Revue juridique de l'Ouest*, 2009, 419 ss.; S. Monclaire, *L'épouse du chef de l'État sous la Ve République*, en Colas, C. Émeri (dir.), *Droit, institutions et systèmes politiques. Mélanges en hommage à M. Duverger*, cit., 365 ss.

[256] G. Herzog, *L'élection populaire du président de la République dans l'espace européen*, Paris, Mare & Martin, 2025; É. Gasparini, J. Sausse (dir.), *Présider la République (Actes du colloque du CERHIIP - Centre d'Études et de Recherches en Histoire des Idées et des Institutions Politiques - des 13 et 14 décembre 2018, Faculté de droit et de science politique d'Aix-en-Provence)*, Aix-en-Provence, Presses Universitaires d'Aix-Marseille, 2021; P. Avril, *Retour sur l'élection présidentielle*, en AA.VV., *L'État, le droit, le politique. Mélanges en l'honneur de J.-C. Colliard*, Paris, Dalloz, 2014, 101 ss.; P. Brunet, *Regard sceptique sur la nécessité d'élire le chef de l'État*, en A.-M. Le Pourhiet (dir.), *La désignation du chef de l'État. Regards croisées dans le temps er l'espace*, prólogo de F. Delpérée, Clermont-Ferrand - Paris, Fondation Varenne - LGDJ, 2012, 187 ss.; G. Ferrara, *Il referendum del 28 ottobre 1962: un "tournant institutionnel" per la Quinta Repubblica*, en *Giornale di storia costituzionale*, 2006, 79 ss.

aprobada por el referéndum de 28 de octubre de 1962[257]. Las modalidades de elección del Jefe de Estado fueron establecidas por la ley orgánica de 6 de noviembre de 1962, así como por el decreto de 14 de marzo de 1964.

La elección presidencial, de carácter periódico, tiene lugar normalmente, tras la revisión constitucional adoptada en 2000, cada cinco años[258]. La periodicidad fue establecida directamente por la Constitución, al contrario de lo que ocurre para las elecciones legislativas, cuya regulación está prevista por la (simple) ley orgánica. Como dispone el art. 7 de la Constitución, el Presidente de la República fue elegido no antes de veinte días y no más de treinta y cinco días desde la finalización del mandato del Presidente saliente. La elección puede ser también adelantada por el mandato del Presidente saliente; y puede también ser anticipada, en las hipótesis de muerte, dimisión, destitución o acusación del Presidente de la República en activo. En los Estados Unidos de América, en cambio, en estos casos el Presidente fue automáticamente sustituido por el

---

[257] G. Berlia, *Le problème de la constitutionnalité du réferendum du 28 octobre 1962*, en *Revue du droit public*, 1962, 936 ss.; F. Goguel, *De la conformité du référendum du 28 octobre 1962 à la Constitution*, en D. Colas, C. Emeri, *Droit, institutions et systèmes politiques. Mélanges en hommage à M. Duverger*, cit., 115 ss.

[258] Tras la revisión constitucional de 23 de julio de 2008, el art. 6 de la Constitución establece la prohibición de más de dos mandatos presidenciales consecutivos. Sobre esta reforma constitucional v. en la doctrina italiana, M. Cavino, A. Di Giovine, E. Grosso (cur.), *La Quinta Repubblica francese dopo la riforma costituzionale del 2008*, Torino, Giappichelli, 2010; M. Calamo Specchia, *La riforma della Costituzione francese del 1958 e le ragioni della difficile esportabilità di un modello a geometria variabile*, en *Astrid*, www.astrid-online.it, 2009; P. Costanzo, *La "nuova" Costituzione della Francia*, Torino, Giappichelli, 2009; G. Azzariti, *Dimenticare Parigi. Osservazioni sulla recente riforma costituzionale francese*, en *Astrid*, www.astrid-online.it, 2008 (que se expresa en términos muy críticos sobre la experiencia de más allá de los Alpes). En Francia, v. A.-M. Le Pourhiet, *Indispensable, superflue ou aventureuse? Premiers regards sur la révicion constitutionnelle du 23 juillet 2008*, en *Politeia*, n. 15, primavera de 2009, 297 ss.; A. Levade, *La révision du 23 juillet 2008. Temps et contretemps*, en *Revue française de droit constitutionnel*, n. 78, 2009, 299 ss.; J.-P. Camby, P. Fraisseix, J. Gicquel (dir.), *La Révision de 2008, une nouvelle Constitution?*, Paris, LGDJ, 2011. Sobre la reducción del mandato presidencial, v. L. Montanari, *Prime osservazioni sul quinquennato in Francia: revisione o adeguamento della forma di governo semipresidenziale?*, en *Diritto pubblico comparato ed europeo*, 2000, 989 ss.; C. Murgia, *La riduzione a cinque anni del mandato presidenziale*, en *Rassegna parlamentare*, 2001, 609 ss.

Vice-Presidente, que fue elegido junto a él. En Francia, considerando que la Constitución no ha contemplado el cargo de Vicepresidente, es necesario proceder a una nueva elección. Esta tiene que desarrollarse no menos de veinte días y no más de treinta y cinco días desde que se ha producido dicha vacante, con la excepción de la hipótesis de fuerza mayor, que haya sido debidamente constatada por el Consejo constitucional. Durante este (breve) periodo, las funciones institucionales del Presidente de la República son ejercidas por el presidente del Senado o, en caso de impedimento, por el conjunto del Gobierno.

El escrutinio para las elecciones presidenciales se desarrolla en dos vueltas. En primera vuelta, se requiere la mayoría absoluta de los sufragios (válidamente) expresados. Si esto no ocurre, se procede a la segunda vuelta, que tiene lugar el segundo domingo posterior. A la segunda vuelta acceden los dos candidatos, que han obtenido, en primera vuelta, el número más elevado de votos. Todo ello sin perjuicio de que el candidato más votado en primera vuelta se retire, con remplazo entonces de otro candidato. Esto podría verificarse en las hipótesis en que el candidato más votado en primera vuelta considere haber obtenido el mayor número posible de los sufragios, y sea por lo tanto oportuno ceder el paso a otro candidato, que parezca capaz de obtener más sufragios, evitando la dispersión de los votos. La eventualidad examinada, por otra parte, no se ha nunca manifestado concretamente en la historia político institucional de la V República[259].

Y, por último, la proclamación de los resultados de las elecciones presidenciales y el eventual contencioso son competencias atribuidas, atendiendo al art. 58 de la Constitución, al Consejo constitucional. Según, en particular, el art. 28 del decreto de 14 de marzo de 1964, se contemplan tres tipologías de reclamaciones electorales. En primer lugar, todo elector puede contestar la regularidad de la votación en el colegio electoral en el que se encuentra inscrito, mencionándolo en el relativo procedimiento

---

[259] T. Vedel, *Comment devient-on président de la République – Les stratégies descandidats*, Paris, Éditions R. Laffont, 2007.

verbal. En segundo lugar, el prefecto[260] puede, en el plazo de cuarenta y ocho horas desde el cierre de los colegios, someter al Consejo constitucional el examen de la regularidad de las votaciones en una circunscripción de su competencia territorial. En tercer y último lugar, todo elector puede, siempre en el plazo de cuarenta y ocho horas desde el cierre de los colegios, deferir al Consejo constitucional la tarea de encontrar la regularidad del conjunto de las operaciones electorales[261].

Pasando ahora al examen de los poderes atribuidos al Presidente de la República, el art. 5 de la Constitución define la misión del Jefe del Estado, en cambio los siguientes arts. 8-19 detallan sus atribuciones. La elección por sufragio universal directo del Presidente de la República, introducida desde 1962, ha determinado también la "presidencialización" del sistema político-institucional de Francia.

El art. 5 abre el título II de la Constitución, dedicado al Jefe de Estado. Este prevé que el Presidente de la República sea un "guardián" de la Constitución. Sin embargo, este rol de Jefe de Estado reviste actualmente menos relevancia de lo que tuviera en el momento de la aprobación de la Constitución, habida cuenta del rol asumido por el Consejo constitucional. El Jefe de Estado ya no es, por lo tanto, el "juez" constitucional, aunque participa en la organización y el funcionamiento de la justicia constitucional, por un lado, nombrando al presidente del Consejo constitucional y tres de sus componentes, y por otro lado pudiendo él mismo acudir al Consejo constitucional, en las hipótesis previstas por los arts. 61.2 y 54 de la Constitución. Además, para las cuestiones que no son de competencia del Consejo constitucional, corresponde al Presidente

---

[260] Sobre esta todavía relevante figura institucional del ordenamiento constitucional francés, v. H. Bouillon, *Le préfet. Histoire, statut, fonctions*, Parid, L'Hrmattan, 2022. En Italia, v. por ejemplo G. Rolla, *Continuità e trasformazione dell'istituto prefettizio: considerazioni di diritto comparato*, en R. Louvin, *Studio sulla funzione prefettizia del Presidente della Regione Valle d'Aosta/*Vallée d'Aoste, Torino, Giappichelli, 2022, 135 ss.

[261] F. Delperee, *Le contentieux électoral*, Paris, PUF, 1998.

de la República interpretar la Constitución, para que sea vinculante para los demás poderes y represente un precedente[262].

El primer apartado del art. 5 de la Constitución evoca, luego, el rol de árbitro del Presidente de la República. La relativa noción no carece de una cierta ambigüedad. Por un lado, de hecho, existe una concepción del "débil rol de árbitro", que verifica la regularidad de una competición, no diversamente en definitiva de un árbitro deportivo. Por otro lado, existe una concepción "fuerte del rol del árbitro", que recurre a su autoridad para conciliar intereses distintos y opuestos, o incluso decide "soberanamente" algunas cuestiones. Si nosotros aplicamos tales concepciones al rol de Jefe de Estado, observamos que para la concepción "débil", este no participa en la adopción de las decisiones políticas, aunque se limita a vigilar que Parlamento y Gobierno respeten tanto la letra como el espíritu de las leyes; si, en cambio, se acoge la concepción "fuerte" del árbitro, entonces el Jefe de Estado establece directamente las grandes orientaciones de la política nacional. No se restringe su tarea de exigir el respeto de las reglas del juego, más bien él mismo asume decisiones de gran calado.

Y, por último, como resulta, aunque solo un poco vagamente, del segundo apartado del art. 5 de la Constitución, el Presidente de la República es garante de los grandes intereses de la Nación, especialmente de la defensa nacional y la política exterior.

Entrando ahora más en el detalle de las atribuciones presidenciales, estas se distinguen en dos grandes categorías, es decir los actos jurídicos que necesitan, bajo pena de nulidad, la contrafirma del Primer ministro y los actos que, en cambio, no están sometidos a tal obligación. Desde este punto de vista, se registra una diferencia respecto a lo que ocurría durante la III y la IV República, cuyas Constituciones requerían sin excepción alguna que el ministro contrafirmara los actos del Jefe de Estado en el ejercicio de sus funciones institucionales. El sistema constitucional de la V República, en cambio, establece en el art. 19 que los actos presidenciales tienen que ser contrafirmados por el Primer ministro y, cuando

[262] I. Richir, *Le président de la République et le Conseil constitutionnel*, Paris, PUF, 1998; Id., *Le chef de l'État et le juge constitutionnel, gardiens de la Constitution*, en *Revue du droit public*, 1999, 1047 ss.

recurran los presupuestos, también por los ministros responsables, aunque contempla también un número limitado de excepciones respecto a esta regla general[263].

La lista de los actos presidenciales que no necesitan la contrafirma ministerial, a través de los que el Jefe de Estado ejerce poderes propios, es bastante breve. Comprende: el nombramiento del Primer ministro[264]; la disolución de la asamblea nacional[265], previa consulta del Primer ministro y de los presidente de las dos Cámaras parlamentarias, aunque en realidad la forma de la consulta se remite a la discrecionalidad del Jefe de Estado, pudiendo asumir la simple forma de la información; los actos mediante los que el Jefe de Estado comunica con el Parlamento[266]; la decisión de someter un proyecto de ley a referéndum[267], si bien la decisión misma pueda ser adoptada solo tras una propuesta presentada por el Jefe de Estado, por el

---

[263] En la doctrina italiana, cfr. sobre el tema M.P. Viviana Schlein, *Irresponsabilità del Capo dello Stato e controfirma ministeriale in Italia e Francia*, en *Rivista trimestrale di diritto pubblico*, 1982, 93 ss.; S. Bonfiglio, *Controfirma ministeriale e responsabilità politica nei regimi parlamentari. Il dibattito in Francia e in Italia*, Milano, Giuffrè, 1997; M. Cavino, *L'irresponsabilità del Capo dello Stato. Nelle esperienze italiana (1948-2008) e francese (1958-2008)*, Milano, Giuffrè, 2008.

[264] Atendiendo al primer apartado del art. 8 de la Constitución.

[265] Ex art. 12 de la Constitución.

[266] El "derecho de mensaje" está previsto por el art. 18 del texto constitucional, sin que la Constitución precise el objeto o la periodicidad. Atendiendo a la tradición constitucional, el Presidente de la República reelegido envía un mensaje a las Cámara, en el que expone las grandes líneas de su política. En la literatura, v. J. Rossetto, *Un nouveau droit de message (l'article 18 de la Constitution)*, en *Les Petites Affiches*, n. 254, 2008, 32 ss.; M. Afroukh, *La portée du nouveau droit de message à la lumière de la déclaration du Président de la République au Congrès du 22 juin 2009*, en *Revue française de droit constitutionnel*, n. 87, 2011, 1 ss.; B. Lacourieux, *La résurrection du «droit de message» du Président de la République*, en *Le Monde*, 24 de febrero de 2022; G. Cerrina Feroni, *Le pouvoir de message du Président de la République*, en Astrid, www.astrid-online.it, 2008. Anteriormente, antes de la rescritura del art. 18 realizada por la revisión constitucional de 23 de julio de 2008, v. J.-C. Maestre, *Les messages présidentiels en France*, in *Revue du droit public*, 1964, 392 ss. La innovación consiste en que, además de los tradicionales mensajes escritos, emblemáticos del régimen parlamentario, se añade ahora la posibilidad ofrecida al Jefe de Estado de tomar directamente la palabra ante el Parlamento unido, para tal fin, en el Congreso.

[267] Atendiendo al art. 11 de Constitución.

Gobierno o por las dos asambleas[268]; los actos con los que el Presidente de la República participa en la organización o el funcionamiento de la jurisdicción constitucional, es decir el nombramiento de tres miembros del Consejo constitucional, la designación del presidente del Consejo constitucional, el recurso al Consejo constitucional para pedir que se verifique la conformidad de una ley o de un tratado internacional con la Constitución[269].

Un poco más de espacio requiere el examen de otra hipótesis de actos jurídicos presidenciales, que llevan la contrafirma ministerial, es decir los actos emanados atendiendo al art. 16 de la Constitución. Esta última norma permite conferir al Jefe de Estado poderes mucho más extendidos para hacer frente a situaciones excepcionales e imprevisibles. Su recepción en la Constitución remonta a los hechos de junio de 1940, cuando faltaba un título constitucional seguro que legitimara al Gobierno de la Francia libre[270]. Ante estas circunstancias excepcionales, se atribuyen al Presidente de la República poderes también excepcionales, definidos en términos bastante amplios para poder ser adaptados a una variedad de circunstancias. Desde el plano histórico, estos poderes han sido ejercidos concretamente por el Jefe de Estado una sola vez, durante la guerra de Argelia, en el periodo comprendido entre abril y septiembre de 1961, para hacer frente al gobierno insurreccional proclamado en Argelia[271] por los generales franceses en desacuerdo

---

[268] En definitiva, en el presente caso no existe obligación de contrafirma, aunque el Presidente de la República ejerce un poder propio solo con respecto a la decisión final.

[269] Véanse, al respecto, los arts. 54, 56 y 61 de la Constitución.

[270] V. *retro*, en el apartado 2 del cap. V de la parte I.

[271] En Francia, v. J. Frémeaux, *La guerre d'Algérie*, Paris, Les éditions du Cerf, 2024; B. Stora, *De Gaulle et la guerre d'Algerie*, Paris, Pluriel, 2012; J. Duquesne, *Pour comprendre la guerre d'Algerie*, Paris, Perrin, 2003; B. Droz, E. Lever, *Histoire de la guerre d'Algérie, 1954-1962*, Paris, Éditions du Seuil, 2002. En Italia, véase G.P. Calchi Novati, *Storia dell'Algeria indipendente. Dalla guerra di liberazione al fondamentalismo islamico*, Milano, Bompiani, 1998 (recensión de M. Lenci, en *Il Politico*, 1999, n. 1, 157 ss.). Entre el 1954 y el 1962, 1.200.000 soldados franceses de leva fueron inviados para combatir a los independentistas del Frente de liberación nacional argelino. Entre las filas francesas los muertos fueron 26.000 y 300.000 heridos; por lo menos diez veces más que los argelinos. Cfr. los datos recogidos por A. Brazzoduro, *Soldati senza causa. Memorie della guerra d'Algeria*, Roma-Bari, Laterza, 2012.

con las negociaciones puestas en marcha por Paris con los jefes del movimiento nacionalista argelino[272].

Todos los actos jurídicos presidenciales, no comprendidos en la previsión del art. 19 de la Constitución están por lo tanto sometidos a la contrafirma presidencial. Estos comprenden: el nombramiento de los ministros y de la administración civil y militar del Estado[273]; la promulgación de las leyes, es decir su reenvío al Parlamento con la petición de una nueva deliberación al respecto[274]; el depósito de un proyecto constitucional y la eventual decisión de someter la ley de revisión constitucional tanto a referéndum como al Parlamento reunido en el Congreso[275]; los actos adoptados por el Consejo de Ministros, es decir decretos y ordenanzas, contrafirmados por el Primer ministro[276]; convocar y cerrar las sesiones extraordinarias del Parlamento[277]; la acreditación de los embajadores y de los invitados extraordinarios, así como la negociación y la ratificación de los tratados internacionales[278]; los actos del Presidente de la República en su condición de Presidente de la República como jefe de las Fuerzas armadas[279]; los actos relativos a la función desarrollada por el Jefe de Estado de garante de la independencia de la autoridad

---

[272] El art. 16 de la Constitución regula las condiciones que tienen que ser aplicadas y las consecuencias de la aplicación de la misma disposición.

[273] Véanse, respectivamente, el apartado 2 del art. 8 y el apartado 2 del art. 13 de la Constitución.

[274] Los actos presidenciales, relativos al procedimiento legislativo ordinario, están contemplados por el art. 10 de la Constitución.

[275] Los actos presidenciales, relativos al procedimiento de revisión constitucional, están regulados por el art. 89 de la Constitución. En doctrina, v. R. Ghévontian, *La révision de la Constitution et le président de la République*, en *Revue française de droit constitutionnel*, n. 77, 2009, 119 ss.

[276] V. el apartado 1 del Art. 13 de la Constitución.

[277] Ex art. 30 de la Constitución.

[278] V., respectivamente, los arts. 14 y 52 de la Constitución. La necesidad de la contrafirma para los actos presidenciales relativos a las relaciones internacionales demuestra que, desde el punto de vista del derecho constitucional, el Jefe del Estado no dispone de una competencia exclusiva. En doctrina, v. E. Zoller, *Droit des relations extérieures*, Paris, PUF, 1992.

[279] Cfr. El art. 15 de la Constitución. En la literatura francesa, v. B. Chantebout, *Le présidente de la République Chef des armées*, en AA.VV., *L'esprit des institutions, l'équilibre des pouvoirs. Mélanges en l'honneur de P. Pactet*, Paris, Dalloz, 2003, 569 ss.; J. Massot, *Le chef de l'Etat, chef des armées*, Paris, LGDJ, 2011.

judicial; y por último, los actos presidenciales en el ejercicio del poder de gracia. A este último propósito, es necesario poner de relieve que la ley constitucional de 23 de julio de 2008 modificó el art. 17 de la Constitución sobre el poder presidencial de gracia para precisar que la medida de clemencia puede ser concedida por el Jefe de Estado únicamente a título individual. La modificación constitucional se explica con la anterior tendencia, que se ha afirmado en la práctica, de conceder la gracia a enteras categorías de condenados, con una parcial trasformación de este instituto, que se ha convertido progresivamente más que en una medida de indulgencia hacia la persona condenada, en un instrumento para atenuar el hacinamiento en las cárceles[280].

Una cuestión particular se ha puesto recientemente en Francia, en relación con la crisis sanitaria pandémica derivada del Covid-19. Más allá de las circunstancias excepcionales[281], el ordenamiento francés contempla algunos dispositivos de poder especiales, que no han sido nunca derogados. Se trata del estado de sitio, con arreglo a la ley de 9 de agosto de 1848, modificada por la ley de 3 de abril de 1878, y por el estado de urgencia, creado por la ley de 3 de abril de 1955, durante la guerra de Argelia[282]. La ley de 1955 fue utilizada por el Presidente de la República François Hollande en 2015, con el objetivo de contrastar más eficazmente el fenómeno terrorista[283].

---

[280] Cfr. P. Türk, *Le droit de grâce présidentiel à l'issue de la révision du 23 juillet 2008*, en *Revue française de droit constitutionnel*, n.79, 2009, 513 ss.; I. Richir, *Le pouvoir de faire grâce: un réaménagement* a minima, en *Les Petites Affiches*, n. 254, 2008, 27 ss.

[281] V. arriba, en este epígrafe.

[282] Se quería, con la ley que se acaba de mencionar en el texto, evitar atribuir excesivo poder a la autoridad militar. En doctrina, sobre el estado de urgencia, v.: O. Beaud, C. Bargues, *L'état d'urgence: étude constitutionnelle, historique et critique*, Paris, LGDJ, 2018; W. Bourdon, *Les dérives de l'état d'urgence*, Paris, Plon, 2017; S. Hennete-Vauquez, J.L. Halpérin, E. Millard (dir.), *L'état d'urgence: de l'exception à la banalisation*, Paris, Presses Paris-Nanterre, 2017; D. Salas, *La banalisation dangereuse de l'état d'urgence*, en *Études*, 2016, 29 ss.

[283] Para una evaluación (fuertemente) crítica, cfr. D. Salas, *L'état d'urgence: poison ou remède au terrorisme?*, en *Archives de politique criminelle*, n. 38, 2016, 75 ss. Según el autor, el Presidente Hollande intentó instrumentalizar el estado de urgencia para subrayar la importancia de su rol en la "guerra al terrorismo". En la opinión de Denis Salas, «*il faut cesser de penser que l'Etat de droit est un Etat désarmé. Et nous convaincre que nous avons les moyens d'affronter le danger par*

El estado de urgencia, previsto en la ley de 1955 puede ser definido también como de derecho común[284], en relación con el estado de urgencia sanitaria, que se produjo durante la emergencia pandémica del Coronavirus. Durante bien dos veces, de hecho, el 16 de marzo de 2020 y el posterior 17 de octubre, el Presidente de la República, Emmanuel Macron, decretó un conjunto de medidas, fuertemente limitativas de la libertad de circulación de las personas y de la libertad del comercio y de la industria, finalizadas a (por lo menos) ralentizar la difusión del virus[285]. Habida cuenta de que tales medidas no parecían enmarcarse en las previsiones del art. 16 de la Constitución, y ni siquiera en las del estado de urgencia (de derecho común), se adoptó la ley n. 2020-290 de 23 de marzo de 2020, que introdujo en el ordenamiento transalpino un nuevo régimen de excepción, es decir el estado de urgencia sanitaria. Este último fue prorrogado una primera vez por la ley n. 2020-546 de 11 de mayo de 2020, y luego también por la ley n. 2020-1379 de 14 de noviembre de 2020. Esta última ley fue contestada, *ex* art. 61 de la Constitución, ante el Consejo constitucional, antes de su promulgación. El Consejo constitucional estableció que, teniendo en cuenta el poder de evaluación y de decisión que tiene naturaleza distinta a aquello del Parlamento, se encuentra ante una violación de la legitimidad constitucional[286]. La ley de 23 de marzo de 2020 permaneció en vigor[287], pudiendo ser aplicada en la hipótesis de una nueva crisis sanitaria[288].

---

une riposte soutenue et persévérante sans nous écarter de nos valeurs» (v. *op. ult. cit.*, 87).

[284] Si bien esta terminología no se encuentre en la ley de 1955.

[285] Se ha tratado de las medidas de "confinamiento".

[286] *Décision n. 2020-808 DC du 13 novembre 2020.* El recurso constitucional fue presentado por más de sesenta diputados y senadores; el Consejo declaró la ley contestada conforme a la Constitución, aunque con algunas reservas de interpretación.

[287] S. Hennette-Vauchez, *La démocratie en état d'urgence: quand l'exception devient permanente*, Paris, Èditions du Seuil, 2022.

[288] Para un examen comparativo de las medidas normativas anti-Coronavirus, v. A. Vedaschi, L. Cuocolo, *L'emergenza sanitaria nel diritto comparato: il caso del Covid-19*, en *Diritto pubblico comparato ed europeo online*, 2020, 1449 ss.; A. Vedaschi, *Il Covid-19, l'ultimo* stress test *per gli ordinamenti democratici: uno sguardo comparato*, *ivi*, 2020, 1453 ss.; para la experiencia francesa, C. Sartoretti,

2. El Gobierno nacional

La Constitución de la V República no se detiene en la disciplina del Gobierno, a la que dedica solo cuatro artículos[289], recogidos en el título III del texto constitucional[290].

Se observa, ante todo, la figura político-institucional del Primer ministro[291]. La tradición constitucional francesa sobre la guía del Gobierno es consolidada y las previsiones de la Constitución de la V República se ponen en línea de continuidad tanto con las de la III como de la IV República, aunque en la V República el jefe del Gobierno asume el nombre de Primer ministro y ya no de presidente del Consejo, puesto que esta última función le corresponde al Presidente de la República. Sin embargo, el Primer ministro tiene competencias propias; no es respecto a los demás ministros un simple *primus inter pares*.

Atendiendo al art. 8 de la Constitución de la V República, el Presidente de la República nombra al Primer ministro y, a propuesta de este último, los demás ministros[292]. Como es natural, el Jefe de Estado tendrá en cuenta la situación parlamentaria; sin embargo, su elección es "real", en el sentido de que este responde libremente a la

La risposta francese all'emergenza sanitaria da Covid-19: Stato di diritto e Costituzione alla prova della pandemia, *ibidem*, 2020, 1637 ss.

289 De 20 a 23.

290 En la doctrina francesa, v. P. Jan, *Le Gouvernement de la Cinquième République*, Paris, La Documentation française, 2002; J. Massot, *Chef de l'État et chef du Gouvernement: dyarchie et hiérarchie*, prólogo de P. Avril, Paris, La Documentation française, 1993. La Revista *Pouvoirs* ha dedicado el n. 68-1994 al tema *Qui gouverne la France?*. En Italia, cfr. P. Piciacchia, *Il Governo francese nell'ordinamento della V Repubblica: tra continuità e discontinuità*, en *Federalismi.it*, n. 28/2020, 277 ss.; P. Vaiano, *Struttura e funzioni del Governo nella Repubblica francese*, Padova, Cedam, 1982; F. Bonini, *Un* grand commis. *Il segretario generale del governo francese dalla Terza alla Quinta Repubblica*, Milano, Giuffrè, 1990.

291 Cfr. D. Turpin, *La présidence du Conseil des ministres*, en *Revue du droit public*, 1987, 873 ss. A la temática *Le Premier ministre* está dedicado el n. 83-1997 de la Revista *Pouvoirs*. En la literatura italiana, v. A. Di Virgilio, *Francia. Le molte risorse del primo ministro*, en G. Pasquino (cur.), *I capi di governo nelle democrazie contemporanee*, Bologna, Il Mulino, 2005, 41 ss.

292 Sobre estos últimos, v. en Italia M. Iacometti, *Sulle figure dei Ministri di Stato e dei Ministri delegati nell'esperienza costituzionale della Quinta Repubblica francese*, en *Studi in onore di P. Biscaretti di Ruffia*, Milano, Giuffrè, 1987, 657 ss.

cuestión de oportunidad. Por otra parte, a diferencia de lo que ocurre en Gran Bretaña, en Francia generalmente al frente de la mayoría parlamentaria no hay un *leader* único y por encima de toda contestación. En definitiva, por lo menos fuera de los periodos de convivencia cohabitación[293], se puede afirmar que en el ordenamiento francés el "verdadero" jefe de la mayoría es el Presidente de la República. Este último elige al Primer ministro, sin ninguna obligación de nombrarlo entre los miembros más importantes de la mayoría parlamentaria. No es en absoluto extraño que, para el cargo de Primer ministro, se designe a una persona que no haya guiado nunca un partido político, y muy a menudo que haya tenido un mandato parlamentario[294]. En el Reino Unido – como es sabido – solo el *leader* del partido de mayoría tiene la posibilidad de convertirse en Premier. En Francia ocurre lo contrario, porque el Primer ministro deviene posteriormente un *leader* nacional. Y, por último, la "aritmética parlamentaria" no determina – en Francia – la elección del Primer ministro.

Obviamente, en el caso de la "cohabitación", las cosas van diversamente. En tal hipótesis, de hecho, el Jefe de Estado, si no quiere provocar una grave crisis político-institucional, tiene que elegir una personalidad política que le ha sido y que le seguirá siendo hostil. Podrá también verificarse que un partido contrario al Presidente de la República le "imponga" el nombramiento de una determinada persona. Sin embargo, el rol de Jefe de Estado no es ni siquiera en estos casos meramente formal. A este le corresponde

---

[293] Sobre las relaciones entre las dos "cabezas" del Ejecutivo, v. J. Massot, *Alternance et cohabitation sous la Ve République*, prólogo de G. Vedel, Paris, La Documentation française, 1997; J.-L. Parodi, *Proportionnalisation périodique, cohabitation, atomisation partisane: un triple défi pour le régime semi-présidentiel de la Cinquième République*, en *Revue française de science politique*, 1997, 292 ss. («*Si stable qu'on puisse l'imaginer, un système institutionnel n'est jamais entièrement stabilisé*»); M. Duverger, *La Cohabitation des Français*, Paris, PUF, 1987; M. Volpi, *Conseguenze dell'elezione di una maggioranza antipresidenziale nel Parlamento della Quinta Repubblica Francese*, in *Rivista trimestrale di diritto pubblico*, 1977, 1613 ss.; R. Iaselli, *La "coabitazione" in Francia e le sue conseguenze politico-istituzionali (1986-1988)*, en *Quaderni costituzionali*, 1990, 175 ss.

[294] Fueron nombrados Primer Ministro G. Pompidou en 1962, R. Barre en 1976, J.-P. Raffarin en 2002 y D. de Villepin en 2005, que no eran *leader* de partido; en cambio, solo Raffarin era titular de un mandato parlamentario.

nombrar a los ministros, previo acuerdo con el Primer ministro. Habrá por lo tanto negociaciones, especialmente para la cobertura de ministerios más "cercanos" a la figura institucional del Presidente de la República, como ocurre en particular para los asuntos exteriores y la defensa nacional.

Con respecto a la revocación del Primer ministro y de los ministros, le corresponde una vez más al Jefe de Estado[295]. Sin embargo, esto puede ocurrir a propuesta del jefe de Gobierno así que en definitiva el Presidente de la República no puede revocar a un primer ministro que, estando todavía respaldado por la mayoría de la Asamblea nacional, no tenía ninguna intención de dimitir. Durante el proceso de elaboración de la Constitución de la V República, por otra parte, el mismo general de Gaulle afirmó que el Jefe de Estado no podía libremente revocar al Primer ministro[296].

Por su parte, el Presidente de la República dispone la revocación de los distintos ministros, tras una propuesta presentada por el Primer ministro. Por lo tanto, la cesación de las funciones ministeriales no puede considerarse una sanción para quienes pongan en peligro la solidaridad gubernamental. Así, por ejemplo, la ministra de Ecología Delphine Batho fue revocada en julio de 2013 por el Jefe de Estado, a petición del jefe de Gobierno, después de haber declarado públicamente su disconformidad al proyecto de presupuestos en vía de aprobación por parte del Gobierno nacional.

Con respecto al estatus de miembro del Ejecutivo[297], atendiendo al art. 23 de la Constitución, las funciones de componente del Gobierno no son compatibles con el ejercicio del mandato parlamentario, con todas las funciones de representación profesional de carácter nacional ni con cualquier empleo público o actividad profesional. La previsión constitucional es sin duda bastante amplia, pero no excluía la posibilidad para los miembros del Gobierno de ejercer contextualmente un mandato representativo local, en particular el mandato de jefe de un ejecutivo local. Los ministros así podían contemporáneamente ser, por ejemplo, alcaldes, presidentes

[295] Así prevé el art. 8 de la Constitución.

[296] V., sobre el punto, lo afirmado arriba, en el ap. 3 del cap. I de la parte II.

[297] La Revista *Pouvoirs* en el n. 36-1986 se ha ocupado al tema general *Le ministre*.

de un Consejo general, presidentes de un Consejo regional o también presidentes de un sindicato de Ayuntamientos. Sin embargo, la situación cambió tras la ley orgánica de 2014, que prevé, desde 2017, que las funciones ministeriales ya no sean compatibles con el ejercicio de las funciones ejecutivas en las colectividades territoriales, así como de los entes de cooperación constituidos entre las colectividades locales[298]. El principal argumento que respaldaba esta elección de la Constitución fue la constatación, de orden práctico, de que la incompatibilidad con el mandato parlamentario refuerza la solidaridad ministerial y, en último análisis, la misma estabilidad del Ejecutivo, en la medida en que el parlamentario, devenido ministro, bien sabe que, si abandonará al Gobierno, no encontrará automáticamente su escaño en el Parlamento. La incompatibilidad, en definitiva, tendría una especie de efecto disuasorio. Una (notable) consecuencia práctica de la no compatibilidad entre funciones ministeriales y parlamentarias estaba sin embargo representada por la necesidad de proceder a las elecciones legislativas parciales, en coincidencia con la salida de un ministro del Gobierno, sin excluir que se produjeran intentos, por otra parte, no raramente exitosos, de presentación por el exministro en las mismas elecciones supletorias. Estas últimas constituyen además un coste para la colectividad, razón por la que, aunque sin perjuicio del principio de la incompatibilidad, que tiene un evidente valor simbólico[299], sus modalidades de aplicación han sido atenuadas, para evitar recurrir con demasiada frecuencia a elecciones supletorias. Atendiendo al segundo apartado del art. 23 de la Constitución, incorporado por la reforma constitucional de 23 de julio de 2008[300], el parlamentario que haya sido nombrado para el desarrollo de funciones gubernamentales es sustituido a título, aunque solo temporal, hasta la cesación de las funciones en el gobierno. En cambio, anteriormente la sustitución tenía lugar hasta la renovación, total o parcial de la asamblea legislativa de la que el diputado o

---

298 Como se verá más adelante, se ha entendido de esta forma igualar la disciplina restrictiva del cumulo de los mandatos para los parlamentarios a la para los miembros del Gobierno nacional.

299 Tanto que se ha convertido en parte de la tradición gaullista y republicana.

300 Para un comentario, v. A. Roux, *Le retour au Parlement des anciens membres du gouvernement*, en *Les Petites Affiches*, n. 254, 2008, 42 ss.

senador, entrado en el Ejecutivo nacional, era parte integrante. La función habitualmente reconducida a la incompatibilidad, es decir el efecto disuasorio, desapareció tras la reforma constitucional de 2008. Los detalles, relativos a la aplicación del art. 23 de la Constitución, están previstos por la ley orgánica de 17 de noviembre de 1958, luego modificada por la ley orgánica de 13 de enero de 2009. La incompatibilidad deviene efectiva después del transcurso de un mes desde el nombramiento del parlamentario al Gobierno. Durante el periodo que se acaba de indicar, el escaño sigue vacante. El exministro, en el plazo de un mes desde la cesación de las funciones gubernamentales, puede ahora volver a ejercer su mandato. No obstante, si el exministro ha renunciado, antes del transcurso de un mes desde la cesación de las funciones de miembro del Gobierno, a su escaño en el Parlamento, entonces la sustitución deviene definitiva, hasta la renovación total de la asamblea legislativa de la que era parte. Y, por último, es necesario precisar que el art. 23 de la Constitución introduce una incompatibilidad, no una inelegibilidad. Por lo tanto, un ministro, que ejerce también funciones gubernamentales, puede ser elegido diputado o senador, aunque obviamente en tal caso deberá optar entre la función ministerial y el mandato parlamentario.

En relación con las atribuciones institucionales del Ejecutivo, la Constitución de la V República se refiere indiferentemente a las funciones del Primer ministro y las del Consejo de ministros; en efecto, desde el punto de vista jurídico no hay una diversidad sustantiva, puesto que la casi totalidad de los actos del jefe de gobierno son deliberados por el Consejo de ministros, teniendo incluso que ser contrafirmados por el ministro. Solo en la hipótesis altamente improbable si no meramente hipotética, de que ningún ministro sea competente para la ejecución de la decisión del Consejo de ministros, entonces faltará (en vía del todo excepcional) la habitual contrafirma ministerial[301].

[301] Esto es el sentido en su conjunto del art. 22 de la Constitución.

Al Gobierno le corresponde la dirección de la política francesa, pudiendo disponer, desde el punto de vista de los medios necesarios para ejercer tal función, tanto de la administración como de las Fuerzas armadas[302].

Las competencias del Consejo, como órgano colegiado, son tanto ordinarias como excepcionales. Entre las primeras destacan la autorización del Primer ministro de comprometer la responsabilidad del Ejecutivo ante la Asamblea nacional; el nombramiento de algunos altos funcionarios del Estado; la deliberación relativa a los proyectos de ley de iniciativa del Primer ministro; la posibilidad de proponer al Jefe de Estado el recurso al referéndum; el derecho de oponer la imposibilidad de recibir una propuesta de ley que excede el sector de materias reservadas al Legislativo; el derecho de decidir el envío de un proyecto de ley a una comisión *ad hoc*. Entre las segundas, en cambio, hay que recordar, en particular, el poder de proclamar el estado de sitio; la decisión de la movilización general; el poder, subordinado a la preventiva autorización parlamentaria, de adoptar ordenanzas en las materias legislativas.

Las reuniones del Consejo de ministros están presididas por el Jefe de Estado[303]; el Primer ministro puede sustituir en tal función al Presidente de la República solo en vía excepcional, y para un orden del día determinado[304]. Los constituyentes de 1958 pensaron en una presidencia de naturaleza no meramente formal de las reuniones del Consejo de ministros por parte del Jefe de Estado[305].

Las decisiones del Consejo de ministros, de todas formas, están preparadas para determinadas formaciones. Ante todo, existen las reuniones del Consejo de gabinete, presididas por el Primer ministro en ausencia del Jefe de Estado. Como es ágil entender, las reuniones del Consejo de gabinete serán poco frecuentes en los periodos "normales", en cambio aumentarán en las hipótesis de cohabitación.

---

[302] Así prevé el art. 20 de la Constitución de 1958.

[303] Estas tienen lugar con una frecuencia semanal, generalmente los miércoles por la mañana en el palacio del Eliseo, residencia oficial del Presidente de la República. En doctrina, v. J. Fournier, *Le travail gouvernemental*, Paris, Presses de la FNSP, 1987.

[304] V. el apartado 4 del art. 21 de la Constitución.

[305] A diferencia, entonces, de lo que a menudo ocurría antes de 1958.

Hay luego un comité interministerial, que tiene carácter permanente. De estos son parte integrante, además del Primer ministro, que los preside, tanto los ministros como los altos funcionarios. Los comités interministeriales comparten con los comités restringidos su composición; en cambio, se diferencian por el hecho de que estos últimos se limitan al estudio de una cuestión (*dossier*) determinada y, por consiguiente, no tienen carácter permanente. Puede haber finalmente reuniones de trabajo a nivel interministerial, en las que participan tanto ministros como altos funcionarios, para examinar proyectos de ley o de decretos que se refieren a las competencias de una pluralidad de departamentos[306].

La posición constitucional del Primer ministro, que dirige la acción de gobierno[307], se caracteriza por su preminencia respecto a los demás miembros del Ejecutivo. El jefe de Gobierno, por lo tanto, imparte instrucciones a los ministros, coordinando la actividad. Sin perjuicio de que el ejercicio efectivo de la superioridad del Primer ministro sobre los ministros depende también de las características personales tanto del primero como de los segundos, no hay duda de que el texto constitucional de 1958 y los demás actos normativos pongan a disposición del Primer ministro los medios técnicos para hacer valer su preponderancia en el Ejecutivo nacional. En primer lugar, atendiendo al art. 21 de la Constitución, se atribuye al Primer ministro el poder reglamentario. Este dispone, además[308], de la administración, así como de las fuerzas armadas. Atendiendo a la ordenanza de 2 de enero de 1959, y posteriormente a la ley orgánica de 1° de agosto de 2001, el Primer ministro tiene notables poderes en materia de presupuesto, porque funciona de árbitro entre las distintas (a veces conflictuales) peticiones de los departamentos ministeriales y elabora los proyectos de ley financiera[309].

---

306 A tales reuniones toma parte, solitamente, también un asesor del Presidente de la República.

307 Cfr. el art. 20 de la Constitución de la V República.

308 V. el apartado 2 del art. de la Constitución.

309 Cfr. A. Bonduelle, *Le pouvoir d'arbitrage du Premier ministre sous la Ve République*, Paris, LGDJ, 1999.

Téngase además en cuenta que los ministros tienen que trasmitir al secretario general del Gobierno una copia de los proyectos de instrucciones y circulares, que pretenden adoptar. Esto permite un conocimiento en su conjunto de la actividad departamental por parte del Primer ministro, que armoniza las decisiones y, eventualmente, pide el retiro de las iniciativas consideradas inoportunas. Y, por último, el Primer ministro[310], dispone de un poder disciplinario sobre los demás miembros del Ejecutivo, pudiendo pedir al Jefe de Estado revocar a un ministro.

3. El Parlamento

A diferencia de los textos constitucionales de la III y de la IV República, la V República francesa ha previsto la regulación constitucional del Parlamento solo después de la del Presidente de la República y del Gobierno. Esto significa que en la intención de los constituyentes el Legislativo ocupa la tercera posición en la jerarquía de los poderes públicos. En la mayor parte de las democracias occidentales, el rol del Parlamento nacional ha conocido un constante descenso, si bien acompañado por algunos intentos de revitalizar su función. En Francia, el último intento tuvo lugar con ocasión de la reforma constitucional de 2008.

En vía general, las dos Cámaras del Parlamento[311] tienen las mismas atribuciones, puesto que votan las leyes, controlan la acción de Gobierno y realizan una evaluación de las políticas públicas. El bicameralismo francés, sin embargo, no es de tipo igualitario, puesto que el texto constitucional concede a la Asamblea nacional poderes superiores a los del Senado, en materia de votación de las leyes o cuando se trata de hacer valer la responsabilidad del Gobierno[312].

---

[310] V. arriba en este epígrafe. Al caso aquí mencionado añadiese que en el agosto de 1995 el ministro de las Finanzas, Alain Madelin, fue revocado del cargo ministerial tras sus declaraciones públicas, consideradas por el Primer ministro, Alain Juppé, contrarias a la política económica y social perseguida por el Ejecutivo nacional.

[311] Que asumen, atendiendo al apartado 2 del art. 24, la denominación de Asamblea nacional y Senado.

[312] Cfr. Association française des constitutionnalistes, *Le bicamérisme (journée d'études du 17 marz 1995)*, Paris, Economica, 1997. Ampliamente, v. además: P.

Los diputados de la Asamblea nacional[313] son elegidos por sufragio directo[314]. La tendencia, después de la fundación de la V República, fue hacia el aumento, es decir la verdadera y propia "inflación" del número de diputados[315]. Estos últimos, que eran 460

Avril, J. Gicquel, J.-E. Gicquel, *Droit parlementaire*, Paris, LGDJ, 2021, 6ª ed.; P. Blacher, *Le Parlement en France*, Paris, LGDJ, 2012; J. Gicquel, *Sur la déontologie de la vie parlementaire: le nouveau cours de la moralisation de la vie politique*, en C. Boutayeb (dir.), *La Constitution, l'Europe et le droit. Mélanges en l'honneur de J.-C. Masclet*, Paris, Éditions de la Sorbonne, 2013, 221 ss.; J.-P. Camby, P. Servent, *Le travail parlementaire sous la Ve République*, Paris, Montchrestien, 2010, 5ª ed.; J.-P. Duprat, *Le Parlement entre modernisation et attentisme (l'article 24 de la Constitution)*, en *Les Petites Affiches*, n. 254, 2008, 39 ss.; P. Avril, *Le Parlement de la Cinquième République. Les débuts (1958-1962)*, en *Giornale di storia costituzionale*, 2004, 183 ss.; D. Maus, *Le Parlement sous la Ve République*, Paris, PUF, 1997. La Revista *Pouvoirs* dedicó el n. 64-1993 al tema general *Le Parlement.* Sobre la racionalización de la forma de gobierno parlamentaria, cfr. R. Balme, *Le parlementarisme rationalisé de la Cinquième République à la lumière du choix rationnel*, en *Revue française de science politique*, 1998, 147 ss.; J.D. Huber, *Rationalizing Parliament. Legislative Institutions and Party Politics in France*, Cambridge, Cambridge University Press, 1996; M. Calamo Specchia, *La razionalizzazione parlamentare del semipresidenzialismo francese*, en *Rassegna parlamentare*, 2009, 481 ss. En italiano, v. también P. Avril, *Il Parlamento francese nella Quinta Repubblica. Regime presidenziale e Parlamento dal gollismo al postgollismo*, Milano, Edizioni di Comunità, 1976 (trad. de *Les Français et leur Parlement*, Paris, Casterman, 1972); C. Decaro, *Il bicameralismo della V Repubblica Francese*, en *Quaderni costituzionali*, 1984, 283 ss.; A. Di Giovine, *Il Parlamento della Quinta Repubblica: l'approdo*, en *Giornale di storia costituzionale*, 2004, 207 ss.; P. Piciacchia, *Semipresidenzialismo francese e ruolo del Parlamento: dai tentativi di rivalutazione dell'istituzione parlamentare alle più recenti sfide nel contesto di trasformazione del sistema dei partiti*, en *Diritto pubblico comparato ed europeo online*, 2023, 971 ss. Para la función del Consejo constitucional como regulador de las instituciones republicanas, v. A. Delcamp, *Le Conseil constitutionnel et le Parlement*, en *Revue française de droit constitutionnel*, n. 57, 2004, 37 ss., quien habla del Consejo constitucional y del Parlamento como «una coppia che ha imparato a convivere insieme» (v. 53 ss.); antes aun, v. P. Favoreu, *Le Conseil constitutionnel régulateur de l'activité normative des pouvoirs publics*, en *Revue du droit public*, 1967, 5 ss.

313 Sobre el que v. M. Ameller, G. Bergougnous, *L'Assemblée nationale*, Paris, PUF, 2000; A. Martin, *Le président des assemlées parlementaires sous la Ve République*, prefazione di D.G. Lavroff, Paris, LGDJ, 1996; J.-J. Urvoas, A. Magali, *Manuel de survie à l'Assemblée nationale. L'art de la guérilla parlementaire*, prólogo de B. François, Paris, Odile Jacob, 2012 (donde los autores, en la confrontación entre derecho y práctica, guían al lector a la descubierta de la "verdadero cara" del derecho parlamentario). V., también, el n. 34-1985 de la Revista *Pouvoirs*, dedicado a *L'Assembée.*

314 Así dispone el apartado 3 del art. 24 de la Constitución de 1958.

315 Esto ha ocurrido a pesar de la pérdida de los tres departamentos argelinos en 1962.

en 1958, pasaron a 491 en 1981, y luego a 577 como resultado de la reforma electoral de julio de 1985, que introdujo la fórmula electoral de la representación parlamentaria[316]. Aunque la fórmula electoral proporcional fue abolida después de pocos meses, atendiendo a la ley de 11 de julio de 1986, sin embargo, el número de 577 diputados de la Asamblea nacional no se volvió a modificar[317]. Si se tiene en cuenta el restablecimiento del escrutinio mayoritario en julio de 1986, y por lo tanto de las modalidades de escrutinio en vigor – es decir mayoritario, uninominal y a una sola vuelta – existen en Francia 577 circunscripciones electorales. La reforma constitucional de 2008 estableció que los ciudadanos franceses en el extranjero tienen que disponer de una representación ya no solo en Senado, sino también en la Asamblea nacional, así que en definitiva las circunscripciones electorales del territorio nacional bajaron en total a 566. La misma ley de revisión constitucional de julio de 2008 ha fijado un límite máximo de 577[318]. La reforma constitucional de 2008 no ha suprimido el principio por el que el número de componentes de cada Cámara parlamentaria se establece por ley orgánica. Por consiguiente, el legislador orgánico podrá eventualmente reducir[319] el número en su conjunto de los miembros de la Asamblea nacional[320]. La reforma constitucional de 2008, sobre el número máximo de los diputados de la Asamblea nacional, ha perseguido el objetivo oficialmente declarado de estabilizar la proporción de los diputados y de los senadores en el Congreso del Parlamento. No obstante, también se pretendía no acentuar el riesgo de descredito de la clase política, peligro ciertamente favorecido por la inflación del número de parlamentarios.

---

316 Aplicada por primera vez en ocasión de las elecciones legislativas de marzo 1986.

317 Algunas propuestas de reducción del número de los parlamentarios, de actuar no mediante una reforma constitucional sino con la aprobación de una ley orgánica, fueron avanzadas en 2018 y 2019, sin tener seguimiento. Cfr. R. Casella, *La riduzione dei parlamentari in Francia: le ragioni di una riforma mancata*, en P. Bianchi, E.A. Ferioli, G. Martinico, C. Napoli (cur.), *Scritti in memoria di P. Carrozza. Riflessioni dei colleghi pisani tra pensiero scientifico e ricordo*, Pisa, Pisa University Press, 2021, 225 ss.; Id., *Il progetto di riforme istituzionali del Presidente Macron e il ridimensionamento del ruolo del Parlamento francese*, en *Nomos*, n. 3-2018, espec. 18 ss.

318 V. el apartado 3 del art. 24 de la Constitución.

319 No pudiendo, en cambio, aumentar.

320 El Presidente E. Macron manifestó compartir esta hipótesis.

Puesto que la Asamblea nacional se renueva integralmente, los arts. 2 y 3 de la ordenanza de 7 noviembre de 1958, modificada por ley orgánica de 15 de mayo de 2001, establecen que los poderes de la Cámara baja terminan el tercer martes del mes de junio del quinto año posterior a su elección. El art. 4 de la misma ordenanza prevé que las elecciones generales tengan lugar en los sesenta días, que preceden la disolución de la Asamblea nacional. La Cámara alta, es decir el Senado[321], asegura la representación de las colectividades territoriales de la República[322]. Los franceses que residen fuera de Francia siempre estuvieron representados en el Senado y después de la reforma constitucional de 2008 también en la Asamblea nacional[323]. El Senado, así como la Cámara parlamentaria donde están sentados los representantes de las colectividades locales, ya estaba contemplado en 1875. Su presencia, sin embargo, fue puesta en peligro durante la historia político-institucional de Francia[324]. Una primera vez esto ocurrió después de la segunda guerra mundial. La primera Asamblea constituyente elegida después de la Liberación, de hecho, elaboró el proyecto de una asamblea parlamentaria monocameral. El mismo proyecto, sometido a referéndum popular de 5 de mayo de 1946, fue rechazado quizás por no haberse previsto la segunda Cámara. De esta forma, el nuevo proyecto constitucional de octubre de 1946 contempló la presencia de la segunda Cámara. El proyecto se convirtió en la Constitución de la IV República que preveía el bicameralismo, con la Cámara alta que, a diferencia de la III República donde se llamaba Senado, fue denominada Consejo de

---

[321] Sobre el que v. J.-P. Fourcade, *À propos du rôle du Sénat*, en D. Colas, C. Émeri (dir.), *Droit, institutions et systèmes politiques. Mélanges en hommage à M. Duverger*, cit., 93 ss.; J. Baguenard, *Le Sénat*, Paris, PUF, 1997; J. Cluzel, *L'indispensable Sénat*, Paris, Economica, 1998; F. Chevalier, *Le sénateur français, 1875-1995. Essai sur le recrutement et la représentativité des membres de la seconde Chambre*, Paris, LGDJ, 1998; F. Lafaille, *Le président du Sénat depuis 1875*, Paris, L'Harmattan, 2003. La Rivista *Pouvoirs* dedicó el n. 44-1988 a *Le Sénat*.

[322] En tal sentido, dispone el apartado 3 del art. 24 de la Constitución. En la doctrina, v. F. Robbe, *La Représéntation des collectivités territoriales par le Sénat. Étude sur l'article 24 alinéa 3 de la Constitution française du 4 octobre 1958*, Paris, LGDJ, 2001.

[323] V. arriba en este epígrafe.

[324] Cfr. J. Cluzel, *À propos du Sénat et des ceux qui voudraient en finir avec lui*, Paris, Archipel, 1999.

la República. Con la Constitución de la V República, se optó de nuevo por la denominación de la segunda Cámara como Senado[325]. No obstante, el camino atormentado del Senado no había terminado. En 1969 el general de Gaulle quiso someter a referéndum popular un proyecto que habría trasformado el Senado de la Cámara para la representación de las colectividades territoriales en representante también de las actividades económicas, sociales y culturales. También esta segunda consulta, que tuvo lugar el 27 de abril de 1969, tuvo un resultado negativo.

El reparto de los escaños del Senado fue revisado en 1976, no reflejando por lo tanto los movimientos de población después de este año[326]. Este problema se hizo cada vez más agudo. El Consejo constitucional en el año 2000 recordó al Legislador la necesidad de modificar el reparto de los escaños senatoriales, para que reflejaran la evolución de la población de las colectividades territoriales, de las que el Senado tiene, atendiendo a la Constitución, que garantizar la representación[327]. Llegados a este punto, había dos posibilidades. Por un lado, modificar el reparto de los escaños senatoriales ya existentes. Por otro lado, aumentar el número de los senadores, mediante la atribución de escaños suplementarios para las colectividades territoriales que no estuvieran adecuadamente representadas. No despierta mucho estupor que el Senado, asumiendo la iniciativa de la reforma, haya privilegiado la segunda solución; la primera de hecho hubiera comportado dificultades en la reelección de al menos algunos senadores, por el renovado reparto de los escaños. De esta forma, veinticinco nuevos escaños senatoriales fueron asignados a los departamentos metropolitanos infrarrepresentados. En 2007, se realizó otra asignación de dos escaños suplementarios del Senado en las islas de Saint-Martin y Saint-Bartélemy, que, después de su separación de Guadalupe, se convirtieron en colectividad de ultramar. Se ha llegado por lo tanto al número actual de senador, es

---

[325] M. Baroli, D. Robert, *Du Conseil de la République au Sénat, 1946-1958*, prólogos de C. Poncelet e R. Drago, Paris. Puf, 2002, que hablan de la «ambiguedad de una resurrección».

[326] Por ejemplo, en 2003 los senadores eran 331.

[327] *Décision n. 2000-432 DC du 6 juillet 2000.*

decir a 348[328]. El art. 24 de la Constitución fijó este número máximo de senadores, tras la reforma constitucional de julio de 2008.

La duración del mandato senatorial era tradicionalmente de nueve años, con la renovación parcial de un tercio cada tres años. Se trataba de la duración más larga contemplada en los Países europeos, donde ninguna asamblea parlamentaria dura en el cargo más de seis años. Habida cuenta también de este aspecto, así como de la reducción del mandato de Jefe de Estado de siete a cinco años[329], la ley orgánica n. 2003-696 de 30 de julio de 2003 estableció que el mandato de los senadores tiene una duración de seis años. Puesto que por otra parte la renovación parcial ha seguido siendo trienal, la Cámara alta se renueva por la mitad de sus componentes, y ya no por un tercio. Y, por último, con respecto al colegio electoral, los miembros del Senado se eligen por sufragio universal indirecto. Esto significa que el mismo colegio electoral está formado por elegidos.

Los doce senadores que representan a los franceses residentes en los países extranjeros son elegidos por la Asamblea de los franceses del extranjero, cuyos componentes son a su vez elegidos, por sufragio directo, por los ciudadanos franceses registrados en los consulados franceses. Los demás senadores son, en cambio, elegidos en el ámbito de un departamento o de un territorio de ultramar. Cada uno de los colegios electorales senatoriales comprende a los diputados elegidos en el departamento, a los consejeros generales del departamento, un número variable de consejeros regionales designados por el Consejo regional de la región en cuyo ámbito se encuentran el departamento y los delegados de los consejos municipales. Estos últimos constituyen la (gran) mayoría de los componentes del colegio electoral senatorial[330].

El número de los delegados de cada uno de los consejos municipales es (obviamente) diferente. Dispone al respecto el Código electoral[331]. Más en detalle, a los ayuntamientos con población

---

[328] Distribuidos de la siguiente manera: 326 escaños senatoriales para los departamentos metropolitanos; 10 para los territorios de ultramar y los remanentes 12 para los ciudadanos franceses residentes en el extranjero.

[329] V. arriba, en el ap. 1 de este capítulo.

[330] Mediamente más del 95 por ciento.

[331] V. los arts. L 284 ss.

hasta los 9.000 o más residentes, se les reconoce un número de delegados de un mínimo de uno a un máximo de quince, en relación con el respectivo número de los concejales. En los ayuntamientos que tienen 9.000 o más residentes, son delegados de derecho todos los miembros del consejo. Los ayuntamientos con más de 30.000 residentes disponen de un delegado suplementario, elegido por el consejo municipal, en proporción de uno por cada 800 habitantes por encima de los 30.000.

El sistema de designación de los delegados favorece de alguna manera a los ayuntamientos de pequeñas dimensiones. Por este motivo, en 1999 el Gobierno guiado por Lionel Jospin presentó un proyecto de reforma, para introducir una proporcionalidad estricta entre la población residente en los ayuntamientos y el número de delegados senatoriales asignados a los distintos ayuntamientos. El proyecto de ley atribuía a los ayuntamientos un delegado cada trescientos habitantes, es decir fracción de trescientos. El mismo proyecto encontró la oposición del Senado, pero fue aprobado por la Asamblea nacional. El Gobierno recurrió al procedimiento acelerado *ex* art. 45 de la Constitución[332] para obtener la aprobación definitiva del proyecto. Sin embargo, un grupo de senadores presentó recurso al Consejo constitucional, que en 2000 consagró la incompatibilidad con la Constitución de las disposiciones que modificaban la composición de los colegios electorales senatoriales[333].

Con respecto a las posibles contestaciones, en los cuatro días después de las elecciones, los resultados de las elecciones senatoriales tenían que ser publicados. Cada uno de los miembros del colegio electoral puede presentar recurso contra los resultados ante el tribunal administrativo. La decisión de este último, a su vez, puede ser contestada solo ante el Consejo constitucional, con ocasión de un eventual recurso presentado contra la elección de un senador.

---

[332] Que será examinada mejor más adelante en el capítulo IV de la parte II, a propósito de la disciplina constitucional de las competencias normativas.

[333] *Décision n. 2000-431 DC du 5 juillet 2000.*

CAPÍTULO IV

LA DISCIPLINA CONSTITUCIONAL DE LAS COMPETENCIAS NORMATIVAS Y LA TIPOLOGÍA DE LAS NORMAS

Sumario: 1. Ley y reglamento antes de la entrada en vigor de la Constitución de 1958. – 2. *Domaine* legislativo y *domaine* reglamentario: una separación problemática. – 3. Algunos aspectos peculiares: *a*) la solución francesa en materia de desacuerdo entre las dos asambleas legislativas y el procedimiento parlamentario acelerado. – 4. Sigue: *b*) los procedimientos legislativos especiales y las leyes orgánicas. – 5. El Gobierno legislador y las ordenanzas *ex* art. 38 de la Constitución de 1958. – 6. Las leyes aprobadas por referéndum. – 7. Las decisiones legislativas adoptadas en aplicación del art. 16 de la Constitución de 1958.

1. Ley y reglamento antes de la entrada en vigor de la Constitución de 1958

En el ordenamiento francés de la V República, que fue fiel a la previsión contenida en el art. 6 de la Declaración de los derechos del hombre y del ciudadano de 1789, la ley representa la fuente principal del derecho. Esta de hecho expresa la voluntad general[334]. Se

[334] Sobre el tema, el estudio clásico se debe a R. Carré de Malberg, *La loi, expression de la volonté générale. Étude sur le concept de loi dans la Constitution de 1875*, Paris, Librairie de Recueil Sirey, 1931, rist. Paris, Economica, 1984 (la obra *de qua* es disponible también en la trad. it., coordinada y con *Presentación* de M. Calamo Specchia, Milano, Giuffrè, 2008, col. *Civiltà del diritto*, n. 76). *Adde* B. Mathieu, *La loi*, Paris, Dalloz, 2004, 2ª ed. En Italia, v. P. Piciacchia, *Carré de Malberg (letto attraverso la lezione di Galizia) e le trasformazioni della forma di governo parlamentare*, en *Nomos*, n. 3-2021, y antes el trabajo magistral de M. Galizia, *Il «positivisme juridique» di Raymond Carré de Malberg*, en *Quaderni fiorentini per la storia del pensiero giuridico moderno*, 1973, 335 ss. Sobre el principio de la soberanía nacional, en la reflexión teórica de Carré de Malberg, v. É. Maulin, *Carré de Malberg et le droit constitutionnel de la Révolution française*, en *Annales historiques de la Révolution française*, 2002, n. 2, 5 ss., como comentario sobre todo de R. Carré de Malberg, *Contribution à la théorie générale de l'État, spécialment d'àpres les données fournes par le Droit constitutionnel français*, I-II, Paris, Librairie de Recueil Sirey, 1920 y 1922 (Paris, Éditions du CNRS, 1962).

presume que el Parlamento expresa la voluntad del pueblo soberano, no ciertamente la de sus miembros, que son los representantes del pueblo. La ley, por lo tanto, conserva su preminencia, aunque el sistema constitucional francés se caracterice por haber previsto un sector (*domaine*) reservado a la ley, y un sector de la producción normativa de naturaleza reglamentaria, este último reservado al Gobierno. La producción de actos normativos generales, en el sistema de derecho constitucional francés, se reparte entre Parlamento y Gobierno, en el sentido de que el Parlamento vota la ley; en cambio el Gobierno tiene competencia para adoptar los reglamentos, es decir el decreto reglamentario.

Antes de la aprobación de la Constitución de 1958, la supremacía de la ley en el ordenamiento francés era prácticamente absoluta. El sector de la normativa primaria era por así decirlo ilimitado. Ninguna materia estaba excluida por la producción normativa de rango primario. Los textos legislativos, además, podían ser completos en dos hipótesis, sin que hubiera necesidad de añadir nada. El reglamento, en cambio, tenía una relevancia residual; podía simplemente intervenir para completar un texto legislativo, en el sentido de precisar las modalidades de aplicación de la ley. Ninguna materia, por otra parte, estaba reservada a la fuente reglamentaria. El reglamento, por lo tanto, no tenía otra función que asegurar la ejecución de las leyes. Tampoco, el reglamento podía disponer *contra legem*, a menos que el mismo legislador lo hubiera habilitado para esto. Los mismos tribunales no podían verificar la conformidad de las leyes a normas teóricamente superiores. Estos podían solo controlar que el texto legislativo hubiera sido emanado en el respeto a las formas legislativas, y por lo tanto mediante adopción por parte del Parlamento, seguido por la promulgación y la publicación en el *Journal Officiel*.

La fuerza jurídica del reglamento era, en cambio, bien menor que la de la ley. El reglamento, de hecho, tenía que respetar tanto la Constitución como las leyes y, además, los denominados principios generales del derecho, tal y como han sido elaborados por la jurisprudencia administrativa. Además, el reglamento era contestable tanto en vía directa, a través del instrumento procesal del recurso por exceso de poder[335], como indirectamente, cuando, en ocasión de un proceso, se hubiera planteado la excepción de ilegalidad. La relativa competencia se asignaba a las jurisdicciones administrativas, y por lo tanto al Consejo de Estado y a los tribunales administrativos. La ley podía incluso ofrecer una "pantalla" al reglamento, cuando, por ejemplo, la violación de un principio constitucional o de un principio general del derecho fuera una consecuencia directa de la aplicación de una norma legislativa. En este caso, de hecho, la violación no era sancionada por el juez administrativo porque de lo contrario se hubiera verificado una forma de oposición al Legislador. En una hipótesis parecida, por lo tanto, la ley no era contestable, pero ni siquiera el reglamento[336]. Por lo tanto, la Constitución de la V República está relacionada históricamente con este reparto de competencias normativas, aunque ha aportado importantes modificaciones.

2. *Domaine* legislativo y *domaine* reglamentario: una separación problemática

En el sistema constitucional configurado en 1958, la competencia del legislador parlamentario se configura como una competencia de atribución, que por lo tanto no puede ser ejercida salvo en las

---

[335] Il *recours pour excès de pouvoir* (REP) dispone, en el ordenamiento francés, de una larga tradición; v., por ejemplo, R. Bonnard, *Le pouvoir discrétionnaire des autorités administratives et le recours pour excès de pouvoir*, en *Revue du droit public*, 1923, 363 ss.; J.-P. Négrin, *Contentieux de l'excès de pouvoir et contentieux de pleine juridiction De la dualité ou de l'unité du contentieux administratif français*, Aix-en-Provence, Presses Universitaires d'Aix-Marseille, 1976; G. Vedel, *Excès de pouvoir législatif et excès de pouvoir administratif (I)*, en *Cahiers du Conseil constitutionnel*, 1996, n. 1, 57 ss.; Id., *Excès de pouvoir administratif et excès de pouvoir législatif (II)*, *ibidem*, 1997, n. 2, 77 ss.; D. Bailleul, *L'efficacité comparée des recours pour excès de pouvoir et de plein contentieux objectif en droit public français*, Paris, LGDJ, 2002, J.-F. Brisson, *Le recours pour excès de pouvoir. Tendances récentes du contentieux administratif*, Paris, Ellipses, 2004 (según quien «*Le recours pour excès de pouvoir est le recours le plus célèbre du contentieux administratif*»); M.P. Cossalter, Le recours pour excès de pouvoir, Paris, Territorial Éditions, 2009 (aquí la observación que «*La procédure la plus ancienne devant les juridictions administratives est le recours pour excès de pouvoir, et son cousin le recours en inexistence d'un acte*»). Para una (óptima) comparación con el sistema italiano de justicia administrativa, v. F.G. Scoca, Recours pour excès de pouvoir *e ricorso al giudice amministrativo. Stesse radici, simili problemi, soluzioni diverse*, en *Diritto processuale amministrativo*, 2013, 1 ss.

[336] El que, por lo tanto, "escapaba" a su juez.

materias indicadas, de forma limitada, por el mismo texto constitucional. Esta lista, que está prevista en el art. 34 de la Constitución de la V República, comprende los derechos civiles, las libertades públicas, la nacionalidad, el estado y la capacidad de las personas, el régimen patrimonial, el derecho penal tanto sustantivo como procesal, las obligaciones civiles y mercantiles, y las demás materias.

La primera es relativa a las normas legislativas que regulan las materias en su totalidad, como ocurre para la nacionalidad, para el estado y la capacidad de las personas o para el derecho y el procedimiento penal. La segunda, en cambio, es relativa a las materias en las que la ley fija las garantías y los principios básicos, en cambio las reglas menos importantes están establecidas por los reglamentos. Esto puede ocurrir, por ejemplo, en materia de libertades públicas, de educación y de organización general de la defensa nacional[337].

Por otra parte, la misma enumeración contenida en el art. 34 de la Constitución no es exhaustiva. Por ejemplo, el art. 53 de la Constitución establece que los tratados y los acuerdos internacionales solo pueden ser ratificados o aprobados por ley. Además, los artículos desde 72 a 74-1 de la Constitución atribuyen al legislador, ordinario u orgánico, la tarea de establecer algunos principios relativos a la organización o al funcionamiento de las colectividades territoriales.

Como se verá mejor a continuación[338], la ley está sometida a controles. Antes de su promulgación, es posible el control de conformidad con la Constitución ejercido por el Consejo constitucional. Después de la promulgación de la ley, se puede interponer el control de convencionalidad encomendado a las jurisdicciones ordinarias; y, desde marzo de 2010, se ha atribuido el control de constitucionalidad al Consejo nacional, por reenvío del Consejo de Estado o del Tribunal de Casación.

---

[337] Naturalmente, en la práctica, la distinción entre las dos categorías es menos definida que desde el plano teórico.

[338] V. el capítulo siguiente.

El primer apartado del art. 37 de la Constitución de 1958 consagra que las materias, en la que no esté prevista una reserva de ley, tienen un carácter reglamentario. Al contrario de las materias legislativas, por lo tanto, las reglamentarias no son expresamente enumeradas. A partir de la lista de las materias legislativas, es posible identificar *a contrario* las atribuidas al poder reglamentario. Desde el punto de vista teórico, se puede afirmar que el poder reglamentario dispone de la competencia normativa de derecho común, en cambio al poder legislativo se le asigna una competencia de atribución. Esta definición, no obstante, no tiene nunca que hacer olvidar que la enumeración, necesariamente limitativa, *ex* art. 34 de la Constitución, comprende las materias más importantes, y es por otra parte muy amplia[339].

La titularidad del poder reglamentario corresponde, en virtud del apartado 1 del art. 21 de la Constitución, al Primer ministro, que lo ejerce mediante la adopción de decretos, sometidos a la contrafirma del ministro competente para su ejecución. Hay, no obstante, otras autoridades que disponen de un limitado poder reglamentario. Esto ocurre para las colectividades territoriales – ayuntamientos, departamento, regiones y colectividades de ultramar – que, tras la reforma constitucional de 28 de marzo de 2003, pueden ejercer el poder reglamentario para el desarrollo de sus respectivas competencias[340]. A través del ejercicio del poder reglamentario que

---

[339] Cfr. P. Brunet, *Les normes législatives et administratives*, en P. Gonod, F. Melleray, P. Yolka (dir.), *Traité de droit administratif*, Paris, Dalloz, 2011, 491 ss.; P. Le Mire, *La loi et le règlement*, Paris, La Documentation française, 1996; Université de droit, d'économie et des sciences (Aix-Marseille), Faculté de droit et de science politique, *Vingt ans d'application de la Constitution de 1958. Le domaine de la loi et du règlement (L'application des articles 34 et 37 de la constitution depuis 1958, Bilans et perspectives, Colloque organisé par la Faculté de Droit et de Science Politique d'Aix-Marseille les 2 et 3 décembre 1977)*, prólogo de L. Favoreu, Paris - Aix-en-Provence, Economica-Presses Universitaires d'Aix-Marseille, 1981, 2ª ed.; J.-L. Pézant, *All'origine della distinzione tra competenze legislative e regolamentari nella Costituzione della Quinta Repubblica*, in *Quaderni costituzionali*, 1990, 93 ss. Sobre la diferenciación entre fuentes legislativas y reglamentarias en la experiencia histórica transalpina, v. en la doctrina italiana M. Fioravanti, *Le potestà normative del governo. Dalla Francia d'*Ancien *regime all'Italia liberale*, Milano, Giuffrè, 2009, y antes del mismo autor el trabajo del título *Le potestà normative del governo. Radici storiche in Francia e in Italia*, en *Giornale di storia contemporanea*, 2006, n. 2, 5 ss.

[340] Que se refieren por lo tanto a materias de interés local.

se les reconoce, las colectividades de ultramar pueden derogar también disposiciones reglamentarias de carácter nacional. Además, la potestad reglamentaria ha sido atribuida a las autoridades administrativas independientes.

En particular, el poder reglamentario puede ser ejercido por la Autoridad francesa de regulación de la comunicación audiovisual y digital[341]. La Autoridad emana normas reglamentarias, por ejemplo, en materia de deontología de la publicidad televisiva, o de utilización de las ondas durante la campaña electoral. En una materia como la comunicación audiovisual, parece oportuno atribuir el poder reglamentario a una autoridad administrativa independiente, porque por un lado la ley no puede entrar en los detalles de reglas que, además, necesitan una frecuente actualización; y por otro lado reconoce el poder de adoptar normas de segundo nivel, también en esta materia, *ex* art. 21 de la Constitución, al Primer ministro. Por lo tanto, siendo una regulación de origen gubernamental, puede suscitar sospechas de parcialidad política. La atribución del poder reglamentario a las autoridades administrativas independientes ha planteado cuestiones en Francia, desembocando en algunos pronunciamientos del Consejo constitucional, en los que se ha afirmado la compatibilidad constitucional de las leyes habilitadoras, a condición de que, por un lado, se trate de medidas de alcance limitado tanto en su campo de aplicación como de contenido, y por otro lado, que no tengan el efecto de reducir el poder asignado al Primer ministro por el art. 71 de la Constitución de 1958[342].

Para evitar "extralimitaciones" del Legislador en las materias reservadas al poder reglamentario, la Constitución de la V República contempla hasta tres distintos procedimientos, que son susceptibles de ser activados en momentos diferentes, para que la una no excluya la otra[343].

---

[341] *Autorité de régulation de la communication audiovisuelle et numérique* (ARCOM).

[342] Sobre las dos condiciones habilitadoras indicadas en el texto v., respectivamente, *Décision n. 88-248 DC du 17 janvier 1989* y *Décision n. 2006-544 DC du 14 décembre 2006*.

[343] Deriva que, si uno de estos procedimientos no ha tenido éxito, siempre se puede utilizar otra.

El primer procedimiento se encuentra disciplinado por el art. 41 de la Constitución[344], tal y como ha sido modificado por la ley constitucional de 23 de julio de 2008[345]. Esta prevé que, cuando durante un procedimiento legislativo parezca que una propuesta de ley o una enmienda no entre en las materias reservadas a la ley, tanto el Gobierno como el presidente de la asamblea pueden oponer la inadmisibilidad. En la hipótesis de un desacuerdo entre el Ejecutivo y el presidente de la asamblea corresponde al Consejo constitucional, previa solicitud presentada por una u otra parte, pronunciarse sobre la cuestión en el plazo de (solo) ocho días. En realidad, el conflicto previsto por el apartado 2 del art. 41 ha llegado muy raramente al Consejo constitucional. Esto porque, en más del noventa por ciento de los casos, la excepción planteada por el Gobierno ha sido acogida por el presidente de la asamblea. Por otra parte, cuando se haya efectivamente presentado un desacuerdo, el Ejecutivo ha decidido, en muchos casos, retirar la excepción. Esta última, no obstante, no ha devenido obsoleta, sino más simplemente dirime muy raramente un conflicto entre el Gobierno y el presidente de la asamblea. Por ejemplo, en 2005, cuando se discutía la ley relativa a la regulación de las actividades postales, hasta 14.765 enmiendas parlamentarias fueron suprimidas tras la excepción *ex* art. 41 planteada por el Gobierno y prontamente acogida por el Presidente de la Asamblea.

Desde el punto de vista de la evolución legislativa, la reforma constitucional de julio de 2008 atribuyó también al presidente de la asamblea la posibilidad de asumir la iniciativa de plantear la excepción prevista en el art. 41 de la Constitución, así que en definitiva ya no se trata de una prerrogativa gubernamental, sino de un principio general, que contribuye a aclarar y a racionalizar la jerarquía de las normas.

El segundo procedimiento es el previsto en el apartado 2 del art. 61 de la Constitución de 1958. No se trata de un procedimiento pensado exclusivamente para hacer respetar la separación de las

[344] Cfr. E. Oliva, *L'article 41 de la Constitution du 4 octobre 1958: initiative législative et Constitution*, Paris-Aix-en-Provence, Economica-Presses Universitaires d'Aix-Marseille, 1997.

[345] Véase B. Quiriny, *La métamorphose de l'article 41 de la Constitution*, in *Revue française de droit constitutionnel*, n. 82, 2010, 313 ss.

materias legislativas y reglamentarias; no obstante, puede ser utilizado también con esta finalidad. En relación con este procedimiento, ha tenido una particular importancia la evolución de la jurisprudencia constitucional. Con una primera decisión, de 1982, el Consejo constitucional estableció la inadmisibilidad del recurso presentado por los parlamentarios de la oposición, afirmando que los arts. 34 y 37 de la Constitución no quisieron golpear con la sanción de la inconstitucionalidad una disposición de naturaleza reglamentaria eventualmente contenida en una ley, sino simplemente reconocer al Gobierno el poder de asegurar la protección del poder reglamentario a este atribuido[346]. Por consiguiente, la separación entre materias legislativas y reglamentarias tendría un valor relativo, que se pone de relieve solo cuando el Gobierno pretende hacer valer la separación misma. Esto parecía justificado, según el juez de legitimidad constitucional por el hecho de que en ciertos casos es preferible que la solución jurídica de un problema resulte de la consulta de un único texto, en lugar de dos[347], con evidente ventaja para la comprensión del texto mismo por parte del usuario, o también en las hipótesis de que la cuestión de decidir tuviera, más bien, naturaleza reglamentaria. Sin embargo, en 2005, el Consejo constitucional cambió parcialmente su orientación, puesto que estableció que el recurso de los parlamentarios puede determinar el reconocimiento por parte del juez constitucional, de que una o más disposiciones legislativas tengan naturaleza jurídica reglamentaria, teniendo que ser por lo tanto "desclasadas"[348]. Después de esto – añadían los jueces constitucionales – el Gobierno podrá modificar con decreto las normas cuya fuerza jurídica se ha reducido, mediante la intervención del Consejo constitucional. Cambiando nuevamente su orientación, el Consejo constitucional, con una decisión de 2012, volvió a privilegiar la orientación inaugurada en 1982 y a declarar inadmisible el recurso presentado por la oposición parlamentaria, con el que se quería obtener la declaración de no conformidad con la

[346] *Décision n. 82-143 DC du 30 juillet 1982.*

[347] Uno con naturaleza legislativa y el otro reglamentaria.

[348] *Décision n. 2005-512 DC du 21 avril 2005.*

Constitución de las disposiciones legislativas que intervengan en las materias reservadas al poder reglamentario del Gobierno[349].

Tanto el primer como el segundo procedimiento, que se acaba de examinar, fueron utilizados raramente por diferentes motivos; en cambio ha sido bastante frecuente el recurso al tercer procedimiento, previsto en el apartado 2 del art. 37 de la Constitución de 1958[350]. El Gobierno, de hecho, podría no interponer la excepción de inadmisibilidad, dejando así que la ley se promulgue. Posteriormente, sin embargo, el Ejecutivo podría de todas formas asumir la iniciativa del procedimiento de "desclasamiento", a fin de obtener la "deslegalización" de las disposiciones normativas primarias que han intervenido en las materias reservadas al poder reglamentario. El procedimiento especial en examen distingue entre dos posibles hipótesis. La primera se refiere a las leyes adoptadas antes de la entrada en vigor de la Constitución de la V República; la segunda, en cambio, las leyes aprobadas durante la vigencia de la Constitución de 1958. Si se trata de leyes anteriores a la Constitución, no hay motivo de suponer que se ha respetado la distinción entre materias legislativas y materias reglamentarias, puesto que la misma distinción no ha sido consagrada en los textos constitucionales. Por este motivo, el Ejecutivo puede modificar la ley mediante la emanación de decretos, pero solo después de haber adquirido el dictamen del Consejo de Estado. Al contrario, en el caso de las leyes adoptadas durante la Constitución de 1958, la presunción a la que se hizo referencia antes existe. El Gobierno tiene que pedir previamente al Consejo constitucional que se compruebe que las disposiciones legislativas se refieran a las materias reglamentarias. A este punto, si el Consejo constitucional "deslegaliza" las normas contestadas[351], estas podrán luego ser modificadas por el Ejecutivo a través de decretos; si en cambio los jueces constitucionales no observan ninguna "digresión", las disposiciones impugnadas podrán ser modificadas únicamente mediante actos legislativos.

---

[349] *Décision n. 2012-649 DC du 15 mars 2012.*

[350] Como comentario, v. J.-P. Camby, *L'article 37 alinéa 2 de la Constitution n'est pas un pouvoir discrétionnaire du Premier ministre*, en *Revue du droit public*, 2000, 1 ss.

[351] En la doctrina francesa, v. L. Favoreu, *La délégalisation des textes de forme législative par le Conseil constitutionnel*, en *Mélanges offerts à M. Waline. Le juge et le droit public*, t. II, Paris, LGDJ, 1974, 429 ss.

Resulta bastante ágil comprender porque el procedimiento especial de "desclasamiento" *ex* art. 37, ap. 2, de la Constitución de 1958 sea (bien) más usado que el procedimiento de inadmisibilidad *ex* art. 41 de la Constitución y el procedimiento de control de conformidad ex art. 61.2 de la misma Constitución. El tercer procedimiento, que puede desembocar en el denominado desclasamiento, es susceptible de ser activado a distancia también de (mucho) tiempo de la votación de la ley, evitando excesivas tensiones entre el Gobierno y el Parlamento, y pudiendo incluso pasar (casi) inobservado.

Con respecto a la situación inversa, es decir a la protección de las materias legislativas respecto a las materias reglamentarias, no existen específicas disposiciones constitucionales. La protección, de todas formas, está reconocida, atendiendo a los principios generales del contencioso administrativo. Si de hecho se emana un decreto gubernamental, que interviene en el sector de las materias reservadas a la ley, el mismo decreto podrá ser impugnado mediante la presentación de un recurso por exceso de poder. Cuando luego el mismo decreto se invocará en el ámbito de un procedimiento jurisdiccional, se podrá interponer la excepción de inconstitucionalidad. La relativa competencia corresponde no al Consejo constitucional, sino más bien en última instancia a la jurisdicción administrativa suprema, es decir al Consejo de Estado. Además, en los casos en los que la legalidad de un acto administrativo se discuta durante un proceso penal, la jurisdicción penal puede verificar que el acto administrativo no invada la competencia reservada a la ley por el art. 34 de la Constitución de 1958[352]. La decisión en última instancia le corresponde a la cámara criminal del Tribunal de casación.

Y, por último, puede verificarse una tercera hipótesis. Es decir, el mismo legislador podría invitar el poder reglamentario a intervenir en el sector reservado de las materias legislativas, introduciendo derogaciones a las disposiciones establecidas por la ley. Se trata de las hipótesis de "incompetencia negativa". Se considera aquí no tanto la protección del poder reglamentario, sino más bien del sector de la legislación reservado, atendiendo a la Constitución, al legislador. El

---

[352] Cfr. el art. 111-5 del código penal francés (entrado en vigor el 1° de marzo de 1994, sustituyendo la anterior codificación criminal del 1810).

recurso podrá ser planteado ante el Consejo constitucional[353] por parte de sesenta diputados o sesenta senadores, atendiendo a las previsiones del segundo apartado del art. 61 del texto constitucional.

Estas consideraciones plantean, no obstante, un problema: puesto que la delimitación concreta de las materias legislativas respecto a las materias reglamentarias les corresponde a tres órganos, representados por Consejo constitucional, Consejo de Estado y Tribunal de Casación, no se puede excluir que los tres órganos no estén plenamente de acuerdo en sus respectivas decisiones para trazar una frontera única entre los dos *domaines*. El resultado, atendiendo al que la extensión del sector reservado a la ley es evaluada diversamente por el Consejo constitucional respecto al Consejo de Estado o al Tribunal de Casación, no puede ser considerado afortunado. Entra en juego al respecto la previsión contenida en el último periodo del tercer apartado del art. 62 de la Constitución de 1958, con arreglo al cual las decisiones adoptadas por el Consejo constitucional son vinculantes[354] para todas las autoridades administrativas y jurisdiccionales. Sin embargo, hay que precisar que tanto el Consejo de Estado[355] como el Tribunal de Casación privilegiaron una interpretación restrictiva de la disposición constitucional que se acaba de mencionar, en el sentido de que la decisión del Consejo constitucional ciertamente es vinculante, para las jurisdicciones ordinaria y administrativa, en relación con el caso concreto ante el juez constitucional, pero sin que lleve a una ulterior imposición sobre la doctrina derivada de la misma decisión. El conflicto, en efecto, puede surgir, cuando, como se ha visto anteriormente, un mismo texto normativo puede ser sometido a la decisión tanto del Consejo constitucional, ante el que se ha acudido atendiendo al art. 41 o al art. 37, ap. 2, de la Constitución de 1958, como del Consejo de Estado, ante el que se ha presentado un recurso por exceso de poder, como también de la cámara penal del Tribunal de Casación, cuando se haya interpuesto una excepción de ilegalidad. Pueden verificarse dos casos. Si la decisión del Consejo constitucional

---

353 V. en tal sentido, la *Décision n. 93-322 DC du 28 juillet 1993.*

354 Es decir, según el texto constitucional se imponen.

355 En doctrina, v. F. Batailler, *Le Conseil d'État, juge constitutionnell*, Paris, LGDJ, 1966.

es anterior a la del Consejo de Estado o del Tribunal de casación, entonces estás dos últimas jurisdicciones serán efectivamente vinculadas por el *decisum* del juez constitucional, atendiendo al art. 62 de la Constitución. Cuando, no obstante, la decisión del Consejo de Estado o del Tribunal de casación haya precedido la del Consejo constitucional podrá ocurrir que esta última sea contraria a las decisiones adoptadas anteriormente por la jurisdicción administrativa suprema o por la jurisdicción ordinaria de vértice[356]. Puede luego darse que las tres jurisdicciones – constitucional, administrativa y ordinaria – adopten decisiones no sobre el mismo acto normativo, aunque no obstante se manifieste una divergencia o contradicción sobre la identificación de la naturaleza y del contenido de las reglas, como también de los principios fundamentales, reservados por el art. 34 de la Constitución a la ley.

Puesto que, por lo tanto, se trata de actos normativos diferentes, no podrá otorgarse autoridad de cosa juzgada a la decisión del Consejo constitucional respecto a las otras (dos) jurisdicciones. Un caso importante se refiere, desde el perfil en examen, a la determinación del carácter legislativo o reglamentario de los ilícitos sancionados con la privación de la libertad personal. En tal hipótesis, de hecho, se pone de relieve la misma extensión de las libertades públicas. Desafortunadamente, la cámara criminal del Tribunal de Casación[357] y el Consejo constitucional[358] manifestaron, sobre el punto, un enfoque divergente. La cuestión carece de relevancia práctica, habida cuenta de que el código penal francés entrado en vigor en 1994 ya no contempla la pena de la reclusión para las hipótesis de faltas. En vía general, se trata de divergencias entre las jurisdicciones bastante raras y a veces se reabsorben completamente.

Tras una evaluación en su conjunto, es posible afirmar que la jerarquía de las fuentes del derecho no ha sido afectada por la separación entre materias legislativas y materias reglamentarias establecida por la Constitución de 1958.

---

[356] Esto se ha verificado por ejemplo con ocasión de la *Décision n. 59-1 L du 27 novembre 1959.*

[357] *Arrêt du 26 février 1974.*

[358] *Décision n. 73-80 du 28 novembre 1973.*

La competencia legislativa, de hecho, sigue siendo extremadamente amplía y se refiere además a todas las materias de mayor importancia. Además, si bien se contemplen procedimientos para asegurar el respeto de la separación entre *domaine législatif* y *domaine réglementaire*; sin embargo, se trata de una separación "porosa", que no ha impedido a Gobierno y Parlamento, cuando lo hubieran considerado oportuno, incluir las disposiciones de naturaleza reglamentaria en un texto legislativo. La misma reforma constitucional de marzo de 2003, que introdujo el instituto de la experimentación tanto nacional como local, no ha subvertido el reparto de las competencias normativas entre el poder legislativo y ejecutivo. Si, de hecho, se trata de la experimentación a nivel nacional *ex* art. 37-1 de la Constitución, está conducida por el titular normal del relativo poder, es decir el Parlamento o el Gobierno. No diversamente, cuando nos refiramos a la experimentación local, es decir de las colectividades territoriales, atendiendo al art. 72 de la Constitución, solo el titular normal del relativo poder es competente para conceder la autorización[359].

3. Algunos aspectos peculiares: *a*) la solución francesa en materia de desacuerdo entre las dos asambleas legislativas y el procedimiento parlamentario acelerado

El procedimiento de elaboración de las leyes en el ordenamiento francés presenta algunas peculiaridades. Entre estas es necesario prestar atención a la solución de los eventuales acuerdos entre las dos asambleas parlamentarias.

---

[359] Esto no significa, obviamente, que las experimentaciones no sean idóneas para multiplicar las hipótesis de conflictos entre normas de diferentes categorías, es decir entre normas de carácter permanente y normas de carácter temporal, y entre normas adoptadas por las autoridades centrales y normas aprobadas por una autoridad local. Cfr. P. Piciacchia, *Dall'*«unité-uniformité» *alla* «diversité-unité»*: l'evoluzione del potere di sperimentazione locale in Francia nella prospettiva della differenziazione territoriale*, en *Nomos*, 1, 2019, como comentario al proyecto de ley constitucional presentado el 9 de mayo de 2018.

En particular, el primer apartado del art. 45 de la Constitución de 1958[360] introduce el principio de la *navette*, atendiendo al que los proyectos o las propuestas de ley son examinadas posteriormente por las dos Cámaras parlamentarias a fin de adoptar un texto idéntico.

Si, no obstante, el acuerdo en un texto idéntico no se alcanza, es posible activar el procedimiento especial, que contempla la intervención de la comisión mixta paritaria, atendiendo al art. 45 de la Constitución de la V República. Esto no ocurre con frecuencia; alrededor de dos tercios de las leyes aprobadas por el Parlamento, desde la entrada en vigor de la Constitución de 1958, han sido adoptadas por las dos Cámaras sin que haya sido necesario recurrir al mecanismo de la comisión mixta paritaria.

En caso de desacuerdo entre las dos Cámaras parlamentarias, el art. 45 de la Constitución, incluso antes de la reforma constitucional de julio de 2008, preveía un procedimiento de urgencia, que permitía una intervención rápida del Ejecutivo. Como parecería lógico de su misma denominación, tal procedimiento estaba destinado a ser activado solo en hipótesis excepcionales. Sin embargo, la práctica política no fue en este sentido, puesto que la prevista condición de urgencia fue interpretada de forma muy amplia. En definitiva, el Gobierno podía declarar la urgencia cuando lo hubiera considerado oportuno. Desde el punto de vista estadístico, acerca de un tercio de los desacuerdos entre asambleas legislativas fue resuelto mediante el recurso al procedimiento de urgencia. A partir de esta práctica consolidada, el procedimiento de urgencia fue denominado de esta forma para poner de relieve que el recurso por parte del Ejecutivo al procedimiento examinado es fruto de una elección discrecional.

El uso del procedimiento parlamentario acelerado comporta dos consecuencias. En primer lugar, no encuentra aplicación el lapso de tiempo mínimo, de seis semanas, entre el depósito del proyecto o de la propuesta de ley y el inicio de la relativa discusión ante la asamblea

---

360 Sobre el que v. M.-D. Pierre, *L'article 45 de la Constitution du 4 octobre 1958. Rationalisation de la navette parlementaire et équilibre des pouvoirs constitutionnels*, prólogo de P. Juillard, Paris, LGDJ, 1981.

plenaria[361]. El Gobierno siempre solicita una decisión rápida. Se trata de una consecuencia tan rigurosa que el reglamento de la Asamblea nacional, modificado para introducir un intervalo mínimo de siete días, ha sido declarado inconstitucional por el Consejo constitucional, precisamente porque la modificación reducía el efecto del procedimiento acelerado[362]. La segunda consecuencia del procedimiento acelerado comporta que la comisión mixta paritaria puede ser convocada después de una sola lectura ante cada una de las Cámaras parlamentarias. El art. 45 de la Constitución establece, de hecho, que el recurso al procedimiento acelerado no sea permitido cuando se produzca la oposición conjunta de los dos presidentes de las asambleas parlamentarias. Tal oposición conjunta, sin embargo, es concretamente imposible, porque el Gobierno dispone del respaldo político por parte de la Asamblea nacional. Es inherente a esta regulación el riesgo de una cierta precipitación en la adopción de las decisiones, pero el Consejo constitucional ha tenido la ocasión de reiterar que las prerrogativas acordadas por la Constitución al Gobierno en el procedimiento legislativo son de todas formas siempre utilizables[363].

4. Sigue: *b*) los procedimientos legislativos especiales y las leyes orgánicas

En algunos casos, considerados de mayor importancia, la Constitución de 1958 contempla la adopción de leyes orgánicas[364]. Esto ocurre, en particular, para la ley orgánica sobre las modalidades de elección del Presidente de la República por sufragio universal[365];

---

[361] En particular, el art. 42 de la Constitución de 1958 establece que el plazo indicado en el texto es de seis semanas para la Cámara ante la que el proyecto o la propuesta de ley se presenta primero y luego de cuatro semanas para la Cámara parlamentaria a la que el proyecto o la propuesta llegan por segunda).

[362] *Décision n. 2014-705 DC du 11 décembre 2014, sub* cons. n. 40.

[363] *Décision n. 2006-535 DC du 30 mars 2006,* espec. *sub* cons. n. 9.

[364] En la doctrina italiana, v. L. Pegoraro, *Le leggi organiche. Profili comparatistici*, Padova, Cedam, 1990. Para la literatura francesa, cfr. J.-C. Car, *Les lois organiques de l'article 46 de la Constitution du 4 octobre 1958*, Paris - Aix-en-Provence, Economica- Presses Universitaires d'Aix-Marseille, 1999; J.-P. Camby, *Quarante ans de lois organiques*, en *Revue di droit public*, 1998, 1686 ss.

[365] V. el art. 6 de la Constitución de la V República.

para la ley orgánica sobre la composición de las asambleas parlamentarias[366]; para la ley orgánica sobre la organización y el funcionamiento del Consejo constitucional[367]. A su vez, la revisión constitucional de 23 de julio de 2008 ha previsto la adopción de bien siete nueve leyes orgánicas, en ausencia de las que algunas reformas no pueden entrar en vigor.

Desde el punto de vista histórico-institucional, las leyes orgánicas fueron inicialmente adoptadas, en 1958, mediante ordenanzas aprobadas por el Gobierno, atendiendo a los poderes excepción que le son conferidos por el art. 92, cuyo fin es garantizar la transición de la IV República. Sin embargo, actualmente las leyes orgánicas son aprobadas siguiendo el procedimiento parlamentario fijado por el art. 46 de la Constitución, que presenta algunas diferencias respecto al procedimiento legislativo ordinario.

Las diferencias en cuestión son básicamente tres.

En primer lugar, el periodo que tiene que trascurrir entre el depósito del proyecto o de la propuesta de ley y la puesta en marcha de la discusión parlamentaria es el mismo contemplado por el tercer apartado del art. 42 de la Constitución[368]. Si, no obstante, se ha puesto en marcha el procedimiento acelerado, el plazo no se suprime del todo, a diferencia de lo que ocurre para el procedimiento legislativo ordinario, aunque queda reducido a un mínimo de quince días.

En segundo lugar, cuando no se alcance el acuerdo entre la Asamblea nacional y el Senado, el Ejecutivo puede atribuir la palabra definitiva sobre el proyecto o sobre la propuesta de ley, atendiendo a las condiciones indicadas por el art. 45, a la Cámara baja. En tal caso, la Asamblea nacional decide por mayoría absoluta de sus miembros.

En tercer y último lugar, las leyes orgánicas están obligatoriamente sometidas, antes de su promulgación, al examen del Consejo constitucional; en cambio para las leyes ordinarias este escrutinio preliminar es solo facultativo.

---

366 *Ex* art. 25 de la Constitución.

367 V. el art. 63 del texto constitucional.

368 El término *de quo* ya ha sido examinado arriba, en el epígrafe que precede.

Existen también algunos casos en los que el procedimiento para la aprobación de las leyes orgánicas resulta más agravado, requiriéndose la deliberación conjunta de las dos Cámaras, como ocurre para las leyes constitucionales. Se trata en particular de dos casos. Por un lado, se consideran las leyes orgánicas relativas al Senado; y, por otro lado, la ley orgánica que fija las condiciones a las que los extranjeros, residentes en un país de la Unión Europea, pueden disponer de los derechos electorales, tanto activos como pasivos en las elecciones municipales.

Con respecto a las leyes orgánicas relativas al Senado, la interpretación del Consejo constitucional ha sido bastante restrictiva. Tiene que tratarse de leyes que se refieran *directamente* al Senado, regulando el número de los senadores, la duración del relativo mandato parlamentario, y ulteriores aspectos específicos relativos al estatus de senador. Las disposiciones legislativas requieren la adopción de una ley orgánica si se refieren al Senado por su carácter especial, es decir tales de introducir una disciplina normativa diferente respecto a la contemplada por la Asamblea nacional.

Y, por último, el reconocimiento del derecho de voto y de elegibilidad a favor de los ciudadanos residentes en los Estados de la Unión Europea, en las elecciones municipales, es una innovación contemplada por el Tratado de Maastricht. Para la ratificación del tratado era necesaria una revisión constitucional, que intervino mediante la ley constitucional de 25 de junio de 1992. El Senado, por otro lado, no puede desinteresarse de la regulación de las elecciones municipales, puesto que alrededor de cuatro quintos de los miembros de los colegios electorales para la designación de los senadores están formados por delegados de los consejos municipales. En definitiva, por lo tanto, el Senado votó la revisión constitucional de junio de 1992, consiguiendo a cambio que el derecho de voto y la elegibilidad de los extranjeros que residan en la Unión Europea, para la elección de los consejos municipales, se produjera atendiendo a las modalidades establecidas por una ley orgánica.

5. El Gobierno legislador y las ordenanzas *ex* art. 38 de la Constitución de 1958

A pesar de lo dispuesto en el art. 34, que encomienda al Parlamento la adopción de las leyes, la competencia del mismo Parlamento puede ser temporalmente transferida fuera del marco parlamentario.

Esto ocurre, en primer lugar, en el caso de la legislación de fuente gubernamental, es decir mediante las ordenanzas previstas en el art. 38 de la Constitución de la V República[369]. Las Constituciones tanto de la III como de la IV República no contemplaban la posible delegación por parte del Parlamento del poder legislativo. Al contrario, el art. 13 de la Constitución de 1946 la prohibía expresamente. Sin embargo, debido a la ausencia del Consejo constitucional y por lo tanto del control del Legislador, el Parlamento solía delegar en el Gobierno la adopción de disposiciones de naturaleza reglamentaria en las materias normalmente reguladas por ley. Estos reglamentos se solían denominar decretos-leyes. En definitiva, el art. 38 de la Constitución ha "regularizado" una práctica existente. No obstante, hay una diferencia importante, puesto que antes de 1958 el texto constitucional no distinguía entre las materias legislativas atribuidas a las asambleas parlamentarias y el poder reglamentario del que era titular el Gobierno. Las habilitaciones que, entonces, se disponían se referían a la autorización para modificar a través del instrumento reglamentario los textos legislativos en determinadas materias. Atendiendo a los arts. 34 y 37 de la Constitución de 1958, en cambio, la distinción entre dominio

---

[369] Cfr. P. Hébrard, *L'articole 38 de la Constitution de 1958*, en *Revue du droit public*, 1969, 259 ss.; C. Boyer-Merentier, *Les ordonnnances de l'article 38 de la Constitution du 4 octobre 1958*, Paris - Aix-en. Provence, Economica-Presses Universitaires d'Aix-Marseille, 1996; A.-M. Le Pourhiet, *Les ordonnances. La confusion des pouvoirs en droit public français*, Paris, LGDJ, 2011; J. Boudon, *Propos malicieux sur les ordonnances de l'article 38 de la Constitution*, en *L'Actualité juridique. Droit administratif*, 2019, 1492 ss., para perfiles críticos sobre el tratamiento contencioso de las ordenanzas. En Italia, v. P. Piciacchia, *La delega legislativa nell'esperienza costituzionale francese. Procedura e controllo dell'attività normativa dell'Esecutivo nella V Repubblica*, Milano, Giuffrè, 2006; M. Mazza, *Atti aventi forza di legge*, en G.F. Ferrari (cur.), *Atlante di Diritto pubblico comparato*, Milano, Wolters Kluwer, 2023, 2ª ed., 299 ss., *sub* 4, *I Paesi di diritto eurocontinentale (o di* civil law*); il modello francese*, 309 ss.

legislativo y dominio reglamentario sigue existiendo. El art. 38 de la Constitución vigente tiene en cuenta esta distinción, en la medida en que permite derogar provisionalmente esta delimitación de competencias, que favorece el poder reglamentario y por lo tanto el Ejecutivo. Por consiguiente, el art. 38 de la Constitución de 1958, permite al Parlamento aprobar una ley de habilitación, que autoriza al Gobierno para emanar ordenanzas, aunque únicamente durante un periodo de tiempo limitado, en las materias que son normalmente reservadas al dominio legislativo.

La habilitación en cuestión, atendiendo a lo dispuesto en el primer apartado del art. 38 de la Constitución de 1958, no puede que ser solicitada por el Gobierno. Hubo casos en los que la propuesta fue formulada por parlamentarios, pero esta práctica fue por último considerada inconstitucional por el Consejo constitucional[370]. No se requieren además circunstancias excepcionales para pedir (y obtener) la habilitación, siendo suficiente que la petición sea funcional a la actuación del programa de Gobierno. Las finalidades por las que se pide la habilitación tienen que ser especificadas[371], mientras no hay ninguna obligación para el Gobierno de adelantar el contenido de las futuras ordenanzas[372].

El contenido de la habilitación tiene que ser precisado, pero puede también resultar muy amplio. El Consejo constitucional, por ejemplo, ha establecido que podrá referirse a la vez al derecho contractual, de las obligaciones y también al derecho de las pruebas[373]. Con respecto al periodo concedido al Gobierno para ejercer el poder en este delegado, el art. 38, ap. 1, no fija un límite máximo, aun estableciendo que se trata de un periodo máximo necesariamente limitado. La tendencia es, sin embargo, hacia la extensión del periodo en cuestión, pasado desde hace pocos meses, por lo menos desde los años dos mil, a acerca de un año medianamente, con puntas de veinticuatro a también treinta y seis

370 *Décision n. 2004-510 DC du 20 janvier 2005.*

371 Por ejemplo, luchar contra el desempleo o reforzar las medidas para el mantenimiento del orden público, supervisar el gasto público, etc.

372 A veces, por otra parte, se comunican previamente al Parlamento los proyectos de ordenanzas.

373 *Décision n. 2015-710 DC du 12 février 2015.*

meses. Además, la ley de delegación tiene que fijar el plazo máximo para el depósito de los proyectos de ratificación de las ordenanzas por parte del Ejecutivo.

La ley de habilitación *ex* art. 38 de la Constitución de 1958 se adoptó atendiendo a las reglas del procedimiento legislativo ordinario. Puede ser objeto de un recurso al Consejo constitucional, promovido con arreglo al art. 61.2 de la Constitución por los parlamentarios de la oposición. En tales casos, los jueces constitucionales verifican si existen los requisitos de las leyes objeto de examen, con particular referencia a la indicación de los periodos máximos tanto para adoptar las ordenanzas como para depositar ante las oficinas de una o de otra asamblea parlamentaria los proyectos de ratificación de las ordenanzas emanadas por el Gobierno.

Por lo tanto, el efecto de la habilitación consiste en una extensión temporal de la competencia normativa del Ejecutivo. Las ordenanzas son adoptadas por el Consejo de ministros, previo dictamen del Consejo de Estado[374]. Atendiendo al primer apartado del art. 13 de la Constitución de la V República, las ordenanzas aprobadas por el Consejo de Ministros tienen que ser suscritas por el Jefe de Estado. Esto implica un acuerdo entre Primer ministro y Presidente de la República, y al mismo tiempo plantea no pocos problemas en los periodos de cohabitación[375]. No existen medios jurídicos para obtener la firma del Jefe del Estado. Cuando falte la firma del Presidente de la República, el Ejecutivo no puede hacer otra cosa que "transformar" el proyecto de ordenanza en un proyecto de ley, poniendo en marcha el *iter* parlamentario que, obviamente, es mucho más complejo y largo que el contemplado para las ordenanzas[376].

Desde su publicación, las ordenanzas entran en vigor. Después de expirar el plazo de la delegación en el Gobierno, las ordenanzas siguen vigentes, aunque pueden ser modificadas solo por disposiciones

---

[374] Sobre esta importante función consultiva del Consejo de Estado, v. É. Quinart, *Le conseil de l'État dans la mise en place des institutions de la Ve République (4 octobre 1958 – 4 février 1959)*, en *Revue du droit public*, 2024, 21 ss.

[375] Por ejemplo, durante el periodo de la (primera) cohabitación desde 1986 a 1988, el Presidente de la República, Mitterrand, rechazó la firma de algunas ordenanzas formuladas por el Gobierno de Chirac.

[376] M. Troper, *La signature des ordonnances. Foncions d'une controverse*, en *Pouvoirs*, n. 47, 1987, 75 ss.

legislativas, sin perjuicio de aquellas normas contenidas en la ordenanza que tengan una naturaleza reglamentaria. Si no se respeta el plazo para el depósito del proyecto de ratificación de las ordenanzas, estas pierden efectos[377]. Este último cumplimiento no implica en absoluto que tenga que intervenir posteriormente y ni siquiera que el proyecto de ratificación tenga que ser inscrito en el orden del día. La ordenanza por la que se ha depositado el proyecto de ratificación sigue valida[378].

Como es obvio, por otra parte, la delegación en el Gobierno representa al mismo tiempo una restricción temporal respecto a la competencia normativa del Parlamento. Durante el periodo de habilitación, de hecho, las materias que constituyen el objeto de la delegación son asimiladas a las materias reglamentarias, con la consecuencia de que, si se presentara una propuesta de ley o una enmienda parlamentaria considerada contraria a la delegación, el Gobierno podría oponer su inadmisibilidad, como dispone expresamente el art. 41 de la Constitución de 1958. La restricción de las competencias del Parlamento, durante la vigencia de la Constitución de la V República, es mayor a la de la III y IV República. Esto porque, atendiendo a la Constitución de 1958, hasta la expiración del plazo de la delegación, el Parlamento ya no puede intervenir en una materia que es como si ya estuviera reservada (aunque sea temporalmente) al poder reglamentario, en cambio según los textos constitucionales de la III y de la IV República el Parlamento podía retirar la autorización al Gobierno, o también restringir el alcance de la autorización misma. Además, mientras la inadmisibilidad es oponible por el Gobierno respecto a las propuestas de ley y a las enmiendas parlamentarias, el Gobierno mismo puede en todo momento transfundir el contenido de un proyecto de ordenanza en un proyecto de ley de presentar en Parlamento.

Queda una última cuestión, sin duda controvertida, relativa a la individualización de la naturaleza jurídica de las ordenanzas *ex* art. 38 de la Constitución de 1958. Dicha cuestión no ha sido resuelta por el texto constitucional. Se ha así considerado que la ordenanza todavía no ratificada tuviera naturaleza de acto administrativo, en cambio después de la ratificación asumiera la naturaleza jurídica de ley. Por consiguiente, la ordenanza, antes de la ratificación, era

---

[377] Así dispone el apartado 2 del art. 38 de la Constitución de 1958.

[378] Tal eventualidad, en la historia constitucional de la V República, se ha verificado en no pocas ocasiones.

impugnable a través del recurso por exceso de poder ante el Consejo de Estado. Sin embargo, el Consejo constitucional, en la decisión de 2020, afirmó que, después de la expiración del plazo para la habilitación, las ordenanzas adquieren la naturaleza de verdaderos y propios actos legislativos[379]. La argumentación del Consejo constitucional hacía hincapié en el tercer apartado del art. 38 de la Constitución de 1958, atendiendo al que, después de la expiración del plazo para la habilitación, las ordenanzas son modificables solo a través de disposiciones legislativas. Esto significa – en la opinión de los jueces constitucionales – que las ordenanzas mismas tienen una naturaleza legislativa. La importante consecuencia de esta jurisprudencia constitucional[380] sería que las ordenanzas, si tienen naturaleza legislativa, no están sometidas al recurso por exceso de poder ante el Consejo de Estado, y por lo tanto en definitiva sustituirían el control por parte del Consejo constitucional al del Consejo de Estado. La jurisdicción administrativa suprema reaccionó. Con una primera decisión, de 1° de julio de 2020, el Consejo de Estado afirmó que contra las ordenanzas puede ser presentado el recurso por exceso de poder, tratándose de actos administrativos que no tienen por lo tanto naturaleza legislativa. Poco después, quizás percibiendo la gravedad de un choque institucional con el Consejo constitucional, el Consejo de Estado "amoldó" en parte su posición. En una decisión de 28 de septiembre de 2020 afirmó que las disposiciones contenidas en una ordenanza, antes de la relativa ratificación parlamentaria, tienen la naturaleza jurídica de actos administrativos y son contestables mediante el recurso por exceso de poder ante el Consejo de Estado, aunque esto valga solo para las previsiones que entran en el ámbito del poder reglamentario, con la exclusión entonces de las atribuidas al poder legislativo, que en cambio pueden ser objeto de una cuestión prioritaria de constitucionalidad[381] ante el Consejo constitucional[382].

---

[379] *Décision n. 2020-843 QPC du 28 mai 2020*. V. P. Piciacchia, *Il* revirement *della giurisprudenza del* Conseil constitutionnel *sulla natura giuridica delle ordinanze ex art. 38 cost. e la possibile tensione tra controllo parlamentare e controllo giurisdizionale*, in G. Caravale, S. Ceccanti, L. Frosina, P. Piciacchia, A. Zei (cur.), *Scritti in onore di Fulco Lanchester*, II, Napoli, Jovene, 2022, 951 ss.

[380] Del alcance innovador.

[381] QPC.

[382] Sobre esta (ingeniosa) solución jurisprudencial, que permite tanto el recurso por exceso de poder como la proposición de la cuestión prioritaria de constitucionalidad, v. Y. Le Foll, *Possibilité de contester les dispositions d'une*

6. Las leyes aprobadas por referéndum

El dominio de la legislación popular, es decir de las leyes sometidas a referéndum *ex* art. 11 de la Constitución de 1958, es más limitado que el previsto en el art. 38 del texto constitucional de la V República. Si, de hecho, este último está potencialmente extendido a todas las materias legislativas, el primero se refiere a los casos indicados en el art. 11 de la Constitución de 1958, es decir a la organización de los poderes públicos, las reformas relativas a la política económica o social de la nación como también a los servicios públicos que concurren, y la ratificación de los tratados internacionales, que aun sin ser contrarios a la Constitución, inciden en el funcionamiento de las instituciones.

Las leyes aprobadas mediante referéndum no son ciertamente numerosas; se calculan de hecho solo siete desde 1958. Estas tienen que ser sin duda consideradas actos legislativos y no, en cambio, actos administrativos. Como tales, las leyes referendarias pueden también ser modificadas, hasta derogadas, por leyes posteriores, aunque desde el punto de vista político esto es bastante problemático. Además, si la ley referendaria fue incorporada en la Constitución, como ha ocurrido por la ley de 1962 sobre la elección por sufragio universal directo del Presidente de la República, evidentemente ya no podrá ser modificada o suprimida por ley ordinaria.

Las leyes adoptadas por referéndum presentan algunos puntos de contacto con la ley de habilitación, en el sentido de que esta contiene una disposición que autoriza al Ejecutivo o al Jefe de Estado a emanar ordenanzas, dentro de un cierto periodo de tiempo, en las materias que son en vía ordinaria de competencia del Legislativo.

Un ejemplo histórico importante fue la ley de 13 de abril de 1962, con la que se aprobaron los acuerdos relativos a la independencia de Argelia. El art. 2 de dicha ley contenía la habilitación al Jefe de Estado para la adopción, mediante ordenanzas, de las medidas legislativas relativas a la definición de los asuntos argelinos. El entonces Presidente de la República, el general de

---

ordonnance non ratifiée relevant du domaine de la loi par la voie de l'exception, en soulevant une QPC, en *Le Quotidien*, 23 de octubre de 2020.

Gaulle, emanó una ordenanza[383] por la que se instituía el Tribunal militar de justicia, para juzgar a los militares que se habían opuesto con violencia a la concesión de la independencia a Argelia. Se planteó el problema de individualizar la naturaleza jurídica de estas ordenanzas, para su eventual sujeción al recurso por exceso de poder. Esto hubiera sido posible si las ordenanzas hubieran sido consideradas actos administrativos y no, en cambio, actos legislativos. El Consejo de Estado, con decisión de 19 de octubre de 1962, se pronunció en el sentido de que se trataba de simples actos administrativos, y, por consiguiente, anuló la ordenanza por la que se instituía el Tribunal militar de justicia, considerando que la misma hubiera violado de forma grave algunos principios generales del derecho penal[384]. Se estableció, en aquel tiempo, la plena equivalencia entre la naturaleza jurídica de las ordenanzas emanadas, atendiendo a una habilitación derivada de un referéndum, respecto a la de las ordenanzas adoptadas tras una habilitación parlamentaria.

---

[383] Con fecha del 1° de junio de 1962.

[384] Cfr., como conclusión del caso examinado en el texto, *Ce qu'était cette juridiction d'exception*, en *Le Monde*, 22 de octubre de 1962. Sobre los tribunales especializados en la represión de actos de naturaleza política, calificables como jurisdicciones excepcionales, v. V. Delaporte, *Aux origines de la Cour de sûreté de l'État La conquête d'un pouvoir de punir par l'exécutif (1960-1963)*, en *Vingtième Siècle. Revue d'histoire*, n. 140, 2018, 137 ss., quien analiza, desde 1961: al Alto Tribunal militar, al Tribunal militar, la Corte marcial de Argel, el Tribunal del orden público, el Tribunal militar de justicia y, por último, después de la independencia del Argelia, el Tribunal de seguridad del Estado (aquí: «*En 1960, à l'encontre d'une volonté politique, la justice ne condamne pas les ultras. À l'inverse, en 1963, les gouvernants semblent dicter aux juges les peines prononcées*», cfr. 138). Para la presidencia del Tribunal militar de justicia se designó, el 10 de junio de 1962, el general Edgard de Larminat, que falleció trágicamente poco después en Paris el 1° de julio del mismo año. De Larminat aceptó el cargo sin muchas reticencias. Fue encontrado muerto en su habitación (se suicidó disparándose un golpe de pistola a la cabeza). De Larminat fue precedentemente ingresado el 20 de junio en un hospital militar, tras una crisis cardiaca. No ejerció nunca las funciones de presidente del Tribunal militar de justicia, siendo sustituido por el general Roger Gardet, su suplente. Cfr. Le général de Larminat, président de la Cour militaire de justice s'est donné la mort à son domicile, en Le Monde, 3 de julio de 1962 (aquí: «*Le fait que le général de Larminat ait été hospitalisé à la veille de la réunion de la Cour militaire de justice avait [...] été considéré par certains comme une reculade et on avait été jusqu'à mettre en doute la réalité de la crise cardiaque qui avait provoqué son hospitalisation*»).

7. Las decisiones legislativas adoptadas en aplicación del art. 16 de la Constitución de 1958

En algunas situaciones excepcionales, contempladas por el art. 16 de la Constitución de 1958, el Presidente de la República puede adoptar las "medidas requeridas por las circunstancias"[385]. Su alcance es, potencialmente, muy amplio, puesto que se refieren tanto a las materias legislativas como reglamentarias.

Una primera cuestión, que se pone en relación con la "legislación presidencial", se refiere a la competencia exclusiva o no del Jefe de Estado, porque en efectos la Constitución no dice nada sobre la eventual competencia normativa concurrente del Parlamento. Con un solo precedente, de abril de 1961, que tuvo como protagonista al general de Gaulle, hay que excluir que el Parlamento conserve una competencia concurrente, respecto a la del Jefe de Estado, en relación con las medidas a adoptar, atendiendo al art. 16 de la Constitución. Esto, de hecho, era el tenor literal del mensaje enviado por de Gaulle al Parlamento el 25 abril 1961.

Existe luego la cuestión de la naturaleza jurídica de las ordenanzas emanadas por el Jefe de Estado, atendiendo al art. 16 de la Constitución. La alternativa es entre la naturaleza de actos administrativos, como ocurre para las ordenanzas aprobadas tras una habilitación parlamentaria o por referéndum[386], es decir la de verdaderos y propios actos legislativos. A este propósito, intervino la decisión del Consejo de Estado de 2 de marzo de 1962. En tal pronunciamiento, se afirmó en primer lugar que la decisión de activar el art. 16 de la Constitución representa un acto de gobierno, no sometido como tal a algún recurso jurisdiccional. En segundo lugar, como han observado los supremos jueces administrativos franceses en la sentencia ahora en examen, el art. 16 de la Constitución habilita al Jefe de Estado para ejercer el poder legislativo en las materias *ex*

---

[385] Esta es la formulación contenida en el primer apartado del art. 16 del texto constitucional. Para un comentario en la doctrina francesa v. G. Berlia, *L'application de l'article 16 et les rapports entre le Parlement et le Gouvernement*, en *Revue du droit public*, 1961, 1029 ss.; Id., *Le contrôle du recours à l'article 16 et de son application*, aqui, 1962, 288 ss.; M. Voisset, *L'article 16 de la Constitution du 4 octobre 1958*, Paris, LGDJ, 1969.

[386] V. los dos epígrafes que preceden en este mismo capítulo.

art. 34 del texto constitucional y el poder reglamentario en las hipótesis del art. 37 del texto mismo. Por lo tanto, en definitiva, según el Consejo de Estado, la naturaleza jurídica de la decisión depende necesariamente de su objeto y no, en cambio, de su autor. En aquel tiempo, por lo tanto, si el Jefe de Estado optaba por el ejercicio del poder legislativo, dichos actos no podían ser objeto de impugnación. De hecho, no era posible recurrirlos ni ante el juez administrativo, porque se trataba de actos de naturaleza legislativa, ni tampoco ante el Consejo constitucional, que entonces carecía de competencia al respecto. Sin embargo, después de la reforma constitucional de 2008, es en cambio posible, cuando se trata de actos de naturaleza legislativa, plantear la cuestión prioritaria de constitucionalidad, en la medida en que el Consejo de Estado o el Tribunal de casación acepten trasmitir la CPC al Consejo constitucional[387].

En definitiva, a la luz de la evolución tanto constitucional como jurisprudencial, se puede concluir que los actos adoptados por el Presidente de la República *ex* art. 16 de la Constitución siempre están sometidos al control jurisdiccional, con la única excepción de la decisión inicial de aplicar el art. 16 del texto constitucional, porque se trata, en este último caso, de un típico acto de gubernamental, contra el que no se pueden interponer recursos jurisdiccionales.

---

[387] Sobre estos dos últimos aspectos véase además el capítulo que sigue.

CAPÍTULO V

LA FUNCIÓN JURISDICCIONAL

Sumario: 1. Premisa. – 2. El Consejo constitucional. – 3. Sigue: composición y organización. – 4. Sigue: las competencias. – 5. Las jurisdicciones ordinaria y administrativa.

1. Premisa

Si se consideran las previsiones contenidas en el art. 16 de la Declaración de los derechos del hombre de 1789, se observa que, al tener que estar reconocida la separación de poderes, entendida como reparto de competencias, la Constitución siempre deberá ocuparse tanto de la función legislativa como de la función ejecutiva. Podría, en cambio, no contener disposiciones expresas sobre la función jurisdiccional, como ocurría durante las leyes constitucionales de 1875, que contemplaban solo algunas normas sobre la posibilidad de acusar al Presidente de la República.

En las Constituciones modernas, sin embargo, ya no hay espacio para un planteamiento parecido, puesto que se ha adquirido plena conciencia de que los jueces, a la hora de aplicar las leyes, desarrollan una función también desde el punto de vista de la producción normativa, es decir producen normas y contribuyen a la creación del derecho. Puesto que, por lo tanto, se hace referencia a órganos que son de extrema importancia para la protección de las libertades, es necesario proceder a su regulación constitucional, especialmente al reconocimiento y regulación de los principios fundamentales de la organización de algunas jurisdicciones.

Esto ha ocurrido en la Constitución de la V República en relación con el Consejo constitucional y las jurisdicciones ordinarias; en cambio, las jurisdicciones administrativas, si bien no se mencionen de forma expresa en la Constitución, presentan aspectos organizativos determinados por lo menos en parte por principios de valor constitucional.

2. El Consejo constitucional

La creación, en 1958, del Consejo constitucional ha representado un momento de ruptura con la tradición republicana francesa[388]. Esta

---

[388] Con respecto a la jurisdicción constitucional en el ordenamiento de la V República francesa, v.: L. Favoreu, *La justice constitutionnelle en France*, en *Les Cahiers de droit*, 1985, 299 ss.; J. Meunier, *Le pouvoir du Conseil constitutionnel. Essai d'analyse stratégique*, Paris-Bruxelles, LGDJ-Bruylant, 1994; T. Di Manno, *Le juge constitutionnel et la technique des décisions «interprétatives» en France et en Italie*, Paris - Aix-en-Provence, Economica-Presses Universitaires d'Aix-Marseille, 1997; B. François, *Le Conseil constitutionnel et la Cinquième République. Réflexions sur l'émergence et les effets du contrôle de constitutionnalité en France*, en *Revue française de science politique*, 1997, 377 ss.; M. Fromont, *La justice constitutionnelle en France ou l'exception française*, en *Revue administrative*, 1999, n. 7, 36 ss.; B. Mathieu, M. Verpeaux, *Contentieux constitutionnel des droits fondamentaux*, Paris, LGDJ, 2002; P. Avril, J. Gicquel, *Le Conseil constitutionnel*, Paris, Montchrestien, 2011, 6ª ed.; F. Hamon, C. Wiener, *La justice constitutionnelle en France et à l'étranger*, Paris, LGDJ, 2011; D. Baranger, *Sur la manière française de rendre la justice constitutionnelle. Motivations et raisons politiques dans la jurisprudence du Conseil constitutionnel*, en *Jus Politicum*, v. IV, 2012, 13 ss.; P. Avril, *Le Conseil constitutionnel est-il toujours le bras armé du Gouvernement dans le parlementarisme rationalisé?*, en *Les Nouveaux Cahiers du Conseil Constitutionnel*, v. 50, 2016, n. 1, 39 ss.; G. Drago, *Contentieux constitutionnel français*, Paris, PUF, 2020, 5ª ed.; M. Almeida Kato, *La transparence de la justice constitutionnelle. Une étude de droit comparée (France, Brésil, États-Unis)*, prólogo de T. Hochman, Paris, Dalloz, 2023 (la autora examina las normas jurídicas que regulan o limitan la transparencia de la justicia constitucional, como ocurre para el procedimiento de nombramiento de los jueces, las posibilidades de recusación o remoción, la motivación de las decisiones y la posibilidad de publicar votos particulares, las funciones ejercidas por los asistentes de los jueces, el acceso a los archivos, los *amici curiae* o el desarrollo de audiencias públicas y su difusión); L. Fontaine, *La Constitution maltraitée. Anatomie du Conseil constitutionnel*, Paris, Éditions Amsterdam, 2023; S. Benzina, J. Jeanneney (dir.), *La doctrine et le Conseil constitutionnel*, Paris, Dalloz, 2024 (en el que interesantes reflexiones doctrinales sobre la manera francesa de estudiar y hacer la justicia constitucional); R.K. Weber, *Der Begründungsstil von Conseil constitutionnel und Bundesverfassungsgericht. Eine vergleichende Analyse der Spruchpraxis*, Tübingen, Mohr, 2019; L. Mezzetti, *La justicia constitucional en Francia*, en L. Mezzetti, E.A. Velandia Canosa (coord.), *Justicia Constitucional. Sistemas y Modelos Comparados*, Bogotà, Ediciones Nueva Jurídica, 2017, 299 ss.; M. Cappelletti, *Il controllo giudiziario di costituzionalità delle leggi nel diritto comparato*, Milano, Giuffrè, 1968, ahora también reimpreso, Roma, Roma TrE-Press, 2024 (col. *La Memoria del Diritto*, vol. XXIV), prologo di T.E. Frosini, *Giustizia costituzionale e diritto comparato. La lezione di Mauro Cappelletti*, XV ss., y las observaciones de Cappelletti a 81 ss.; E. Esposito, *Il Consiglio Costituzionale in Francia*, en *Rivista trimestrale di diritto pubblico*, 1972, 351 ss.; M. Volpi, *Il ruolo del* Conseil Constitutional *nella forma di governo francese*, en A. Pizzorusso, V. Varano (cur.), *L'influenza dei valori costituzionali sui sistemi giuridici contemporanei*, Milano, Giuffrè, 1985, 1349 ss.;

última pone en el centro la idea de la soberanía parlamentaria; en cambio, al Consejo constitucional le corresponde proporcionar interpretaciones de la Constitución que son vinculantes para todos los demás poderes constituidos, como el Parlamento.

Sin embargo, los constituyentes de 1958 no quisieron crear un Tribunal constitucional en el sentido pleno del término, asumiendo como modelo el Tribunal constitucional alemán o el Tribunal Supremo de los Estados Unidos, como jurisdicción suprema para la protección de los derechos y de las libertades. En el caso francés el objetivo era impedir que las prerrogativas estuvieran en peligro por eventuales "extralimitaciones" de la Asamblea nacional o del Senado. Como afirmó Michel Debré, en un discurso ante la asamblea general del Consejo de Estado el 27 de agosto de 1958, el Consejo constitucional habría tenido que representar nada más que "un arma

---

S. Gambino, *La giustizia costituzionale in Francia. Il* Conseil constitutionnel *da regolatore dell'attività dei pubblici poteri a garante delle libertà individuali*, in *Politica del diritto*, 1988, 575 ss.; Id., *Sistema delle fonti e controllo di costituzionalità. Il caso francese, Parte 1: Profili storico-dogmatici*, Torino, Giappichelli, 1988; Id., *Legge, regolamento e Costituzione: le scelte del costituente francese del 1958 e* la *giurisprudenza del* Conseil constitutionnel, en *Quaderni costituzionali*, 1990, 479 ss.; D. Amirante, *Giudice costituzionale e funzione legislativa. L'esperienza francese*, Padova, Cedam, 1991; F. Duranti, *Le origini della giustizia costituzionale in Francia e la nascita del* Conseil Constitutionnel, en *Politica del diritto*, 2000, 167 ss.; P. Passaglia, *La giustizia costituzionale in Francia*, en J. Luther, R. Romboli, R. Tarchi (cur.), *Esperienze di giustizia costituzionale*, I, Torino, Giappichelli, 2000, 199 ss.; E. Libone, *La giustizia costituzionale in Francia*, en M. Olivetti, T. Groppi (cur.), *La giustizia costituzionale in Europa*, prólogo de G. Zagrebelsky, Milano, Giuffrè, 2003, 149 ss.; M. Calamo Specchia, *Il* Conseil constitutionnel *e lo sviluppo della giustizia costituzionale in Francia*, en L. Mezzetti (cur.), *Sistemi e modelli di giustizia costituzionale*, Padova, Cedam, 2009, 175 ss.; F. Fabbrini, *La riforma del controllo di costituzionalità in Francia: tra innovazione e conservazione*, en *Astrid*, www.astrid-online.it, 2009; M. Cavino, *Lezioni di giustizia costituzionale francese*, Napoli, Editoriale Scientifica, 2014; Id., Conseil constitutionnel, in *Digesto delle Discipline pubblicistiche, Aggiornamento 6*, Milano, Wolters Kluwer, 2017, 12 ss.; S. Benvenuti, *La via francese alla giustizia costituzionale. Ideologia, politica e «dialogo» tra Corti*, Napoli, Edizioni Scientifiche Italiane, 2016; S. Bagni, M. Nicolini, *Giustizia costituzionale comparata, Trattato di Diritto pubblico comparato*, fondato e diretto da G.F. Ferrari, Milano, Wolters Kluwer-Cedam, 2021, 119 ss. Una puntual reseña jurisprudencial de las decisiones del *Conseil constitutionnel* francés es coordinada por el prof. Paolo Passaglia para la Revista *Diritto pubblico comparato ed europeo online* (www.dpceonline.it).

contra la desviación del régimen parlamentario"[389]. La posterior evolución modificó esta inicial concepción. Por consiguiente, si bien tanto la composición como la mayoría de las atribuciones del Consejo constitucional no hayan sido profundamente modificadas en 1958, tiene actualmente un rol de absoluta centralidad en el sistema institucional y político de Francia, también en la defensa de los derechos y de las libertades.

3. Sigue: composición y organización

El Consejo constitucional comprende tanto miembros nombrados como miembros de derecho. El presidente del Consejo constitucional está nombrado por el Jefe de Estado[390]. Los miembros nombrados son nueve[391]. Tres son designados por el Presidente de la República, tres por el presidente de la Asamblea nacional y los restantes por el presidente del Senado. Los nombramientos realizados por el Jefe del Estado no están sometidos a la regla de la contrafirma. Sin embargo, es oportuno recordar que el art. 56 de la Constitución fue modificado por la ley de la modernización de las instituciones de 23 de julio de 2008. Por lo tanto, el mandato de componente del Consejo constitucional es parte de los cargos o de las funciones para las que el art. 13 del mismo texto constitucional requiere que los nombramientos del Presidente de la República estén subordinados a la adquisición de los dictámenes de las comisiones permanentes competentes de cada una de las asambleas parlamentarias. Ahora bien, estos dictámenes hasta ahora han desarrollado una función sobre todo formal, en el sentido de que han sido favorables a la elección del Jefe del Estado. No obstante, pueden impedir el nombramiento cuando la suma de los votos negativos expresados en cada una de las dos comisiones represente por lo menos los tres quintos de los sufragios expresados en el ámbito de las dos comisiones. Más simple es el procedimiento de nombramiento de los

---

[389] Cfr. S. Ceccanti, *Le istituzioni francesi non sono in crisi: rileggere Michel Debrè del 27 agosto 1958*, cit.

[390] Cfr. el último apartado del art. 56 de la Constitución de 1958. La disposición misma prevé que, en hipótesis de paridad, prevalece el voto del presidente del Consejo constitucional.

[391] J.-P. Camby, *La nomination des membres du Consei constitutionnel ou la liberté absolute de choisir*, en *Revue du droit public*, 1999, 1573 ss.

otros seis miembros del Consejo constitucional, puesto que la designación por parte de la Asamblea nacional y del Senado ha sido sometida al dictamen de la sola comisión permanente competente de la asamblea parlamentaria respectivamente interesada.

La duración del mandato de juez del Consejo constitucional es de nueve años, sin posibilidad de renovación. El Consejo constitucional, en analogía con lo que ocurría para el Senado antes de la reforma constitucional de 2008, se renueva por un tercio cada tres años. Sin completas revoluciones el Senado se renueva bastante rápidamente. Los tres nombramientos para cada renovación trienal corresponden una al Presidente de la República, otra al presidente de la Asamblea nacional y la tercera al presidente del Senado[392]. Antes de entrar en el ejercicio de sus funciones, los jueces constitucionales prestan juramento ante el Presidente de la República.

Todos los ex Presidentes de la República son componentes de derecho y a vida del Consejo constitucional, sin que tengan que prestar juramento ante el Jefe de Estado. Durante mucho tiempo, los miembros de derecho del Consejo constitucional no han desarrollado un rol relevante. Dos ex presidentes de la IV República francesa, es decir Auriol y Coty, participaron raramente en las sesiones del Consejo constitucional, en cambio los tres ex Jefes de Estado, es decir el general de Gaulle y Giscard d'Estaing y Mitterrand, nunca participaron en los trabajos del Consejo constitucional. Además, esta especial composición del Consejo constitucional representa una especie de *unicum* en el panorama comparado, haciendo desde varios puntos de vista difícil su plena consideración como una verdadera y propia jurisdicción. No han faltado, en efecto, las iniciativas políticas para suprimir la presencia de los ex Presidentes de la República en el seno del Consejo constitucional. Al respecto, hay que tener en cuenta los progresos de la medicina que comportan un alargamiento de la vida media, y la reducción del mandato presidencial (de siete a cinco años)[393]. En tal sentido, se expresaba la recomendación del comité

[392] Puede bien ocurrir que un miembro del Consejo constitucional no alcance el final de su mandato por fallecimiento o dimisión, sobrevenida incompatibilidad u otro. En este caso entra un nuevo juez, nombrado por la autoridad a la que se refiere el escaño vacante. Sin embargo, el nuevo juez sigue en el cargo por la duración del mandato originariamente previsto y no por un mandato completo.

[393] V. *retro*, en el ap. 1 del cap. III de la parte II.

Balladur en 2007, referida (por lo menos) a los futuros Presidentes de la República, como también la previsión contenida en el proyecto de revisión constitucional elaborado por iniciativa del Primer ministro Édouard Philippe en 2017. Ambas propuestas de revisión de la regulación vigente, por otra parte, no prosperaron.

La problemática relativa a los miembros de derecho del Consejo constitucional es un aspecto particular de una cuestión más general. Esta se refiere a la composición del Consejo mismo, al seguir teniendo la misma de un órgano de naturaleza política, al contrario del Consejo constitucional, que ha asumido de forma progresiva, y especialmente después de la reforma constitucional de julio de 2008, características y atribuciones de tipo jurisdiccional[394]. El problema, además, no se refiere solo a los miembros de derecho, sino también a los mismos miembros nombrados por el Consejo constitucional, que a menudo son también importantes actores políticos del pasado. Esta delicada situación se ha producido, por ejemplo, en los casos de Lionel Jospin y de Laurent Fabius, puesto que el primero es un ex Primer ministro, en cambio el segundo, además de haber sido jefe del Gobierno, ha desempeñado, por bien dos veces, el cargo de presidente de la Asamblea nacional[395].

4. Sigue: las competencias

A pesar de su amplitud, las competencias del Consejo constitucional no se extienden a cualquier perfil de aplicación o interpretación de la Constitución. Se trata, en efecto, de una competencia de atribución. Desde el plano comparativo, la situación institucional francesa es muy diferente, por ejemplo, respecto a la contemplada en el apartado 1 del art. 93 de la Constitución federal alemana, que atribuye al Tribunal constitucional la competencia general de dirimir las controversias sobre el alcance de los derechos y de los deberes de un órgano supremo federal.

---

[394] Cfr. D. Rousseau, *Il est temps de rendre la justice constitutionnelle aux juristes*, en www.actu-juridique.fr, 9 de marzo de 2021. Ahí: «*De tous les Etats européens la France est le seul à ne fixer aucune condition d'âge, de formation juridique ou d'expérience juridictionnelle pour devenir membre du Conseil*».

[395] Sobre el tema, v. J. Arlettaz, P. Passaglia, *La justice constitutionnelle saisie par la politique: naissance et conséquences des récentes crises de nomination des juges constitutionnels en Europe*, en *Revue internationale de droit comparé*, 2024, n. 2, 29 ss.

Un primer grupo de competencias del Consejo constitucional se refiere al ejercicio del sufragio[396]. El Consejo constitucional, de hecho, decide los eventuales recursos sobre la regularidad de las elecciones parlamentarias. Además, el Consejo constitucional interviene en algunos trámites de las elecciones presidenciales y proclama los resultados de las consultas populares. Existe también un grupo de competencias relativas al estatuto de los titulares de algunos mandatos electivos. Corresponde de hecho al Consejo constitucional juzgar la eventual situación de incompatibilidad de un diputado, o constatar, a petición del Gobierno, el impedimento temporal o definitivo del Jefe de Estado[397]. Un tercer grupo de competencias del Consejo constitucional se refiere al ejercicio de los poderes excepcionales previstos en el art. 16 de la Constitución de la V República[398]. Con respecto a la presencia de las condiciones para el ejercicio de tales poderes, es necesario adquirir el dictamen del Consejo constitucional. Igualmente, se requiere la opinión preventiva del Consejo constitucional para la adopción de las medidas derivadas del ejercicio de poderes excepcionales. Además, tras la revisión constitucional de julio de 2003, se puede solicitar al Consejo constitucional la expedición de un dictamen adicional, después de treinta días desde el comienzo del ejercicio de los poderes excepcionales *ex* art. 16 de la Constitución, acerca de la continua existencia de las condiciones requeridas para el ejercicio de los mismos poderes excepcionales. Las competencias del tercer grupo que se acaba de examinar, por otra parte, son diferentes tanto de las

---

[396] F. Delpérée, *Le contentieux électoral*, Paris, PUF, 1998; Id., *Le contentieux électoral en Europe*, en *Cahiers du Conseil constitutionnel*, n. 13, 2002, 74 ss.; F. Mélin-Soucramanien, *Le Conseil constitutionnel, juge électoral*, en *Pouvoirs*, n. 105, 2003, 117 ss.; J.-P. Camby, *Le Conseil constitutionnel, juge électoral*, Paris, Dalloz, 2022, 8ª ed.; S. Bagni, *Procedure di controllo esternalizzate e tendenze attuali. Francia*, en L. Pegoraro, G. Pavani, S. Pennicino (cur.), *Chi controlla le elezioni? Verifica parlamentare dei poteri, tribunali, commissioni indipendenti*, Bologna, Bononia University Press, 2011, 131 ss.; P. Passaglia, *La giustizia elettorale in Francia: un delicato equilibrio tra complessità ed efficacia*, en *Federalismi.it*, n. 14, 2015. La perspectiva de la comparación es desarrollada de forma eficaz por G. Milani, *Sistemi comparati di giustizia elettorale in Europa*, Milano, Wolters Kluwer, 2023 (aquí comparación entre los ordenamientos italiano, alemán, francés y español).

[397] V. el art. 7 de la Constitución de 1958.

[398] Sobre estos poderes, se reenvía al ap. 7 del cap. IV de la parte II.

del primer como del segundo grupo, puesto que son de naturaleza consultiva y no jurisdiccional, con la consecuencia de que nunca pueden ser vinculantes para el Jefe de Estado. Un cuarto grupo de competencias institucionales del Consejo constitucional se refiere a eventuales "incidentes" del procedimiento legislativo. Por otra parte, esta era la función originariamente atribuida al Consejo constitucional, es decir velar por el respeto del reparto de competencias diseñado por la Constitución de 1958 entre dominio legislativo y domino reglamentario, *ex* art. 34 y 37 del texto constitucional. En este grupo de competencias, pero desde un perfil diferente, es oportuno añadir que el art. 39 de la Constitución de la V República, tal y como ha sido modificado por la ley de revisión constitucional de julio de 2008, atribuyó una nueva competencia al Consejo constitucional. Cuando se considere que los proyectos de ley depositados por el Ejecutivo ante una de las dos Cámaras parlamentarias tengan que respetar algunas condiciones de presentación establecidas por la ley orgánica, es posible que surjan divergencias sobre la observancia de las mismas condiciones entre el Gobierno y la conferencia de los presidentes de las asambleas. Si se verificara una hipótesis de este tipo, tanto el primer ministro como el presidente de la Asamblea parlamentaria pueden acudir al Consejo para resolver la relativa cuestión de procedimiento.

Como se puede entender, la principal atribución actualmente reconocida al Consejo constitucional es el control de constitucionalidad de algunos textos y, sobre todo, de las leyes. Es de fundamental importancia, de hecho, poner de relieve que el Consejo constitucional francés, antes de la reforma constitucional de 23 de julio de 2008, ejercía, a diferencia de lo que ocurre para la mayor parte de los Tribunales constitucionales de otros países, solo el control abstracto de constitucionalidad de las leyes, al margen de todo tipo de nexo con una particular vertiente, con exclusión de la tarea de control concreto sobre una controversia concreta, cuya solución depende de la decisión adoptada por los jueces constitucionales[399].

---

399 La distinción fue vivazmente contestada por G. Tusseau, *Modelli di giustizia costituzionale. Saggio di critica metodologica/Les «modeles» de justice constitutionelle. Essai de critique methodologique*, prólogo de L. Pegoraro, ed. bilingüe (trad. it. de A. Moandini), Bologna, Bologna University Press, 2009.

Los primeros dos apartados del art. 61 de la Constitución de la V República contemplan, respectivamente, el control abstracto obligatorio, que se refiere a las leyes orgánicas y a los reglamentos de las asambleas populares, y al control abstracto facultativo, relativo en cambio a todos los demás casos.

En particular, con respecto a los reglamentos parlamentarios, es necesario poner de relieve que se trata de un control de constitucionalidad, que el Consejo constitucional ejerce obligatoriamente no sobre las leyes sino sobre resoluciones de las mismas asambleas parlamentarias, que determinan su organización y el funcionamiento. El control abstracto (*a priori*) de constitucionalidad de las leyes ordinarias puede ser activado tanto por el Presidente de la República como por el presidente de la Asamblea nacional y el presidente del Senado, y también, tras la reforma realizada por ley constitucional de 29 de octubre de 1974, por sesenta diputados o sesenta senadores[400].

Algunas cuestiones se refieren a tipologías especiales de leyes. Hay que considerar ante todo el caso de las leyes adoptadas por referéndum. El art. 61 de la Constitución, en realidad, no distingue entre las leyes sometidas al control de constitucionalidad del Consejo constitucional, ni en relación con las respectivas modalidades de elaboración. Sin embargo, el Consejo constitucional reafirmó, en una importante decisión de 1962, que su control se extiende a las leyes aprobadas por los representantes del pueblo, no a las deliberadas directamente por el pueblo, porque en este segundo caso se trataría de ejercer un control sobre la soberanía, que está excluido[401]. Esta jurisprudencia fue confirmada por otra decisión del Consejo de Estado de 1992[402]. La conclusión que se extrae es que, en definitiva,

---

[400] El recurso al Consejo constitucional tiene que ser presentado después de la aprobación definitiva de la ley por parte del Parlamento, pero antes de su promulgación.

[401] *Décision n. 62-20 DC du 6 novembre 1962*. El caso se refiere a la solicitud presentada por el presidente del Senado de verificar la conformidad con la Constitución de 1958 de la ley sobre la elección del Presidente de la República adoptada mediante el referéndum del 28 de octubre de 1962.

[402] *Décision n. 92—313 DC du 23 septembre 1992* (Maastricht III). Con el recurso, presentado por sesenta y tres diputados, se pedía examinar si una ley de autorización a la ratificación de un tratado internacional fuese o menos conforme a la Constitución.

solo las leyes parlamentarias están sometidas al control de constitucionalidad, aunque se puede observar un mayor margen de maniobra del mismo Consejo constitucional en la medida en que su jurisprudencia no parece excluir el juicio no tanto sobre la ley aprobada por referéndum, sino más bien sobre el decreto, que somete la ley a la consulta.

Otro límite, atendiendo a la jurisprudencia del Consejo constitucional, se refiere al sometimiento al juicio de legitimidad constitucional de las leyes constitucionales. También en este caso, de hecho, el Consejo constitucional tuvo ocasión, en 2003, de negar la propia competencia[403]. El autocontrol del legislador, en este caso, se sustituye integralmente al juicio del Consejo constitucional[404].

Otro caso específico de constitucionalidad está previsto en el art. 54 de la Constitución de la V República. Se refiere a los compromisos internacionales de Francia. Si uno de tales compromisos no ha sido ratificado todavía o aprobado, se puede pedir la verificación de su constitucionalidad al Consejo constitucional. Están legitimados el Jefe de Estado, el Primer ministro, los presidentes de cada una de las dos Cámaras parlamentarias, y sesenta diputados o sesenta senadores[405]. Cuando el Consejo constitucional constate que una cláusula de compromiso produzca una violación de la Constitución, la autorización a la ratificación o a la aprobación no podrá intervenir si no tras la revisión del texto constitucional. En todo caso, si la ley de ratificación fuera adoptada por el Parlamento, más allá de la aplicación del art. 54 de la Constitución, será siempre posible presentar el recurso al Consejo constitucional, atendiendo al apartado 2 del art. 61 de la Constitución. Así afirmó el Consejo constitucional en una decisión de 1980.

Con respecto a las colectividades territoriales, como regla general, los actos adoptados por sus asambleas deliberativas no están

---

403 *Décision n. 2003-469 DC du 26 nars 2003.*

404 A diferencia de lo que ocurre en otros ordenamientos nacionales, en Francia, no se admite la verificación jurisdiccional de la constitucionalidad de las enmiendas constitucionales. No hay, en otros términos, disposiciones constitucionales intangibles.

405 La posibilidad para los parlamentarios de presentar el recurso *ex* art. 54 de la Constitución fue introducida por la revisión constitucional de 25 de junio de 1992.

sometidos a eventual contestación ante el Consejo constitucional, porque en el ordenamiento francés, que sigue siendo el de un Estado unitario, estos tienen naturaleza de simples actos administrativos, impugnables ante la justicia administrativa. Los entes territoriales, de hecho, no disponen de la potestad legislativa. Sin embargo, hay una excepción representada por la Nueva Caledonia. Esta dispone, después de la revisión constitucional de 20 de julio de 1998 y atendiendo a la ley orgánica n. 99-209 de 19 de marzo de 1999, de un estatuto especial. Atendiendo a este último, la Nueva Caledonia puede adoptar, a través de su órgano deliberante denominado Congreso, actos legislativos, denominados *lois du pays*[406], en algunas materias, que, con arreglo al art. 34 de la Constitución de 1958, estarían comprendidas en el dominio reservado del Parlamento nacional. Las materias atribuidas al Congreso de la Nueva Caledonia, previstas en el art. 99 de la relativa ley orgánica, se refieren a los principios fundamentales del derecho al trabajo, del derecho sindical y a la seguridad social, y a las reglas sobre acceso al trabajo de los extranjeros, y además las normas concernientes al estado y la capacidad de las personas, así como algunos aspectos de la regulación de tasas e impuestos. Ahora bien, estas leyes de la Neocaledonia pueden ser recurridas ante el Consejo constitucional, atendiendo al procedimiento que se inspira en el contemplado por el apartado 2 del art. 61 de la Constitución[407], pero que presenta al mismo tiempo algunas peculiaridades. Existe además un agravio procedimental, puesto que el recurso al Consejo constitucional puede ser presentado por el Alto Comisario, que representa los intereses del Estado[408], o por el Gobierno neocaledonio, por el presidente del Congreso de la Nueva Caledonia, por el presidente de una de las asambleas de las provincias de la Nueva Caledonia, o también por al menos dieciocho miembros del Congreso neocaledonio[409]. Pero todo ello no basta, puesto que la deliberación del Congreso de la Nueva Caledonia, antes de poder ser sometida al control del Consejo

[406] Sobre el que v. *retro*, parte II, cap. II, epígrafe 2.

[407] Referido, como se ha visto arriba, a las leyes de la República francesa.

[408] El Alto Comisario para la Nueva Caledonia viene nombrado con decreto del Jefe de Estado.

[409] Los componentes del Congreso de la Nueva Caledonia son cincuenta y tres.

constitucional, tiene que ser aprobada una segunda vez por el mismo Congreso, a petición del Alto Comisario, o por el presidente del Congreso, por el presidente de una de las asambleas provinciales de la Nueva Caledonia, o por no menos de once miembros del Congreso. A este punto, el Consejo constitucional podrá oponerse a la promulgación de las disposiciones de la deliberación neocaledonia, que hayan sido consideradas contrarias tanto a la Constitución como a la ley orgánica sobre el estatuto de la Nueva Caledonia. La tarea fundamental del Consejo constitucional, en las hipótesis ahora en examen, consiste en hacer respetar el reparto de competencias entre el Estado y los órganos de la Nueva Caledonia, así como las competencias atribuidas a los órganos neocaledonios diversos del Congreso. Las provincias neocaledonias, de hecho, disponen, atendiendo al art. 20 de la ley orgánica sobre Nueva Caledonia, de una competencia residual, referida a todas las materias que la ley orgánica misma no asigna al Estado, ni a la Nueva Caledonia o a sus ayuntamientos.

Con respecto a los actos adoptados por las asambleas deliberantes de las colectividades de ultramar, distintas de la Nueva Caledonia, es necesario considerar que la ley constitucional de 28 de marzo de 2003, relativa a la organización descentralizada de la República, permite a las colectividades de ultramar, en la medida y atendiendo a las condiciones fijadas por la ley orgánica sobre su estatuto, ejercer algunas competencias en las materias que entran en la esfera de la ley. Tales actos de las colectividades de ultramar son considerados como actos administrativos, estando sometidos por lo tanto al juicio jurisdiccional del Consejo de Estado. Sin embargo, cuando la ley orgánica, que establece el estatuto de la colectividad de ultramar, lo prevea, las autoridades de la colectividad misma pueden presentar un recurso al Consejo constitucional, para que se constate que una ley nacional, promulgada después de la entrada en vigor del estatuto de la colectividad de ultramar interesada, ha dictado normas en el ámbito de la competencia reservada a la misma colectividad de ultramar. Si el Consejo constitucional estima el recurso, la asamblea deliberante podrá modificar la ley[410].

[410] En tal sentido, dispone el art. 74 de la Constitución de la V República.

El Consejo constitucional ejerce, además del control abstracto, también el control concreto (es decir, *a posteriori*), este último, a través del mecanismo de la cuestión prioritaria de constitucionalidad, contemplada en el art. 61-1 de la Constitución de la V República.

El ordenamiento francés no prevé una excepción de inconstitucionalidad, con la relativa decisión por parte del juez ante el que se interpone la excepción, como ocurre por ejemplo en los Estados Unidos de América, sino una cuestión prejudicial, con decisión de la cuestión de constitucionalidad por parte del juez constitucional especializado, siempre y cuando no se prevea un sistema de filtro, cuyo funcionamiento sea idóneo para impedir que la misma cuestión llegue a la jurisdicción constitucional[411].

El procedimiento para el examen de la cuestión prioritaria de constitucionalidad (CPC) está contemplado en la ley orgánica de 10 de diciembre de 2009[412], adoptada para dar ejecución a las previsiones contenidas en el art. 61-1- de la Constitución, después de la revisión constitucional de julio de 2008[413]. La primera decisión, en

---

411 Cfr. J. Bonnet, *Le juge ordinaire français et le contrôle de la constitutionnalité des lois. Analyse critique d'un refus*, Paris, Dalloz, 2009; O. Pfersmann, *Le renvoi préjudiciel sur exception d'inconstitutionnalité: la nouvelle procédure de contrôle concret* a posteriori, en *Les Petites Affiches*, n. 254, 2008, 103 ss.

412 V. P. Jan, *Le procès constitutionnel*, Paris, LGDJ, 2010, 2ª ed.; D. Rousseau, P.Y. Gahdoun, J. Bonnet, *Droit du contentieux constitutionnel*, Paris, LGDJ, 2023, 13ª ed. En la optica del derecho procesal constitucional comparado v. también G. Tusseau, *Contentieux constitutionnel comparé. Une introduction critique au droit processuel constitutionnel*, Paris, LGDJ, 2021.

413 O. Pfersmann (dir.), *L'accès des personnes à la justice constitutionnel: droit, pratique, politique*, en *Cahiers du Conseil constitutionnel*, n. 10, 2001, M. Fatin-Rouge, *Le Conseil constitutionnel dans la révision du 25 juillet 2008, entre audace et modération*, en *Revue française de droit constitutionnel*, n. 78, 2009, 270 ss.; F.-X. Milet, *Le dialogue des juges à l'épreuve de la QPC*, en *Revue du droit public*, 2010, 1730 ss.; J.-B. Perrier, *La Cour de cassation et la question prioritaire de constitutionnalité: de la réticence à la diligence*, en *Revue française de droit constitutionnel*, n. 84, 2010, 793 ss.; X. Philippe, *La question prioritaire de constitutionnalité: à l'aube d'une nouvelle ère pour le contentieux constitutionnel française. Réflexions après l'adoption de la loi organique*, *ivi*, n. 82, 2010, 273 ss.; D. Rousseau (dir.), *La question prioritaire de constitutionnalité - QPC*, Paris, Gazette du Palais, 2012; D. Chamussy, *Le Parlement et la QPC*, en *Cahiers du Conseil constitutionnel*, n. 47, 2015, 45 ss. La Revista *Constitutions* ha dedicado el n. 1-2010 al tema *La question prioritaire de constitutionnalité en débat*. El n. 29-2010 de la Revista *Les Nouveaux Cahiers du Conseil Constitutionnel* está dedicado

orden de tiempo, del Consejo constitucional pronunciada en vía incidental es de 28 de mayo de 2010[414].

a *La question prioritaire de constitutionnalité*. A su vez, la Revista *Pouvoirs* ha publicado el n. 136-2011, dedicado a *La question prioritaire de constitutionnalité*. En Italia: T. Di Manno, *La QPC, une question incidente de costitutionnalité 'à la française'*, en C. Decaro, N. Lupo, G. Rivosecchi (cur.), *La 'manutenzione' della giustizia costituzionale. Il giudizio sulle leggi in Italia, Spagna e Francia*, Torino, Giappichelli, 2012, 5 ss.; A.M. Lecis Cocco Ortu, *La QPC tra rivoluzione ed eccezione: la concretezza del controllo a posteriori a tre anni dalla sua introduzione*, en *Rivista AIC*, n. 3-2013; C. Severino. *La* Question prioritaire de constitutionnalité. *Quadro normativo e prassi applicativa del giudizio in via incidentale francese*, en *Diritto pubblico comparato ed europeo*, 2014, 477 ss.; S. Benvenuti, *Il* Conseil constitutionnel *dopo la QPC: organo politico o vera Corte costituzionale?*, en V. Barsotti, A. Simoni (cur.), *Processo e cultura giuridica* - Procedure and Legal Culture. *Scritti per gli 80 anni di V. Varano*, Torino, Giappichelli, 2020, 21 ss.; M. Burla, *Fu vera "révolution juridique"? La* question prioritaire de constitutionnalité *a dieci anni dalla sua introduzione*, en *Forum di Quaderni costituzionali*, 3-2021, 148 ss. Para una comparación con el ordenamiento italiano, v. M. Giacomini, *L'accesso incidentale in Italia e in Francia. Contributo all'analisi del controllo di costituzionalità*, prefazione di P. Pasquino, Torino, Giappichelli, 2022. Sobre los orígenes, en la historia del derecho público francés, del principio por el que la Constitución representa una fuente superior (*higher law*), v. M. Calamo Specchia, *Il fondamento storico e teorico del controllo di costituzionalità delle leggi in Francia: dagli albori rivoluzionari alla Terza Repubblica*, en *Studi in memoria di G.G. Floridia*, cit., 83 ss. Antes de la revisión constitucional, v. N. Zanon, *L'*exception d'incostitutionnalité *in Francia: una riforma difficile*, Torino, Giappichelli, 1990 (el autor observaba que «riecheggiano, ancora una volta, residui e inconfessati timori di un governo dei giudici, ossia la paura che ogni "piccolo giudice" possa, senza alcun controllo, pronunciarsi indirettamente sull'incostituzionalità delle leggi o, almeno, sull'esistenza del relativo dubbio»; cfr. 120).

[414] *Décision n. 2010-1 QPC du 28 mai 2010*. La CPC fue interpuesta por el Consejo de Estado el 14 de abril de 2010, en un juicio de apelación contra una decisión de un Tribunal administrativo. V. los comentarios de P. Costanzo, *Decolla in Francia la questione prioritaria di costituzionalità: la Cassazione tenta di sparigliare le carte, ma il Consiglio costituzionale tiene la partita in mano*, en *Consulta Online*, y P. Roger, *Le Conseil constitutionnel "décristallise" les pensions des anciens ressortissants des colonies*, en *Le Monde*, de 28 de mayo de 2010. El Consejo constitucional censuró, en la decisión examinada, las disposiciones contenidas en las leyes financieras relativas a la "cristalización" de las pensiones aplicables a los ciudadanos de los países y territorios que se encontraban antes bajo la soberanía francesa y, en particular, a los ciudadanos argelinos. El Consejo, por lo tanto, consideró que tales disposiciones constituyeran una violación del principio de igualdad.

Las principales particularidades del procedimiento francés sobre CPC[415] son al menos dos. Por un lado, la cuestión de constitucionalidad puede ser interpuesta por primera vez también en sede de apelación o de casación, pero nunca de oficio por parte del juez. Por otra parte, el sistema constitucional francés ha acogido un mecanismo de trasmisión de la CPC al Consejo constitucional muy diferente respecto a lo que ocurre, por ejemplo, en Alemania, España o Italia. No es el mismo juez al que la CPC se somete a disponer el reenvío de la cuestión misma al juez de legitimidad constitucional, sino que podrán únicamente los vértices de la jurisdicción administrativa y ordinaria, es decir el Consejo de Estado o el Tribunal de Casación. El mecanismo que se acaba de describir fue propuesto tanto por el comité Balladur[416] como, antes aun, por el comité Vedel[417]. Se puede justificar teniendo en cuenta un triple orden de consideraciones. En primer lugar, se quiso impedir que el Consejo constitucional fuera "sumergido" por una avalancha de recursos. En segundo lugar, se difundió en el mundo judicial y forense francés la sensación de que la procedencia excesivamente política de los miembros del Consejo constitucional no pudiera garantizar suficientemente su capacidad de

---

[415] La denominación CPC deriva del hecho de que, atendiendo al art. 23-2 de la ley orgánica, la cuestión de legitimidad constitucional tiene que ser examinada con anterioridad respecto a la cuestión de convencionalidad, esta última basada en el art. 55 de la Constitución de 1958. Para un examen crítico, v. P.-Y. Gahdoun, *Repenser la priorité de la QPC*, en *Revue du droit public*, 2010, 1709 ss., y, además, ampliamente; A. Levade, *Comment articuler contrôle de constitutionnalité et contrôle de conventionalité*, en *Constitutions*, 2010, 229 ss.; T. Larrouturou, *Question prioritaire de constitutionnalité et contrôle de conventionnalité*, prólogo de B. Bonnet, Paris, LGDJ, 2021.

[416] *Comité de réflexion et de proposition sur la modernisation et le rééquilibrage des institutions de la Vème République*. El informe final del *comité des sages* (*comité* Balladur), titulado *Une Véme République plus démocratique*, fue publicado el 29 de octubre de 2007. Para un comentario, v. el número monográfico *Réviser la Constitution en 2008? Après le comité Balladur*, en *Revue française de droit constitutionnel*, 2008, y en Italia F. Fabbrini, *Il progetto di riforma costituzionale del* Comité *Balladur e la proposta di introdurre in Francia un controllo di costituzionalità delle leggi* a posteriori, en *Forum di Quaderni Costituzionali*, 2007.

[417] S. Ceccanti, *Revisione francese. La rivincita di Vedel e Duverger*, en www.forumcostituzionale.it, 28 de julio de 2008. Sobre el *Comité consultatif pour la révision de la Constitution* (*comité Vedel*), cfr. el testimonio de G. Vedel, *Réformer les institutions... Regard rétrospectif sur deux Commissions*, en *Revue française de science politique*, 1997, 312 ss.

gestionar el contencioso constitucional. En tercer lugar, y en conexión con lo que se acaba de decir, es asentado el convencimiento de que los magistrados tanto del Consejo de Estado como del Tribunal de Casación sean capaces de evitar que el Consejo constitucional tenga que decidir cuestiones de constitucionalidad interpuestas por las partes manifiestamente infundadas[418].

De todas formas, la CPC[419] plantea algunos problemas, de orden tanto práctico como teórico. Desde el primer punto de vista, es evidente el riesgo de una extensión de los tiempos de la justicia, por posibles efectos dilatorios relacionadas con la interposición de la cuestión de constitucionalidad, así como la casi certeza del aumento de los costes del contencioso a cargo de las partes. Desde el segundo punto de vista, existe el riesgo de que el Consejo de Estado y el Tribunal de Casación impidan sistemáticamente que algunas cuestiones lleguen al examen del Consejo constitucional, poniéndose como "jueces constitucionales negativos". De esta forma, el peligro es que la jurisdicción constitucional especializada sea privada, en relación con por lo menos algunas tipologías de cuestiones (relativas a derechos, principios, objetos), del derecho a tener la última palabra en materia de interpretación de la Constitución.

Y, por último, atendiendo al art. 62 de la Constitución de la V República, las decisiones del Consejo constitucional tienen autoridad de cosa juzgada, no pudiendo ser sometidas a impugnación[420]. Si se estima el recurso, en sede de control abstracto, la ley no puede ser promulgada y por lo tanto no entrará nunca en vigor; en sede de control concreto, cuando el recurso sea estimado, la ley es derogada y deja de forma definitiva de estar en vigor. Si una norma ha sido juzgada conforme a la Constitución en sede de control abstracto,

---

418 En este último caso, de hecho, atendiendo al art. 23-4 (1) de la ley orgánica, la cuestión de legitimidad constitucional no puede ser trasmitida al Consejo constitucional.

419 Cuya regulación es susceptible de ulterior evolución; v. M. Fatin-Rouge Stefanini, C. Severino (dir.), *Le contrôle de constitutionnalité des décisions de justice: une nouvelle étape après la QPC?*, Aix-en-Provence, UMR Droit International, Comparé et Européen (DICE), 2017.

420 Cfr. B. Mathieu, M. Verpeaux (dir.), *L'autorité des décisions du Conseil constitutionnel*, Paris, Dalloz, 2010 (*Les cahiers constitutionnels de Paris I*). La Revista *Le Nouveaux Cahiers du Conseil Constitutionnel* ha dedicado el n. 30-2011 al tema *L'autorité des décisions du Conseil Constitutionnel.*

podrá ser reexaminada en sede de control concreto, cuando esto sea justificado por un cambio de las circunstancias. Las dos formas de control, abstracto y concreto, son además en cierta medida complementarias. La primera forma está finalizada a proteger el derecho constitucional institucional, en cambio la segunda garantiza, de una forma más completa, el derecho constitucional sustantivo.

5. Las jurisdicciones ordinaria y administrativa

A diferencia de numerosos textos constitucionales extranjeros, la Constitución de la V República francesa no contiene muchas previsiones relativas a la magistratura, si bien obviamente no pocos principios sobre la organización y el funcionamiento de las jurisdicciones tengan naturaleza constitucional. Por otra parte, el título VIII de la Constitución de 1958 no se ocupa del Poder Judicial, sino más simplemente de la autoridad de justicia. En el fondo, Francia sigue siendo fiel al principio, atendiendo al que la función jurisdiccional ha sido concebida[421] como una función de estricta aplicación de las leyes, con la consiguiente inclusión de la mayor parte de las reglas relativas a la justicia en las leyes ordinarias y orgánicas.

Naturalmente, no faltan importantes principios recogidos en disposiciones de rango constitucional, como ocurre por ejemplo en el art. 66 del texto constitucional de 1958, en el que se establece que nadie puede ser arbitrariamente detenido, con la precisión adicional de que la autoridad judicial representa el "guardián" de la libertad individual. Por otra parte, es inherente a la organización y al funcionamiento de la magistratura el principio de la separación de poderes, que impide al poder legislativo, así como al poder ejecutivo, ejercer presiones sobre los jueces. Esto significa que el principio de la separación de poderes incluye necesariamente la independencia de la magistratura. Queda, de todas formas, una cierta casi "difidencia" hacia la magistratura y los jueces, según una idea que se hereda de la Revolución francesa. Tanto es así que, por ejemplo, la Constitución de 1948 contenía el capítulo VIII dedicado al poder judicial.

421 Y, añadiría, percibida.

En cambio, la Constitución de 1958, con las escasas previsiones del título VIII, parecería indicar que, con el uso del término "autoridad" en lugar de "poder", se quería indicar que los jueces no constituyen un verdadero y propio poder[422].

---

[422] Este aspecto fue examinado por O. Beaud, *L'émergence d'un pouvoir judiciaire sous la Ve République: un constat critique*, en *Esprit*, n. 281, enero 2002, 108 ss. V., además, D. Salas, *Le tiers pouvoir. Vers une autre justice*, Paris, Hachette, 2000; D. Soulez-Larivière, H. Dalle (dir.), *Notre Justice*, Paris, R. Laffont, 2002; X. Braud, *L'essentiel de l'organisation juridictionnelle - Le panorama de toutes les juridictions qui concourent au fonctionnement de la justice*, Paris, Gualino, 2024, 5ª ed.; V. Sizaire, *Gouverner les juges. Pour un pouvoir judiciaire pleinement démocratique*, Paris, La Dispute, 2024; N. Fricero, T. Goujon-Bethan, *Les institutions judiciaires*, Paris, Gualino, 2024, 13ª ed. La Revista *Commentaires* ha dedicado el n. 177-178 del 2022 al tema *Enquête sur le pouvoir judiciaire*. Una investigación detallada (aunque remonte un poco en el tiempo) se encuentra en P. Truche, *Rapport de la Commision de réflexion sur la Justice*, Paris, La Documentation française, 1997 (Pierre Truche era entonces primer presidente del Tribunal de casación). En la perspectiva del estudio de los sistemas judiciales, cfr. T. Renoux, *Le pouvoir judiciaire en France et Europe continentale: approche comparative*, en *Revue du droit public*, 1999, 965 ss.; A. Atanasov, *La machine judiciaire. Analyse économique et comparative du fonctionnement du système judiciaire*, Paris, L'Harmattan, 2024 (donde una comparación entre los sistemas francés, americano/estadunidense e inglés). En Italia, permítase reenviar a M. Mazza, *Il potere giudiziario*, en P. Carrozza, A. Di Giovine, G.F. Ferrari (cur.), *Diritto costituzionale comparato*, II, Roma-Bari, Laterza, 2014, 2ª ed., 1056 ss. Para una comparación francoitaliana, v. M. Pietropolli, *L'autonomia e l'indipendenza della magistratura ordinaria in Italia e in Francia*, en *Diritto e società*, 2008, 89 ss. Sobre el ordenamiento judicial francés v., en la literatura italiana, F. Dal Canto, *Lezioni di ordinamento giudiziario*, Torino, Giappichelli, 2024, 3ª ed., 12 ss. Con respecto a la revisión de la organización jurisdiccional, v. C. Silvestri, *Le riforme della giustizia in Francia all'avvio del nuovo decennio*, en V. Barsotti, A. Simoni (cur.), *Processo e cultura giuridica* - Procedure and Legal Culture. *Scritti per gli 80 anni di V. Varano*, cit., 115 ss. Sobre la historia del reclutamiento de la magistratura en el sistema francés, v. en Francia, J.-P. Royer, *Histoire de la justice en France de la monarchie absolue à la République*, Paris, PUF, 2001, 3ª ed., y, en Italia, P. Alvazzi del Frate, *Autonomia, legittimazione e reclutamento della magistratura: considerazioni storiche sull'ordinamento francese*, in *Rivista trimestrale di scienza dell'amministrazione. Studi di teoria e ricerca sociale*, 2/2021, https://rtsa.eu. Un reciente análisis de los problemas de la justicia francés, que es por un lado garante del Estado de derecho, pero por otro lado presenta tendencias a la politización y a las clausuras corporativas (sindicalismo judicial), v. B. Mathieu, *La justice en questions*, Le Conquet (France), Éditions Dialogues, 2024 (el autor tiene una sólida experiencia en materia; profesor emérito de la *Université Paris I Panthéon Sorbonne*, ya miembro del Consejo de Estado y del Consejo superior de la magistratura, cargo este último cubierto desde el 2011 al 2015, y además presidente emérito de la *Association française de droit constitutionnel*, co-presidente del Consejo científico de la *Association internationale de droit constitutionnel*, y por

De especial importancia, en este peculiar contexto, es la creación del Consejo superior de la magistratura[423], que, tras la reforma constitucional de 2008, ya no está presidido por el Jefe de Estado[424]. La revisión constitucional ha pretendido evidenciar la independencia del CSM respecto al poder ejecutivo. El CSM francés comprende, por lo tanto, dos formaciones distintas, respectivamente competentes para los magistrados[425] y presidida por el primer presidente del Tribunal de Casación y una para los fiscales[426] y presidida por el fiscal general en el Tribunal de Casación. Estas dos formaciones desarrollan las atribuciones de mayor relevancia del CSM, aunque existe también la formación plenaria del CSM, que se reúne solo para la formulación de dictámenes elaborados a petición del Presidente de la República o del ministro de la Justicia.

Con respecto a la composición de las formaciones del CSM, la reforma constitucional de 2008 ha introducido modificaciones

---

último miembro de la "Comisión de Venecia", *id est* la «Comisión europea para la Democracia a través del Derecho» del Consejo de Europa".

423 Cfr. T. Ricard, *Le Conseil supérieur de la magistrature*, Paris, PUF, 1992; M. Le Pogam, *Le conseil supérieur de la magistrature*, prólogo de N. Molfessis, Paris, LexisNexis (France), 2014; A. Martinel, F. Natali, *Le Conseil Supérieur de la Magistrature, protecteur des magistrats ou des justiciables?*, en *Après-demain,* Ligue des droits de l'Homme, n. 30, julio de 2014, 33 ss. En Italia, v. especialmente L. Montanari, *Il governo della magistratura in Francia*, Padova, Cedam, 1998 (*Pubblicazioni della Università di Pavia, Studi nelle scienze giuridiche e sociali*, n.s. 88); Id., L. Montanari, *Il Consiglio superiore della magistratura in Francia tra proposte di modifica e resistenze conservatrici*, en *Diritto pubblico comparato ed europeo*, 2020, 4883 ss., y S. Benvenuti, *Il Consiglio superiore della magistratura francese. Una comparazione con l'esperienza italiana*, Milano, Giuffrè, 2011 (Publicaciones del Departamento de teoría del Estado de la Universidad de Roma «La Sapienza» - *Biblioteca di storia costituzionale e diritto costituzionale comparato «Costantino Mortati»*, 20). Sobre la dialéctica (no raramente conflictiva entre CSM y sistema político, v. (muy) recientemente P. Gonzalès, *État de droit: le Conseil supérieur de la magistrature demande le dialogue avec le pouvoir*, en *Le Figaro*, 9 de julio 2024; M.-A. Lombard-Latune, *La menace du RN, argument pour défendre l'indépendance du parquet. Le Conseil supérieur de la magistrature s'inquiète des attaques contre l'Etat de droit*, en *L'Opinion*, 9 de julio de 2024.

424 Para un perfil histórico de los intentos de modificar la regulación del CSM, v. P. Avril, *À propos de la reforme avortée du Conseil supérieur de la magistrature*, en AA.VV., *L'esprit des institutions, l'équilibre des pouvoirs. Mélanges en l'honneur de P. Pactet*, cit., 473 ss.

425 *Magistrats du siège*.

426 *Magistrats du parquet*.

respecto al pasado[427], con la finalidad declarada de oponerse a la tendencia al corporativismo[428]. Si, de hecho, antes de 2008 cada formación del CSM estaba compuesta por dos colegios paritarios, es decir el colegio profesional de los que eran miembros seis magistrados designados por los colegas y el colegio no profesional formado por seis personalidades ajenas a la magistratura y designadas con varias modalidades, después de la revisión constitucional de 2008, ha dejado de existir la paridad entre los colegios del CSM. El colegio profesional ha continuado a ser formado por seis magistrados, mientras el colegio no profesional comprende ahora un número mayor, equivalente a ocho. Además, los componentes del colegio no profesional ya no están todos representados por la administración[429], sino que comprenden, además de un consejero de Estado, también a un abogado y luego seis personalidades cualificadas que no sean miembros del Parlamento, ni del orden judicial y ni siquiera del orden administrativo. Los seis componentes de cada colegio no profesional del CSM están actualmente designados por el Jefe de Estado y los presidentes de las asambleas parlamentarias, atendiendo a los criterios y las modalidades similares a los utilizados para la elección de los miembros nombrados por el Consejo constitucional.

Los poderes del CMS son amplios, pero por así decirlo desiguales. El CSM decide tanto el nombramiento como la promoción de los magistrados. Al contrario, con respecto al nombramiento y la promoción de los fiscales, el CSM dispone solo del poder de emitir dictámenes. El mismo CSM, por ejemplo, en su informe anual de 1996[430], ha lamentado esta situación, puesto que podría surgir, tanto en el ámbito del cuerpo judicial, como sobre todo en la opinión pública el temor de una falta de independencia de los representantes

[427] En particular, sobre la situación existente atendiendo a la normativa de 1993.

[428] Para la observación según la cual «*La révision constitutionnelle de 2008 a réformé l'institution dans le sens d'une ouverture très large à la société*», v., A. Martinel, F. Natali, *Le Conseil Supérieur de la Magistrature, ¿protecteur des magistrats ou des justiciables?*, cit., 33.

[429] O, más exactamente, de las altas jerarquías administrativas.

[430] Conseil supérieur de la magistrature, *Rapports annuels*.

de la acusación pública respecto al poder político, con inevitable compresión de la libertad de acción para los fiscales[431].

En efecto, el aspecto más controvertido de la regulación constitucional de la magistratura en el ordenamiento francés se refiere a la posición del público ministerio[432]. Este, que pertenece a la magistratura, ha seguido el mismo itinerario de formación profesional que los jueces; además durante su carrera puede pasar a desempeñar el rol de magistrado, si bien pueda seguir estando vinculado con una especie de "cordón umbilical" al Ministro de Justicia. Este último, de hecho, puede disponer su promoción, puede irrogar eventuales sanciones, y sobre todo puede impartir instrucciones, con la inclusión de las orales e informales, a los magistrados del público ministerio. Estos no están en absoluto sometidos, como ocurre en Italia, a la obligación de ejercer la acción penal en presencia de noticias de delito, sino que al contrario disponen de un poder discrecional que les permite evaluar en términos de oportunidad el ejercicio concreto de la acción penal. Las razones de oportunidad, evaluadas por el público ministerio, no son de ninguna manera públicas, siendo decisiones de política penal[433]. Un sistema de este tipo puede despertar la sospecha de que, cuando la eventual acción penal se refiera a personalidades políticas, el Ministro de Justicia pueda impartir instrucciones a los fiscales para perseguir a los políticos adversarios o, al contrario, para "proteger" a los políticos amigos. Por otra parte, el Ministro de la Justicia

[431] Sobre el tema, v. las consideraciones críticas de T. Graffin, *Le statut des magistrats devant le Conseil constitutionnel: une défence discutable de l'unité du corps judiciaire au profit d'une exigence forte d'indépendance des magistrats*, en *Revue du droit public*, 2001, 831 ss. *Adde* T. Renoux, *Le Conseil constitutionnel et l'autorité judiciaire. L'élaboration d'un droit constitutionnel juridictionnel*, Paris - Aix-en-Provence, Economica-Presses Universitaires d'Aix-Marseille, 1984.

[432] Cfr. F. Molins, *Ministère public*, Paris, Dalloz, 2020 (*Répertoire de droit pénal et de procédure pénale*; el autor es fiscal general en el Tribunal de Casación); J. Dechepy-Tellier, *The public prosecutor's office in the French legal system*, en *Diritto pubblico comparato ed europeo online*, 2024, 311 ss.; A. Chaumet, *Lo* status *del pubblico ministero francese e i suoi rapporti con il potere esecutivo*, en *Questione giustizia*, 2021, n. 2. Sobre los perfiles históricos, cfr. J.M. Carbasse (dir.), *Histoire du parquet*, Paris, PUF,2000. En la óptica comparativa, v. C. Lazerges (dir.), *Figures du parquet*, Paris, PUF, 2006.

[433] F. Hamon, *L'État de droit et le principe de l'opportunité des pousuites*, en Le débat, n. 196, 2017, 107 ss.

concede o (deniega) las promociones de los públicos ministerios.... El mismo Tribunal Europeo de Derechos Humanos tuvo la ocasión de afirmar, en una sentencia de 23 de noviembre de 2010[434], que los públicos ministerios en Francia no disponen de suficientes garantías de independencia respecto al poder ejecutivo, no pudiendo ser considerados verdaderos y propios jueces en el sentido del Convenio Europeo de Derechos Humanos.

Y, por último, con respecto a las jurisdicciones administrativas[435], el sistema francés conoce dos distintos órdenes de jurisdicción, es

---

434 *Moulin c. France*, sentencia de 23 de noviembre de 2010 (recurso n. 37104/06).

435 Cfr. C. Barray, P.-X. Boyer, *Droit du contentieux administratif*, Paris, Gualino, 2024, 5ª ed.; B. Bonnet, *La pratique du contentieux administratif*, Paris, LexisNexis (France), 2024, 14ª ed.; H. Chavrier, M. Delamarre, *Leçons de contentieux administratif*, Paris, Éditions Ellipses, 2024, 2ª ed.; M. Guyomar, B. Seiller, *Contentieux administratif*, Paris, Dalloz, 2024, 7ª ed.; R. Jacquelin, *Les principes dominants du contentieux administratif*, Paris, Dalloz, 2024; O. Le Bot, *Contentieux administratif - Édition 2025*, Bruxelles, Bruylant, 2024, 11ª ed.; P. Gérard, *La juridiction administrative*, Paris, La Documentation française, 2022, 2ª ed.; F. Colin, M.-L. Messe, *L'essentiel du droit du contentieux administratif*, Paris, Gualino, 2021, 7ª ed.; O. Gohin, G. Drago (dir.), *Justice administrative et Constitution de 1958*, Paris, LexisNexis-Hachette, 2020 (*Journées décentralisées 2018 de l'Association française de droit constitutionnel - Justice(s) et Constitution*); R. Chapus, *Droit du contentieux administratif*, Paris, Montchrestien, 2008, 13ª ed.; M. Degoffe, *La juridiction administrative spécialisée*, prólogo de L. Richer, Paris, LGDJ, 1996. En Italia, v. por todos G.F. Ferrari, *Giustizia amministrativa in diritto comparato*, en *Digesto delle discipline pubblicistiche*, VII Torino, Utet, 1991, 567 ss., y aquí cfr. *sub* 3, *La giustizia amministrativa in Francia*, 580 ss.; Id., *Giustizia amministrativa: modelli e funzionamento*, en Id. (cur.), *Atlante di Diritto pubblico comparato*, cit., 521 ss., especialmente *sub* 4, *Francia*, 531 ss. Una recopilación de escritos se encuentra en el volumen de A.G. Orofino, O. Renaudie (cur.), *Le juge administratif et ses pouvoirs/Il giudice amministrativo e i suoi poteri*, Milano, Wolters Kluwer, 2024. Sobre las jurisdicciones contables transalpinas, v. J. Raynaud, J.-Y. Bertucci, *Les juridictions financières*, Paris, PUF, 2003; J. Magnet, *La Cour des comptes, les institutions associées et les chambres régionales des comptes. Traité de la juridiction financière et des fonctions connexes*, Boulogne-Billancourt, Berger-Levrault, 2007, 6ª ed.; AA.VV., *La cour des comptes*, prólogo de F. Hollande e D. Migaud, Paris, La Documentation française, 2014; J.-L. Albert, T. Lambert, *La cour des comptes: un pouvoir rédempteur?*, Paris, LGDJ, 2017; *Code De Justice Administrative - Code Des Juridictions Financières 2025, Annoté et commenté*, Paris, Dalloz, 2024; A. Tarzia, *Corte dei conti e controllo esterno sull'attività economico-finanziaria delle autonomie negli Stati regionali*, Cedam, 2008 (para el sistema francés, cfr. 277 ss.). Para una reseña actualizada de las sentencias, que constituyen el "esqueleto" del derecho administrativo de Francia, cfr. M. Long, P. Weil, G. Braibant, P. Delvolvé, B. Genevois, *Les grands arrêts de*

decir las jurisdicciones ordinarias, cuyo vértice está representado por el Tribunal de casación, y las jurisdicciones administrativas, cuyo vértice es el Consejo de Estado[436]. Las primeras – como es sabido – deciden las controversias entre personas competentes para los litigios, de naturaleza no penal, entre los individuos, por un lado, y el Estado u otras personas jurídicas públicas, por otro. La Constitución, como se ha visto antes[437], no se ocupa, al menos expresamente, de la justicia administrativa, sino de la ordinaria, probablemente por el hecho de que solo esta última tiene el poder de disponer la privación de la libertad personal. Sin embargo, es aquí importante recordar que el Consejo constitucional ha afirmado, con una decisión pronunciada en 1987, que la competencia de las jurisdicciones administrativas es parte de los principios fundamentales reconocidos por las leyes de la República[438], que están dotados de un valor constitucional[439].

Las jurisdicciones administrativas, en efecto, desarrollan un rol central también bajo el perfil de la tutela de los derechos y de las libertades. Por ejemplo, el Consejo de Estado con una decisión de 19 de octubre de 1962 ha acogido un recurso por exceso de poder, con consiguiente anulación de una ordenanza adoptada por el Presidente

---

la jurisprudence administrative, Paris, Dalloz, 2023, 24ª ed. (las jurisdicciones administrativas francesas emanan más de 400.000 decisiones cada año); para comentarios y anotaciones jurisprudenciales, v. también J.-H. Stahl (dir.), *Code de justice administrative - Code des juridictions financières 2025*, Paris, Dalloz, 2024, 9ª ed. En la doctrina francesa, la obra clásica sobre el contencioso administrativo se debe a R. Dareste de la Chavenne, *La justice administrative en France ou Traité du contentieux de l'administration*, Paris, Hachette, 1862, seguido por E. Laferrière, *Traité de la juridiction administrative et des recours contentieux*, I-II, Paris, Berger-Levrault, 1896, 2ª ed.

[436] H. Pauliat, *Le modèle français d'administration de la justice: distinctions et convergences entre justice judiciaire et justice administrative*, en *Revue française d'administration publique*, n. 125, 2008, 93 ss.

[437] Al inicio del presente capítulo.

[438] Sobre el que V. Champei-Desplats, *Les principes fondamentaux reconnus par les lois de la République. Principes constitutionnels et justification dans le discours juridique*, Paris, Economica, 2001.

[439] *Décision n. 224-DC du 23 janvier 1987, sub* cons. 15. Cfr. B. Genevois, *La jurisprudence du Conseil constitutionnel en 1987*, en *Annuaire international de justice constitutionnelle*, 1989, 567 ss. Antes aun, en 1980, el valor constitucional del principio de dualidad de las jurisdicciones fue reconocido por el Consejo de Estado; cfr. *Décision n. 119-DC du 22 juillet 1980, sub* cons. 6.

de la República, cualificada por el Consejo de Estado como simple acto administrativo, en virtud de la que se instituía un Tribunal militar de justicia. El control jurisdiccional sobre el exceso de poder ha sido ejercido no solo por el Consejo de Estado respecto de las decisiones adoptadas por autoridades administrativas independientes, por ejemplo, sino también por el *Conseil supérieur de l'audiovisuel* (CSA, luego devenido ARCOM). Con sentencia de 8 de abril de 2009, de hecho, el Consejo de Estado declaró inválida la decisión, emanada por el CSA, por la que las intervenciones del Jefe de Estado no habían sido calculadas en el tiempo de palabra atribuido a la mayoría. El principio según el que tanto la mayoría como la oposición parlamentaria disponen del mismo acceso a los medios de comunicación audiovisual ha sido respetado en esta circunstancia gracias a la decisión del Consejo de Estado.

www.ingramcontent.com/pod-product-compliance
Lightning Source LLC
LaVergne TN
LVHW040432051026
849517LV00002B/574
* 9 7 9 8 8 9 6 9 2 5 2 1 7 *